思想政治教育研究丛书

丛书主编 魏则胜

本书由教育部高校思想政治工作队伍培训研修中心（华南师范大学）出品

高校辅导员道德素养概论

牛志鹏 邱翔翔 周 静 万宗节 编著

广东高等教育出版社

Guangdong Higher Education Press

·广州·

图书在版编目（CIP）数据

高校辅导员道德素养概论/牛志鹏等编著. —广州：广东高等教育出版社，2024.12

（思想政治教育研究丛书/魏则胜主编）

ISBN 978-7-5361-7819-9

Ⅰ. G645.16

中国国家版本馆 CIP 数据核字第 20243ZV961 号

出版发行	广东高等教育出版社 地址：广州市天河区林和西横路 邮政编码：510500　电话：（020）87551597　87551077 http://www.gdgjs.com.cn
印　　刷	佛山市浩文彩色印刷有限公司
开　　本	787 毫米×1 092 毫米　1/16
印　　张	10.25
字　　数	245 千
版　　次	2024 年 12 月第 1 版
印　　次	2024 年 12 月第 1 次印刷
定　　价	36.00 元

序

《礼记》之《大学》篇说道："大学之道，在明明德，在亲民，在止于至善。……心正而后身修，身修而后家齐，家齐而后国治，国治而后天下平。"《礼记》之"大学"一词，在古代有两种含义：一是"博学"；二是相对于"小学"而言的"大人之学"。古人八岁入小学，学习"洒扫应对进退、礼乐射御书数"等行为进退礼节和初等文化知识；十五岁入大学，学习伦理、政治、哲学等"穷理正心，修己治人"的学问。大学之道，意指大学的宗旨，即博大高深学问的目的、方法和意义，一言以蔽之，就是指"正心、修身、齐家、治国、平天下"的人生理想与"穷则独善其身，达则兼济天下"的积极而达观的处世方式。几千年来，"大学之道"对中华民族精神影响至深。随着现代社会高等教育的迅猛发展，"大学之道"如何在物质主义和市场机制的冲击下，继续涵养青年学子的精神结构，令人深思。无论以什么样的方式生存和发展，现代大学都不应该忘记坚守"大学之道"——正心、修身、齐家、治国、平天下。

现代社会，一个没有上过大学的人，难以被称为受过良好教育的人。由于教育资源的短缺，我国每年还有相当一部分青年无法进入大学校园接受高等教育，这不仅是社会之殇，也是个人命运之痛。那些通过高考顺利进入大学校园而被称为大学生的年轻人，应该说是幸运的。很多大学生懂得和珍惜这份幸运，并且能够将这份幸运转变为通向完满人生的阶梯；然而也有一部分大学生，大学生活并不精彩，也不快乐，甚至误入歧途。如何度过大学生活，不仅是大学生个人的事，也是所在学校的事，因此，任何一所具有社会责任感的大学，都会想方设法为学生配备优良师资，让莘莘学子在大学之路上，能够获得良师益友的指引，能够在纷繁复杂的大千世界，不至于迷失人生的方向。很多大学生毕业多年后回首往事，也许不再记得当初给他上课的专业教师，也许无法清晰地回忆起充满喜怒哀乐的大学生活细节，但是有个人他们一定会记得，那就是他们的辅导员。在大学阶段，辅导员也许是你最依赖的人，也许是你最心烦的人，也许是你最畏惧的人，也许是你最信任的人，但在多年以后，无论曾经以什么样的情绪和眼光看待辅导员，辅导员一定是你最无法忘怀的人。

在高校设立辅导员这一工作岗位，是现代高等教育的通行做法。1951 年 11 月，政务院批准《中央人民政府教育部关于全国工学院调整方案的报告》，首次提出建立政治辅导员队伍。这是我国高校辅导员制度的开端。1953 年开始，个别大学开始设立辅导员这一工作岗位。1965 年，教育部制定《关于政治辅导员工作条例》，对政治辅导员的地位、作用和学生工作等内容做出了具体规定，这是我国高校政治辅导员制度得以确立的标志。由此，全国各类高校普遍建立政治辅导员制度。

从辅导员制度的确立到现在，我国高校辅导员队伍建设大致经历了四个阶段。第一阶段是“文化大革命”时期，由于高等教育受到干扰，辅导员制度随之衰退；第二阶段是从 1977 年恢复高考制度到 1990 年前后，属于高校辅导员建制的恢复与重建时期；第三阶段是从 20 世纪 90 年代到 2004 年，辅导员队伍建设处于徘徊时期，主要原因是市场经济强大的冲击力对高校办学思想产生了一些负面影响，辅导员工作岗位的意义受到质疑，很多高校并没有将辅导员队伍建设当作一个重要议题；第四阶段是 2005 年至今，我国高校辅导员队伍建设走上正规化发展道路，职业化、专业化及专家化成为辅导员职业素养的基本要求和提升目标。2006 年，为深入贯彻落实中共中央国务院颁布的《关于进一步加强和改进大学生思想政治教育的意见》（中发〔2004〕16 号）文件精神，教育部颁布施行《普通高等学校辅导员队伍建设规定》（中华人民共和国教育部令第 24 号），明确指出：高等学校应当把辅导员队伍建设作为教师队伍和管理队伍建设的重要内容；加强辅导员队伍建设，应当坚持育人为本、德育为先，促进高等学校改革、发展和稳定，促进培养造就有理想、有道德、有文化、有纪律的社会主义建设者和接班人；辅导员是高等学校教师队伍和管理队伍的重要组成部分，具有教师和干部的双重身份；辅导员是开展大学生思想政治教育的骨干力量，是高校学生日常思想政治教育和管理工作的组织者、实施者和指导者；辅导员应当努力成为学生的人生导师和健康成长的知心朋友。《普通高等学校辅导员队伍建设规定》（中华人民共和国教育部令第 24 号）明确指出辅导员具有教师和干部的双重身份，工作职责包括思想政治教育、党团建设、社团指导、心理辅导、就业指导、帮困助学、日常事务管理等内容。由此，我国高校辅导员队伍建设状况进入良性发展阶段，辅导员队伍成为我国高等教育和人才培养事业的支柱力量。

在美国，高校辅导员制度建设比较完备。1862 年《莫里尔法案》颁布后，高等学校规模迅速扩大，几乎所有高校都配置了专门负责学生事务管理的“院长”或“副校长”，与学生事务管理有关的工作队伍和工作机构开始出现。20 世纪 60 年代，美国高校形形色色的“学生运动”，促使一批专家学者以大学生为研究对象，对学生个体和学生事务管理规律进行形而上的研究，极大地推动了学生事务管理模式的知识化、专业化进程，辅导员队伍真正进入职业化、专业化及专家化阶段。

与国外高校相比，我国高校辅导员队伍建设的职业化、专业化和专家化程度，还处于初级阶段。虽然近十年来辅导员队伍的数量与质量有巨大进步，涌现了一批享誉全国的行业标兵与“年度人物”，但是就总体而言，辅导员的工作任务依然过于繁重，关于一线辅导员与所带班级学生的比例，大部分学校都没有真正达标。现有的高校评价体制对于辅导员的生存境遇和发展空间，都产生了不利影响。但是，我国高校辅导员队伍快速发展、素质提升的大趋势已经确立，这个趋势在短期内是不可逆转的，因为辅导员队伍建设，并不是完全基于政治意识形态工作的需要，也不是应时之策，而是中国高等教育发展和人才培养模式优化所产生的必然要求。如果说还有什么可以作为中国可持续发展的保障的话，那么这个保障不会是别的什么物质，一定是素质全面的人，一定是将知识、能力和优良价值观融合为个体素质核心要素的人。如果我们的高等教育和人才培养机制，只有专业知识传授而缺少正义观念、社会责任感的培养，缺少对于学生良好德性的养成，那么这样的高等教育就是对国家和人民的不负责任，急功近利、重物轻人的教育，流弊深远，后患无穷。在专业知识和职业技能培养之外，辅导员可谓任重而道远，他们对于学生身心健康的保证，对于学生世界观、人生观和价值观的导引，具有不可推卸的责任。

如何才能更好地履行辅导员职责？立足职业化、专业化与专家化，不断提升自身职业素养，是必由之路。打铁还需自身硬，说的就是这个道理。辅导员职业化，是指辅导员作为一类职业，具有独特的职业资格要求，需要专门的职业知识和职业能力，需要遵守职业规范即职业法规和职业道德，有特定的职业目标、远大的职业理想和美好的职业情感。辅导员专业化，是指在辅导员工作岗位上，对于学生事务中各种问题的处理方式和工作方法，不能随意或局限于经验，而是应以专业理论知识为指导，采取科学方法为手段，以经受过专门训练的科学思维和科学方法去处理各种问题。为此，辅导员要学习政治学、心理学、教育学、伦理学、思想政治教育等专业理论知识，要经过专门化的辅导员岗位培训，要按照各种岗位要求、规章制度和价值原则设计工作方法。辅导员专家化，是辅导员个人职业素养发展的一个高级阶段，是指辅导员能够以专业的方式研究问题，创新理论成果，成为某个领域的理论权威或实践权威。

为了提升高校辅导员的职业化、专业化和专家化水平，我们编著了《高校辅导员道德素养概论》一书，以作为高校辅导员道德素养提升培训教材，也可以为广大辅导员完善自身道德素养提供参照。中国社会发展已经进入新时代，今天的青年就是未来的中国，今天高等教育的人才培养水平，必将深刻地影响未来中国社会的发展水平和社会风尚。高校辅导员是高等教育系统中的核心力量，他们承担着高校学生的管理、服务与教育工作，他们的工作成效，直接关系到人才培养质量，关系到大学生的专业知识水平、思想政治素养和道德修养的优劣。

辅导员这一工作是辛苦的。很多辅导员的手机从来没有关闭过，随时准备处理问题。辅导员们在承担繁重的工作任务的同时，还要面临各种生计难题，还要处理各种家务琐事，职业发展与职级晋升也是让他们苦恼的原因之一。辅导员职业是高尚的。很多辅导员为了学生的成长，为了处理各种事务，殚精竭虑，夜以继日，任劳任怨，付出很多，然而很多付出并不为外界所知。辅导员职业是重要的。因为，他们今天培养的学生的样子，就是我们这个国家未来的样子。高校辅导员，一种受到公众尊重的职业，一种受到国家高度重视的职业，一种受到学生喜爱的职业，也是一种融入了我们的理想和忠诚，能够实现我们的光荣和梦想的伟大职业。

魏则胜
2023 年 12 月

目录

第一章
辅导员道德素养总论

在《论语·述而》篇，孔子说："不义而富且贵，于我如浮云。"这句话的意思是："用违背道义的不正当手段得来的富贵，对于我而言就像是天上的浮云。"在《论语·里仁》篇，孔子说："富与贵，是人之所欲也，不以其道得之，不处也；贫与贱，是人之所恶也，不以其道得之，不去也。君子去仁，恶乎成名？君子无终食之间违仁，造次必于是，颠沛必于是。"这段话的大意是："每个人都期望得到富贵，但是通过违背道义的不正当方法得到富贵，有德之人将不会心安理得地去享受这种富贵；每个人都厌恶贫贱，但是有德之人不会采取违背道义的不正当方法摆脱贫贱。君子如果离开了仁德，又怎么能叫君子呢？即使一顿饭的时间，君子也不会背离仁德，即使生活在窘迫之中，甚至于颠沛流离，君子也会坚持道义，坚守仁德。"从先贤们的言论可以看出，在中华民族的血液里，流淌着道德的基因。正义指引的公序良俗，是人类社会良性运转的必需条件；仁爱引导的敬德修身，是人性趋向完善的必由之路，也是一个人配享幸福的资格和条件。学习道德素养的知识，在工作生涯中按照正道做事，修炼自己的工作德性，主要目的在于引导个人通过正当的方式获得财富和事业成功，并且使得个人在获得财富和事业成功之时，能够心安理得。违背正义和缺少德性的人，即使获得了财富和暂时的成功，也不配拥有财富和成功，更不可能在不义之财和短暂成功面前拥有安宁的心境。道德素养是社会正道和个人德性在工作生涯中的体现，道德素养水平是社会文明发展和个人完善的标志，也是一个人工作成功、安享幸福的保证。

第一节　什么是道德

一、道德的概念

道德，是"道"和"德"的总称，一方面是指正道或正义、道义，是用来衡量人的行为是否具有正当性的标准，即正道；另一方面是指品德，即个人通过人际交往、接受教育及自我修炼等方式，使得自己的精神属性获得了一种良好品质，如仁爱、智慧、勇敢等，包括保有同情心、坚守正义观念、具有为他人和社会谋福利的意愿、拥有健全的理性认知和判断能力，以及将同情心、正义观念和利他信念转化为行动的意志品质。

（一）道

“道德”概念包含两个要素，指称两个对象，即一个是“道”，一个是“德”，而不是如人们日常生活中所说的那样只是指称一个对象。道德概念中的“道”，指正道或正义、道义，是用来衡量人的行为是否具有正当性的标准。人类生产、生活实践与动物活动的区别在于，人类实践是在天然的生理反应的基础上，以及在理性思维对客观存在和个人行为进行判断、推理的基础上，通过意志作用而最终形成的人的实践。理性对客观存在和个人行为的判断，分为事实判断和价值判断两个类型。事实判断就是指人们对于某种存在的事物或现象是什么的判断，例如：新鲜的空气能够使人头脑清醒。价值判断是人们对于一种行为是否具有正当性的判断，例如：成年儿女应该多照顾自己年迈的父母。“道”是人们关于行为正当性的描述，“道”所要解决的问题是：人在社会生活中，什么样的行为才是正当的？在人类社会的公共生活中，为了解决人与人之间各种关系中的行为冲突难题，需要有一个公众认可的、用来判断行为是否正当的标准，于是就有了“道”的观念，将“道”的观念转化为社会生活中的行为规范，就形成了人们用来判断行为是善还是恶的价值标准：那些符合道义的行为就是善的、正当的行为，那些违背道义的行为就是恶的、不正当的行为。

每个人都有自己关于行为正当性的判断，但是在社会生活中，人不是孤立活动的，而是生活在复杂多变的社会关系中。道德之“道”，指的是作为社会共识并得到集体认同的道，而不是指个体自以为是的道。各种“道”的观念有可能来自于某个贤者的观点，有可能来自某种学术观点，也有可能来自某种风俗，还有可能是某个社会组织所规定的。但是无论“道”的观念最初来自哪里，要成为道德之“道”，即成为正当性的判断标准，必须满足三个条件：一是它根源于人们现实生活实践对于正义的需求，二是它必须得到社会公众的普遍认同，三是它一定经过社会实践的反复检验。在此基础上，某种“道”的观念就逐渐被确定为评价行为正当性的标准。因此，所谓正道，它就是人们关于各种利益关系中行为正当性的表达。

道德之“道”，是指正道，与正义、道义等概念等同。如果将“道”定义为正道、正义或正当性，就成了同义反复或循环解释。什么是正义？正义就是人们对于各种关系中行为“应当性”的判断，是人们关于行为是否应该的认定。也就是说，那些应该做的行为就是正义的，那些不应该做的行为就是不正义的。应当和正义都属于价值判断，是人的行为的观念先导。每个人都有自己的“应该”判断，在每个人的“应该”观念基础上，人们在社会生活中逐渐形成“应该”标准的共识，评价一个人的行为是不是“应该”，依据的不是他个人所持有的“应该”观念，而是那些已经成为社会共识或得到广泛认同的“应该”观念。

日常生活中的正当行为（应该的行为）列举如表 1－1 所示。

表 1－1　日常生活中的正当行为（应该的行为）

正当行为	内容
自我关系中的正当行为	自立、自爱、自强、自尊、自觉、自制、洁身自好、自我修炼、自我完善等
家庭关系中的正当行为	长辈对子女：慈爱、教化等； 子女对长辈：敬重、孝顺等； 夫妻之间：互爱、互敬等； 兄弟姐妹之间：互亲、互敬、互助、互谅等
人与自然关系中的正当行为	保护生态、爱护环境、保持整洁有序等
朋友关系中的正当行为	相互信任、相互尊敬、相互帮助、相互体谅等
群体关系中的正当行为	个人与他人关系：相互尊重对方人格、不侵害他人合法权益、力所能及帮助他人、互不干扰、宽容礼让、尊重公共秩序、避免麻烦他人、制止恶行、遵守公序良俗等； 个人与国家关系：热爱祖国、保卫国家、忠于人民、遵守法律、维护稳定等
经济关系中的正当行为	合法交易、买卖公平、货真价实、等价交换、服务周到、诚实守信等
政治关系中的正当行为	政府：勤政爱民，维护公平、平等，尊重人权，扶危济困，发展生产，保护人民，维护秩序，惩戒恶行，维护民主，维护公民合法权益等； 公民：享受政治权利、履行政治义务、遵纪守法等
思想文化关系中的正当行为	传承优良精神传统、追求真理、独立思考、传道授业、实事求是、尊师重教、彼此尊重等
国际关系中的正当行为	和平共处、彼此尊重国家主权、合作共赢、抵御霸权等

（二）德

道德之“德”，本意为“德性”或“品德”。在西方，从亚里士多德开始，用“德性”一词指事物所具有的良好的品质；将德性的讨论对象确定为人的时候，德性是指人的品质所能达到的值得赞许的优秀状态。亚里士多德认为：人的属性分为肉体属性或生理属性、心灵属性或精神属性。在人的心灵中有三种东西，这就是情感、能力和品质，德性属于品质。人的灵魂分为理性与非理性两个部分，因此人的德性被分为两类，一类是伦理上的德性，一类是理智上的德性。伦理德性是作用于心灵的欲望部分的优良品质，是指在社会生活环境中，受到社会共同体的行为方式、节制态度的熏陶而形成的对人与事的适度应对的品质，是关乎感受和行为的品质，是关于痛苦和快乐的应对方式所显示的品质；理智德性是思考、反复思维的德性，是人的灵魂中理性部分的优秀品质，如明智、智慧、谅解等。

亚里士多德所说的伦理德性，是指那些符合“中道”或“适度”原则的德性，过度或不足，都不符合伦理德性的要求。

中道或适度：温和，勇敢，谦谨，节制，公平，慷慨，实在，友爱，高尚，坚韧，大度，大方。

过度：易怒，鲁莽，无耻，放荡，牟利，挥霍，虚夸，谄媚，卑屈，矫揉，自夸，放纵，狡诈。

不足：无怒，怯懦，羞怯，冷漠，吃亏，吝啬，谦卑，傲慢，顽固，病态，自卑，小气，天真。

在中国传统文化中，“德性”一词并不常见，一般用“德”来指称人的品德，而没有涉及人之外的事物的属性的状况。在儒家文化形成之前，“德”是中性词，因此有“吉德”与“凶德”之分，孝、敬、忠、信为吉德，盗、贼、藏、奸为凶德。在儒家道德观念中，“德”不再是中性词，而是指人所具有的良好品德。孔子将君子具有的德性概括为“智、仁、勇”：智者不惑，仁者不忧，勇者不惧。

中国传统道德学说根据中国人的生活经验，概括出“八德”：孝、悌、忠、信、礼、义、廉、耻。

一是孝，所谓“百善孝为先”，孝者百行之首，万善之源，为人不可无孝。

二是悌，指兄弟姐妹之间要互相怜惜。

三是忠，指真心诚意做事，合法合理言行。

四是信，即诚信，指待人处世真诚，讲信用。

五是礼，指态度谦虚，仪容端庄，对尊长有礼貌，待下辈慈爱。

六是义，指做事符合道义要求。

七是廉，指做人要清白、端正，家虽贫也不愿贪求不正当利益，安分守己，奉公守法。

八是耻，指一个人要有羞耻心，不会以耻为荣，不行可耻之事。

总体而言，道德之“德”，是指人通过人际交往、接受教育及自我修炼等方式，使得自己获得了各种良好品质，如智慧、仁爱、勇敢等，包括保有同情心、坚守正义观念、具有为他人和社会谋福利的意愿、拥有健全的理性认知和判断能力，以及将同情心、正义观念和利他信念转化为行动的意志品质。“德”所要解决的问题是：一个人要具备什么样的品质才是完善的、值得称颂的，要具备什么样的人格才是高尚的。“道”是人们共同认可的、用来评价人的行为是否正当的价值标准，主要存在于社会公共生活领域；“德”是一个人通过各种努力而获得的、在精神素养中稳定存在的良好品质和高尚情操。

可以从以下两个方面正确理解“德”的内涵。

第一，“德”是人的精神素养的一部分，是一种以仁爱为核心内容的心理活动过程。人具有多重属性，如自然属性、社会属性和精神属性。自然属性是指人的天生的动物属性，具体表现为人有生命安全的需求、食物的需求、适宜环境的需求、休息和睡眠的需求等，是人最基本的、本能的属性。社会属性是指人的群体性，人生活在家庭及各种社

会组织之中，通过社会化而获得社会属性，并由此适应社会生活。精神属性是指人所具有的心理品质或心理活动状况，包括情感活动、认知活动、记忆活动、审美活动、思维活动及意志活动等。人对于他人的同情和关爱之心，对于正义的认知和认同，出于关爱他人或维护正义而舍己为人的奉献信念，以及将同情心、正义感和奉献信念转化为实际行动的意志，就是人的德性或道德品质。对于个人而言，他所具有的德性的内在形式，就是他所具有的道德意识、道德情感和道德意志，外在表现就是他的道德行为。

第二，“德”所包含的三个要素之间存在紧密的内在联系。同情心是人与生俱来的情感活动，也就是说，同情他人的苦难和不幸遭遇，以及对于自然万物的怜悯，即好生之德，是一个人天然的善良情感。与同情心的天然性不同的是，正义感不是人与生俱来的精神品质，因为正义是一种社会公共价值观，是社会公共生活在长期的演变过程中逐渐凝聚而成的关于行为正当的共识。因此，一个人的正义感，需要在他与社会交往或接受教育的过程中，认识到“什么是正义”，在此基础上认同正义，从而形成正义感。仅仅知道什么是正义，而没有对于正义的情感认同，就不能说某个人具有正义感。利他信念是指一个人为维护正义，或为他人和社会谋福利的信念，但是绝不能认为利他的行为就是道德的行为。利他信念与行为及行为结果，本身并不会必然就是善的。无论是利他动机还是利他结果，都需要接受正义的检验，只有那些符合正义要求的利他动机和利他行为及其结果，才是正当的、善的，才是道德的。如果一个人为某个邪教组织的犯罪行为而奋不顾身地奉献自己的力量，对于这个组织的成员而言，这种行为是对他们有利的，但是就整个社会而言，这种行为却是一种罪恶行径。利他信念必须以维护正义为前提，没有正义基础的利他和奉献行为，有可能就是为虎作伥。

关于道德概念的各种解释之所以产生偏差，原因在于以下五个方面：一是对于道德存在的概括不全面，没有认识到道德包含“道”和“德”两个要素；二是日常生活中的大众语言对于道德的描述不够严谨，造成道德概念的世俗理解方式与学术理解方式的差异；三是关于道德概念的学术研究，基于各自的学术立场而对道德内涵与外延进行主观设定，忽视了以实事求是的方式考察道德现象；四是以价值判断代替事实判断，将“道德应该是什么”的问题当作“道德是什么”的问题，从而误导了人们对于道德的认知；五是在给道德下定义时，没有严格遵循逻辑规范，以至于出现很多似是而非的道德概念。给道德下定义需要遵循三个思维原则：一是实事求是的原则，承认道德存在是一种社会事实，道德不是人们想象力的产物，它是人们在社会实践中形成的公共价值观和人的品质；二是遵从逻辑规范的原则，按照逻辑规范，用精确的语言揭示道德概念的内涵与外延；三是拒绝独断论的原则，避免将道德与社会现实生活经验割裂，从而给出一个带有学术偏见、被某种理论立场限制的道德定义。只有正确回答“道德是什么”这个问题，才能对道德素养进行全面而深入的探索。

二、道德的根源

在解决了“道德是什么”的问题之后，我们要回答的另一个重要问题是：道德是从哪里来的，也就是说，道德的根源是什么？这个问题在学术语言中的表达方式就是：道

德的本体是什么？通过正确回答这个问题，我们就能够找到道德的真正根源，将道德现象背后的真正本体揭示出来，从而为道德找到客观依据。

（一）关于道德根源的几种错误观点

道德来自哪里？道德产生的根据是什么？关于这两个问题的回答，存在下列几种具有代表性的观点。一是认为上帝或神是道德的来源。目前，宗教信众人数众多，一种得到广泛认同的观点是，道德来自于上帝或神的旨意。这种观点具有一定的合理性，一个人由于信仰某种宗教而接受了相关宗教所秉持的道德观念，这是能够得到验证的经验事实。但是这个事实只能说明，信众的道德意识或价值观念受到宗教的影响，宗教教育是道德教育的一种重要方式，只能说明一个人的道德意识有可能来自哪里，而不是说明道德来自哪里。个人的道德观念的来源，与道德现象的根据，是两回事。二是认为道德是由掌握了政权的统治阶级制定的。这种观点无法经受实践的检验，也得不到事实的证明。统治阶级可以利用政权力量或宣传工具、教育机制及社会治理方式，尊崇或推广某些道德观念，甚至利用各种手段将某种正义价值观普世化，但这种现象只是统治阶级的道德教育和道德建设方式，而不能说明道德根源，因为统治阶级自身的道德观念是从哪里来的，依然是个悬而未决的问题。三是认为道德是由圣贤制定出来的。这个观点的合理性在于，它确实指出了圣贤立德立言的事实，如老子所著的《道德经》，记载孔子及其弟子道德观点和言论的《论语》等经典，对中华民族乃至于其他民族的道德观念，都产生了极其广泛而深远的影响。但是先贤的道德理论体系，只是对于道德现象和道德行为的理论叙述，是立足于社会生活，将道德经验进行加工整理、抽象而成的道德理论。先贤为道德立言，只能说明道德现象的理论化形式，而无法证明道德来源于先贤的创制。

以上几种观点的一个共同特点，就是在思考道德来源这个问题时，在认识论上陷入了主观唯心主义或客观唯心主义的误区。主观唯心主义将世界的本源归结为人的意识，客观唯心主义将世界本源归结为上帝或神的意志。依据上述两种哲学认识论，道德现象的根源就必然被归结为上帝意志，或某个领袖、某个圣贤的个人意志，或某个组织的集体意志，而不是依据历史唯物主义的世界观和认识论，按照实事求是的思维路线去探讨道德的本源问题。

（二）道德的两个根源

所谓道德的本源问题，是指道德现象赖以产生的基础是什么的问题，而不是指人的道德观念或道德品质及道德规范的来源问题，也就是说，这个问题要回答的是人类社会为什么会有道德现象。所有社会现象的存在，都与人的需要有关。

道德现象存在的第一个原因，是社会现实生活的需要。第一，人类社会的历史，开始于有生命的个人的存在，一切人类社会生活，也是以个人的生命存在为前提的。人类社会是从哪里来的？如果没有人，就不会有人类社会，人类社会生活的一切内容，都是人的实践活动而已。第二，人要维持生命的存在，就必须进行物质资料生产。因为人类生命的延续，需要消费物质资料，如果没有必需的物质资料做保障，人的生命则难以为继。第三，人类进行物质资料的生产，是个持续不断的过程，如果停止了物质资料的生产，生命就会因为得不到维持生命所必需的消费资料而面临停止。因此，人类的物质资

料的生产，是不断的再生产，而且随着人类人口的增加和需求的增长，物质资料的再生产成为一个不断扩大的再生产过程。第四，人类必须进行种族繁衍。物质资料只能够维持个体生命的延续，人类社会的存在还必须依赖于第二种再生产，即人口的繁衍。地球上人口的不断增加，就是根源于婴儿的不断出生。没有新生婴儿，就没有人类的未来，种族繁衍一旦停止，这个种族的社会生活就消失了。第五，在人类进行物质生产和人口繁衍的基础上，人类的理性活动和精神生活，不断生产出精神产品，即观念、思想和文化。第六，人们在物质生产活动中产生生产关系，在人口繁衍中产生血缘关系和家庭组织，在精神生活的生产与再生产过程中，产生各种观念、思想、理论、意识形态等精神关系。生产关系的总和形成经济基础，在这个基础之上，人类逐渐建立了政权组织，形成各种社会制度，产生国家。于是，生产关系、政治关系、家庭关系、思想关系成为人类社会主要的社会关系，个人生活于这些社会关系的总和之中。第七，人类生活于各种社会关系之中，必然产生一个问题，即个人的社会活动，如果涉及他人的利益，关系到他人的生活状况，或者对他人的行为产生影响，那么这个人的社会活动就必然要解决这样的问题：他应该如何行动才是正当的？如果人与人之间没有就“什么样的行为才是正当的”这个问题达成共识，人们的社会生活就会陷入无休止的冲突，人类社会将因此难以继续。因此，在漫长的社会生活中，逐渐形成了这样的观念和共识：什么样的行为才是正当的？正当的行为就是正义的，不正当的行为就是不正义的。这样一来，社会公众的意识中就形成了正义观念。正义观念，或者正当性观念，就是人们常说的道义，就是道德之“道”，或者说是正道。总体而言，人类社会生活实践，才是道德之“道”存在的基础，是道德的来源之一。

道德现象存在的第二个原因，是人的发展的需要。无论一个人是否受过良好的教育，都有改善自身存在状况、身心得到全面发展的精神追求。德性的完善和内心的善良，是每个人都会具有的对于自己要成为一个什么样的人的期望，尽管这种期望在每个人身上的表现程度不同，但是在每个人的内心深处，都有对自己发展和完善的目标定位。正是这种期望，使得每个人都有可能在社会现实生活中，通过接受良好的家庭教育或学校教育，不断修炼自己，完善自己的精神素质，使得同情心、正义感及利国利民的信念成为自己稳定的心理品质和行动意志，由此逐渐获得良好的道德品质。良好的道德品质不是用来进行利益交换的手段，而是一个人的内在利益，因为只有良好的德性，才能获得内心的安宁和灵魂的平静，这是一个人享受幸福必备的资格条件。因此，道德现象的存在基础，是人类的社会现实生活。人类通过社会实践活动，一方面再生产社会物质，使得社会生活得以延续，另一方面再生产人自身，使得生命得以延续。社会再生产和人的再生产，都必然产生一个需求，那就是判断什么样的社会生活更加美好，什么样的人更加完善。正是在人类追求自身存在的理想状态的过程中，社会正义和个人德性得以逐渐形成。在不同的时代，由于社会物质条件和文化条件的差异，人们对于正义和德性的理解，往往不同。正是这些不同，体现了人类对于自身存在状况的反思，对于社会进步和人的完善的无止境的追求。

三、道德的结构

道德包括两个要素，一是道，二是德。道即正道、正义，一方面，道以观念形式表达个人对于道的认知和认同，是人的精神属性，被称为德性；另一方面，道体现为各种价值评价的标准和行为规范。德性是指个人所具有的良好品质，是精神属性趋向完善的状态。孔子将君子所具有的基本德性归纳为“智、仁、勇”。一般而言，道德品质包括同情心、正义感、良好的认知和思维能力、利他信念及行动意志。个人在社会生活中承担多种社会角色，每一种社会角色需要承担独特的责任，于是形成了相应的德性和行为规范。在不同的生活领域，人的道德品质要求和行为规范标准，既有一般性，也有特殊性。

如果以人与人之间关系的特点为标准，可以将生活领域分为私人生活、家庭生活、社会公共生活、工作生活、政治生活和文化生活。私人生活也被称为私密生活，是个人能够在隐私得到保护的前提下的自主生活，个人面对的社会关系主要是自我关系，即自己对于自己的关系。家庭生活是指以血缘关系为基础的家庭成员的共同生活。社会公共生活指无身份限制的，人们在公共空间里发生相互联系、相互影响的共同生活。与家庭生活、学校生活、工作单位的生活相比较，社会公共生活的领域更加广阔，内容也多种多样。工作生活是指人们基于经济关系和工作目标而产生的生活实践，以经济活动为主要生活内容。政治生活是指人们基于政治关系而产生的生活实践，以政治活动为主要生活内容，如党团活动、政治参与等。文化生活是指人们基于精神关系而进行的文化生产、文化传播和文化消费等活动形成的生活。

不同的生活领域，在遵循普遍性的道德要求的前提下，存在不同的道德品质要求和道德规范标准，个人私德、家庭美德、社会公德、职业道德、道德素养、政治道德、文化道德构成一个社会的道德体系的主要内容。

第二节　道德的养成和价值

一、道德品质和道德行为的现实可能性

（一）人的精神属性为道德提供了主体条件

道德之“德”，是指人的精神属性中所具有的同情心、正义观念、为他人和社会谋福利的信念，以及将同情心、正义观念和利他信念转化为行动的意志品质。

人的德性的第一个要素是同情心。同情心，即对于他人的困苦甚至对于自然万物的不幸遭遇而产生的同情心理，这种心理能力和心理过程，并不是后天学习而获得的，是人天生就具有的心理品质。在《孟子·告子上》一文中，孟子说：“恻隐之心，人皆有之；羞恶之心，人皆有之；恭敬之心，人皆有之；是非之心，人皆有之。恻隐之心，仁

也；羞恶之心，义也；恭敬之心，礼也；是非之心，智也。仁义礼智，非由外铄我也，我固有之也，弗思耳矣。”这段话的意思是：同情心，人人都有；羞耻心，人人都有；恭敬心，人人都有；是非心，人人都有。同情心属于仁；羞耻心属于义；恭敬心属于礼；是非心属于智。这仁、义、礼、智都不是由外在的因素加给我的，而是我本身固有的，只不过平时没有去想它，因而不觉得罢了。孟子还举例说明自己的观点。他说，有人看见一个小孩掉入井里，有生命危险，就产生了“恻隐之心”，并设法将小孩从井里救出来。他这样想这样做，并非是因为他与小孩的父母是好朋友，也并非是因为他想在乡邻之中树立好名声，也不是因为他厌恶小孩在井里的哭喊声和挣扎声，而完全是因为他有一颗“不忍人”的“恻隐之心”。同情心是人天然具有的心理品质，是德性的基础，这是心理学事实，也是能够在经验世界得到证实的事实。

人的德性的第二个要素是正义。人之所以能够认知正义，形成正义观念，是因为人有理性，有认识事物本质和客观规律、理解和辨别观念的能力。认知能力存在于人的理性之中，理性是人的精神属性的一部分，理性能力是人与生俱来的心理品质，如果没有理性，人就不可能具备认知外在事物、辨别他人观点的能力。

人的德性的第三个要素是利他信念和奉献精神。利他信念和奉献精神，是指一个人具有为他人和社会谋福利的信念。首先，利他信念和奉献精神，以同情心为基础，如果一个人对于他人的遭遇和社会灾难没有发自内心的同情，他有可能会偶尔做出利他行为，但是不可能在内心形成利他信念，也难以促成利他行动的决心。其次，利他信念和奉献精神，以理性判断为基础，而不是非理性的盲目冲动和没有原则的激情。正义是利他信念和奉献精神的路标，只有正义才能够为利他行为指引正确的方向。个体行为可以有很多种利他可能，但是任何利他行为及其后果，都要经受正义的检验，都要经受道义的审判。因此，利他信念的前提是一个人对于正义的认知和认同，只有理性，才能够正确认知正义；只有同情，才能够激发人们为正义而献身的精神。

人的德性的第四个要素是将同情心、正义观念，以及利他信念和奉献精神转化为行动的意志品质。如果一个人具有同情心和正义感，也有利他信念，却始终将这些品质停留在情感和认知阶段，而没有付诸行动的意志，就不能被看作是有德性的人。德性需要心理基础，但是只有将同情心、正义感转化为实际行动，从而在维护个人正当利益的同时，尽可能地为他人和社会谋福利，甚至为正义献身，为社会进步而不惜牺牲个人正当利益，一个人才算是具有德性，即具有良好的道德品质。意志，是人的精神素质的一部分。人在受到威胁或利诱的时候，也有可能做出维护正义或利他的行动，但是这些行动最终要通过一个人的意志起作用。尽管一个人的道德意志是需要长期的修炼才能够形成，但是任何道德行动都必须经过个人的道德意志推动才有可能成为现实。

（二）教育和自我修炼为道德提供了发展条件

良好的德性需要良好的教育。同情心、正义观念、利他信念和奉献精神，以及将道德情感、道德认知和道德信念转化为道德行动，依赖于人的精神属性，即一个人具有了良好的道德品质，才有可能积极主动地在各种行为中敬德守道，将个人良好的德性，外化为值得赞许的社会行为。但是，善良的道德品质必须建立在接受良好的教育的基础上。

教育，就是指个体与个体之间及社会组织与个体之间的文化传播过程和结果，是一定的社会组织和个体，通过各种方式，将知识和价值观念及文学艺术、技术，向其他个体传授的行为，也是指个人通过各种方式学习知识、价值观念及文学艺术、技术的行为。教育不仅是一个人接受各种文化信息的过程，也是人的思维得到训练，认知能力得到提高的过程，也就是说，教育的目的不仅在于让一个人知道得更多，而且在于让一个人的思考能力得到提高。知识的增加和思维能力的提高，是教育效果的体现。

接受教育和自我修炼，是一个人形成良好德性的必要条件。同情心是每个人天然具备的心理品质，但是在现实生活中，同情心经常面临两个困境：一是同情心会受到人性中固有的自爱等情感所导致的怨恨、狭隘、猜忌等心理的冲击；二是在后天的生活经验中，同情心会因为各种外在因素的影响而被压制，以至于人们会因为过多地考虑外在利害关系和个人得失，而忽视了同情心。在《论语・阳货》篇，孔子有句名言，"性相近也，习相远也"，意思是"人的天性是相近的，但是各种后天因素，导致人的行为习惯差异很大"。为了保持同情心，人就必须要不断接受良好的教育，尤其是良好的道德情感的教育，不断以自我学习和自我反省的方式进行自我修炼，即"吾日三省吾身"。虽然同情心与生俱来，但它不是人性中的唯一，它会受到各种干扰，也会因为各种因素而被忽略。只有接受教育和自我修炼，才会保持纯真的同情心，才能保有德性的基础。

正义观念不是个人一厢情愿的想法，而是一种社会共识。既然正义观念是外在的社会观念而不是人天然具有的意识，那么个人要具有正义观念，就必须通过人际交往，在处理各种社会关系中认识到"什么是正义"，或者通过接受教育的途径认识到"什么是正义"。只有良好的教育，才能让一个人明白"什么是正义"，只有认知正义，才有可能认同正义，才有可能形成一个人的正义德性。

人的德性核心内容之一就是良好的理性能力。理性能力包括人的感知能力、认知能力、判断能力、审美能力和思维能力。人类是有限的理性存在者，理性能力是人天然具有的，但是必须经过接受教育和不断加以训练的方式，人类的理性能力才能够得到发展。

正义标准和德性品质之间存在相互促进的关系。一方面，人的良好德性的形成，离不开对社会正义观念的学习和体悟，不符合正义标准的品质，不会是良好的德性。另一方面，德性所具有的理性能力，不断认知和反思正义标准，以至于在不同的社会历史条件下，人们对于正义的内容，理解往往不同。正义观念的时代差异，可能正是道德进步的体现。正义观念的变化原因，正是教育。接受了良好教育的个体，他不仅能够认知正义，还能够不断反思正义，以理性精神深入思考正义，而不是将某种特定的正义观念当作普遍化的教条。正是如此，人类的道德才能够不断完善和进步。

（三）利益为道德提供了客观基础

人类所有的活动都必然与利益有关，人与人之间的关系，最基本的是利益关系，但是利益并不等于物质利益，利益概念的内涵与外延，比物质利益要丰富得多，物质利益只是利益的一种形态。就利益的表达形式而言，有物质利益和精神利益的区别；就利益的领域而言，有政治利益、经济利益和文化利益的区别；就利益主体而言，有个人利益和集体利益的区别；就利益的合理性而言，有正当利益和不正当利益的区别；等等。所

有道德行为都与利益相关。

在中国和西方历史上，很多学者都认为道德就是让渡利益，道德和利益之间的关系是相互排斥的，也就是说，追求利益就是不道德的，高尚的行为就是抛弃利益的行为。这种观点的错误在于，它没有真正弄清楚什么是利益，将利益等同于不正当的个人利益，或者将利益认定为物质利益，从而将追求利益的行为当作自私自利。从人类历史的发展和生活现实来看，正是利益追求才为人类发展和社会进步提供了原始动力，所有人类行为，都必定与形形色色的利益相关联，道德行为是人类行为的一种，自然也与利益相关联。道德和利益的关系，不是互相排斥的关系，而是相互依存的关系。正是有了利益关系，才有了道德存在的必要。道德，就是为了调整人与人、人与自然之间的利益关系而存在的。那些维护正当利益的行为，无论是维护自己的正当利益还是维护他人的正当利益，都属于道德行为；那些舍弃自己的正当个人利益而增进他人和社会正当利益的行为，则是道德行为中的高尚行为。

综上所述，道德之所以是可能的，原因有多种。第一，人天然具有的同情心；第二，接受教育和自我修炼从而形成良好的道德品质；第三，人们对于正当利益的追求。以上三种原因导致的道德行为，都值得肯定或称颂。找到了道德可能性的原因，就可以解决“依据什么进行道德评价”的难题。

对于道德与利益关系的误解，导致人类思想史上长期存在关于道德评价标准的对立观点，典型表现是“动机论”与“效果论”的分歧。“动机论”认为，评价行为是否道德只能依据行为动机，因为只有人的善良意志才能算是绝对善良的、道德的。至于善良意志有没有带来预期的效果，则不影响动机的善良和道德性质。“效果论”认为，判断一种行为是否道德，只能根据行为的效果来判断，因为一个人的行为动机是别人无法知晓的，只有行为后果才能够成为判断依据。

评价道德行为是依据行为动机还是依据行为效果？之所以出现上述分歧，根本原因在于两个方面。第一，没有全面理解道德的内涵，要么将道德看作人所具有的道德品质，要么将道德看作个人之外的代表正义的行为规范。如果将道德看作品德，必然依据人的行为动机评价行为是否道德；如果将道德看作行为规范，必然依据行为的效果评价行为是否道德，因为只有人的行为效果能显示出正当性。第二，没有正确理解道德与利益的关系。道德行为与利益不可分离，任何道德行为都必然涉及利益后果，因此道德评价可以依据道德行为的后果。

如何评价一种行为是否道德？第一，依据行为的整体因素来评价，因为无论动机还是后果，都是一种行为不可分割的组成部分，行为动机与后果一般情况下是一致的。第二，如果出现了行为动机与动机所预期的效果不一致的情况，可以对动机和效果分别进行评价，即以德性标准来评价行为动机，以道义标准来评价行为后果。如果一种行为从善良动机出发却导致不正义的效果，只能说行为后果不正义，但是却不能说这个人不善良或道德品质恶劣；如果一种行为从恶的动机出发却导致了正义的结果，那么只能将行为后果评价为正义的，却不能因为偶然的正义后果而认为这个人具有良好的道德品质。

二、道德价值

道德之所以存在，是因为道德能使得社会具有正义，行为秩序有度，人性趋向完善，仁慈照亮心灵。道德使得生活更加美好。

（一）道德的个体价值

1. 道德是人的发展与完善方式

道德包括个人德性和社会正义两个要素。德性属于一个人的精神属性，是人性趋向完善的方式。人的自由而全面的发展和社会的进步，是人类文明的总目标。人的自由而全面的发展体现在很多方面，其中一个重要内容就是人的道德品质的发展。人的道德品质从天然的同情心走向社会正义感，从社会正义感走向为他人和社会谋福利的高尚人格，这也正是一个人发展的方式。人通过接受教育和自我修炼等方式，逐渐具备智慧、仁慈和勇敢的德性，是人性得以完善的标志。如果失去了优良德性目标的指引，人性就有可能偏向邪恶，甚至堕入黑暗的深渊。

2. 道德是言行的前提

人的行为以天然的生理活动为基础，以理性活动为指引。任何一个行动都离不开事实判断和价值判断。孔子之所以将“智、仁、勇”作为君子的三个核心德性，就是因为“智者不惑，仁者不忧，勇者不惧”。因此，一个人言行的正确或合理、适当，必然以理性的认知和思维活动为前提，更需要以善恶判断为导引。良好的德性为一个人的言行设置了指南针。

3. 道德是良好人际关系的纽带

人与人之间的关系很复杂，但是利益关系是核心关系，那些维护自己和他人的正当利益的行为是合理的、值得肯定的；那些为出于正义感和责任感而舍己为人者，是高尚的人。道德是调整利益关系的自觉方式，具有良好德性的人，不仅能够以恰当的方式维护和增进自己的正当利益，也能够尊重和维护他人的正当利益。人们之间的交往关系，一定会因为彼此尊重和维护正当利益而成为友善而和谐的关系，也必定会因为相互损害而毁坏了彼此的信任和友情。诚如《论语》所说：“德不孤，必有邻。”

4. 道德是家庭和睦的保证

家庭是一个人安身立命的根基，是一个人身心的庇护所。“修身、齐家、治国、平天下”是中国传统道德观念的核心内容，“齐家”被认为是治国、平天下的必备条件之一。家庭生活需要美德的维护。家庭以血缘关系为基础，天然的血缘情感如父母对子女的慈爱、子女对父母的依恋和敬重，基本上能够维持正常的家庭生活，但是家教不良、民风不纯及缺乏自我修炼等，都有可能使得自私自利、残暴少慈、不孝不敬等行为在家庭生活中出现。缺乏良好道德规范和道德品质的家庭生活，一定是不幸的、缺乏温暖和幸福的家庭生活。因此，道德是家庭和睦的保证，家庭幸福是幸福生活的核心内容。

5. 道德是事业成功的条件

个人生活在群体之中，一个人的事业必然需要和他人相互合作才有可能进行下去，人与人之间合作的基础是利益关系的存续。如果一个人自私自利、心胸狭隘，或刚愎自用、

独断专行，这样的不良品质很难为别人所接受，也难以在工作中创造良好的合作模式。追逐利益是人的本性使然，但是追逐利益的方式需要接受道德的约束。一个德性好、行正道的人，必然能够将各种人才团结在自己周围，从而为事业成功打下坚实的基础。事业成功的前提是人际关系的成功，只有良好的道德品质，才是建立成功人际关系的必要条件。

（二）道德的社会价值

1. 社会稳定的精神基础：正义

道德是社会个体与个体之间、个体与群体之间，以及群体与群体之间的精神纽带。一个群体之所以能够保持稳定的存在状态，一个组织之所以能够形成，根本原因就在于群体或组织具有其成员共同认可的核心价值观和共同遵守的行为规范。社会成员核心价值观，就是正义观念；社会成员共同遵守的行为规范，就是那些符合正义要求的规范。正是由于拥有共同的道德价值观，群体或组织才得以形成，社会结构才得以保持基本稳定。道德是一个社会的公共理性，是社会稳定的精神基础。

2. 社会生活的秩序要求：规范

道德规范是依据道德要求而形成的行为规范，它是由一定的社会组织制定的，也有可能来自于人们在集体生活中的约定俗成。个体在社会生活中必然发生各种利益关系，调整利益关系的方式有道德方式和法律方式。道德方式是指通过个人在各种利益关系中的行为，自觉遵守道德规范；法律方式是指司法机关通过强制方式，禁止那些破坏社会正常秩序、危害他人和社会公共利益的行为。法律强制是规范的底线要求，在此之上是极为广阔的、人们可以自由选择的行为空间。在人们自由自觉地选择各种行为方式时，遵守道德规范是社会生活保持有序的必要条件，遵守公序良俗是一个公民不可推卸的道德责任。

3. 社会治理的重要方式：德治

社会治理方式有很多种，德治和法治是两种基本的社会治理方式。德治就是以德治国，法治就是依法治国。以德治国有两个含义：其一，是指国家治理者以仁德的方式对待公众，如孔子在《论语·为政》中所说："为政以德，譬如北辰，居其所而众星共之。"其二，是指通过道德教育的方式，养成社会个体良好的道德品质，从而通过公众自治而治国，如孔子在《论语·学而》所说："其为人也孝弟，而好犯上者，鲜矣；不好犯上，而好作乱者，未之有也。"自古以来，德治都是一种极为重要的社会治理方式，无论是当权者还是社会公众，以良好的德性对待彼此，是德治的条件。

对于一个民族和一个国家而言，那些具有悠久历史的优良道德传统，是最为宝贵的精神财富，是一个民族生生不息、一个国家繁荣稳定的精神保障，是人民灵魂的栖息地和精神家园。一个伟大的民族，必然是拥有伟大的道德传统的民族；一个值得尊重的国家，必然是一个具有强烈道德责任感的国家。那些沉沦于物质利益追求而忽视精神修炼的人和那些为一己私利而不惜违背道义的人，无论身居什么样的高位，拥有多少物质财富，都依然属于"小人"之列。

【案例分析】

孔融让梨

东汉时期，有个叫孔融的人。他小时候很聪明，有五个哥哥，一个弟弟。有一天父亲买了一些梨子，特意捡了一个最大的给孔融，孔融却摇头不要，拿了一个最小的梨。父亲很好奇地问："为什么呢？"

孔融说："我年纪小，我吃小梨，大的给哥哥吃。"

父亲听后很高兴，问："那弟弟比你还小呀？"

孔融说："我比弟弟大，我是哥哥，我应该把大的留给小弟弟吃。"后来，孔融成了一个很有学问的人。

【启示】

古人对道德常识非常重视。道德常识是启蒙教育的基本内容，融于日常生活及学习的方方面面。孔融让梨的故事告诉我们：一是要懂得谦让，养成尊老爱幼的习惯。二是凡事应该遵守公序良俗，谦让、尊老爱幼就是教师、家长共同认同的公序良俗和道德价值观。

第三节　遵正道，修善德：高校辅导员道德素养提升方式

一、高校辅导员道德素养的核心要求

（一）爱岗敬业

爱岗敬业所要求的对象是所有的从业者。爱岗敬业的一般要求是：从业人员热爱自己的工作岗位，敬重自己所从事的工作，表现为从业人员勤奋努力、精益求精、尽职尽责的工作行为。兴趣是最好的老师，热爱是最大的动力。以爱岗敬业的心态从事自己的工作，不仅是个人获得工作成功的基本条件，也是一个人享受工作快乐的前提。由于动机不同，爱岗敬业的目的存在差异。一是物质利益动机，即个人为了追逐商业利润和金钱而从业，为满足自己生活需要而不得不爱岗敬业；二是理想信念的支撑，即个人将工作当作获得事业成功的主战场，为实现人生理想目标而爱岗敬业，在这种情况下，工作逐渐成为事业，工作的成功逐渐演变为人生的成功；三是高尚情怀的激励，即一个人将工作活动当作个人为了社会发展和国家进步，为了大众利益而奋斗的行动方式，这种爱岗敬业的目标不再是个人物质利益的诉求和财富的追逐，而是忧国忧民、胸怀天下，这样的人是仁人志士，就像鲁迅先生所说的那样，是中华民族的脊梁。

（二）诚实守信

诚实守信主要是用来规范经济领域的商品生产和商品交换活动，以及各种商业合作

行为。诚实守信的一般要求是：从业者在工作活动中应该诚实劳动、合法经营、信守承诺、讲求信誉。具体表现在三个方面：第一，工作活动中个人所享受的工作权利和所尽的工作义务，应该是等价的，即个人所付出的工作劳动和他的工作所得之比较，应该符合社会公认的公平；第二，个人获得工作利益的手段应该公正，合乎法律和道德规范的约束，而不能以欺诈和其他不正当手段从事工作活动；第三，个人和组织在工作活动中对于他人和社会的工作承诺应该兑现，即使因此本人或本组织利益受损，也要维护信用。

工作关系和工作交往活动，要建立在相互信任的基础之上，一旦违背了诚实守信的原则，不仅正常的工作关系遭到破坏、利益遭受损失、社会公正遭致破坏，而且个人或团体的形象也会遭到损害，从而导致个人和社会的双输结局。

（三）办事公道

办事公道所要求的对象，主要是拥有公共权力的政府机关办事人员。办事公道要求从业人员在工作中，要做到公平、公正、公道，坚决避免滥用权力，坚决防止公权私用，坚决反对权力寻租，要做到不谋私利、不徇私情，不以公权损害公共利益，不以公务活动损害公民利益，不假公济私。具体而言，有以下四个方面的要求：第一，从业者要忠诚于自己所在的组织，不损害自己所属团体的正当利益，不能因为个人私利而出卖组织，或者将组织的利益变相输送给个人，损公肥私；第二，从业者不得损害社会公众和国家、民族利益，从业者的工作行为只能增进社会、国家和民族利益，而不能反其道而行之；第三，杜绝权力寻租，即不能以工作便利牟取不正当个人利益；第四，在处理各种利害关系时，要平等、公正地对待他人，不因为他人或组织在财富、权力、社会地位及与自己亲缘关系等方面的差别而区别对待，要避免趋炎附势，不得歧视弱者。

（四）服务群众

服务群众所要求的对象，是所有的从业者。从业者在工作活动中，要一切从群众的利益出发，为群众着想，为群众办事，为满足群众的生活需要而不断提高服务质量，想群众之所想，急群众之所急。服务群众是任何一种工作活动都必须遵循的行动原则，原因就在于，只有服务群众，工作活动才能够获得群众的回应和支持，才能够拥有良好的商品生产和交换关系，从而获取基本的经济利益。在商业领域，以良好的服务群众意识获得合法收益是应当的，为群众提供各种服务可以成为利益交换的手段，从而各得其所，获得双赢，但是在公务领域，其情况与商业领域存在本质不同。商业领域的工作活动以获取本人和组织机构的单位利益为目标，是合理的，但是在公务领域，尤其是公务员为人民服务是必须要求，政府部门不能通过为群众服务而谋取本部门利益，国家和政府也没有独立于群众之外的利益。因此，公务领域不能将为群众服务当作获取单位利益的手段，为群众服务就是公务部门的工作目标。那些介于公务部门和商业领域之间的工作，如医生、教师等，必须以为群众服务作为工作方向，而不能使工作活动沉沦为纯粹的商业活动和市场行为，因为经济利益只是工作活动的基本出发点，却不是工作活动的归宿。

（五）服务社会

服务社会，是所有工作活动的最终目标。它要求从业人员在自己的工作岗位上，树立起奉献社会的工作理想，并通过兢兢业业地工作，自觉为社会和他人做出贡献，尽到力所能及的责任，从而推动社会发展和文明的进步。服务社会的必要性在于：第一，它是个人生存的必需条件，实现个人价值的前提是为社会贡献了利益，正如孔子所说的“义然后取，人不厌其取”；第二，服务社会与个人利益增长是一致的，整个社会进步了，生活于其中的个人也能因此获益，个人工作活动就如同修路，为公众修路，改善交通状况，自己也必然因此享受到交通的便利；第三，服务社会是个人道德发展的最终归宿。正如墨子所说的“万事莫贵于义”。通过工作活动获得经济利益而满足个人的生活需求，这只是工作活动的起点，只有将个人工作活动与服务社会、推动整个社会进步联系起来，才能够使得自己的工作活动成为高尚的事业追求，自己的工作生涯成为道德修炼的过程，个人必将因此而获得心灵的完满和精神的满足。

二、完善辅导员道德素养的意义

完善辅导员道德素养，是将辅导员工作由工作升华为事业的核心动力。辅导员工作岗位首先是一种工作，但是与其他工作不同的是，辅导员工作是我国高等教育事业的重要组成部分。经过几十年的发展演变，辅导员工作已经完成了职业化，进入到专业化和专家化阶段。高校辅导员工作不仅是工作，更是事业，是中国特色社会主义教育事业的重要组成部分。因此，完善辅导员道德素养，其意义主要在于，它能够推动辅导员个人的完善和我国高等教育事业的发展，从而为党分忧，为国育才，为民造福。人的逐利动机足以推动工作行为的发生，但是利益诉求只是工作活动的起点，道德素养不仅将工作活动约束在正义框架内，还可以引导人们做出很多高尚的工作行为。完善辅导员道德素养的意义表现在以下三个方面。

（1）完善辅导员道德素养，可以不断提高其工作素养，从而提高专业技能，完善道德品质。具有良好道德素养品质的人，必然追求更加完美的工作活动，以爱岗敬业的精神不断提高自己的专业知识和技能，以至于有可能成为一个领域的专家。人们的工作成功与否不在于选择了什么工作，而在于某个工作领域中从业者的水平达到何种层次，是否处于行业领先地位。良好的道德素养引导从业者不断学习和自我修炼，从而不断促进自身的发展和完善。

（2）完善辅导员道德素养，通过言传身教，对广大学生起到良好的示范作用，从而提升社会道德水平，改善社会风尚，促进精神文明建设，提高整个民族的精神品质。道德素养是精神文明发展水平的标志。社会精神文明的水平，体现在个人道德、家庭道德和社会公德等领域。在现代社会，市场机制成为社会资源的主要分配形式，工作活动不仅成为社会活动的主要形式，也成为个人生活内容的重要组成部分，因此，道德素养水平如何，直接关系到整个社会的道德风尚状况。一个精神文明发达的社会，必定是道德素养水平较高的社会；而一个道德素养水平低下的社会，必然是精神文明比较低下的社会。

（3）完善辅导员道德素养是创造良好的工作关系的重要途径。经济关系与血缘关系，构成社会关系的基础。在现代社会，工作活动引发的经济关系，是人际交往关系最普遍的内容。如果道德素养水平下降，人与人之间的权利与义务关系变得扭曲，人与人之间

的信任受到损害，以至于每一次的商品交易都有可能引发一些人产生不公正、被欺骗的感觉，如此一来，人际关系的恶化就是必然的。西方发达国家和我国市场经济的发展，都已经在正面和反面无数次验证了这一点。良好的道德素养，能够建构良好的价值关系，强化人们之间的相互信任，改变唯利是图的不良工作观念，从而创造出广大辅导员相互帮助、协同合作、共享共赢的良好工作环境。

【案例分析】

遵道修德，沧海桑田

很多人不能正确理解道德概念，以至于在回答“道德是什么”这个问题时总是陷入迷茫之中。其实，要理解道德含义，记住两个人的对话就可以了，这两个人就是老子和孔子，他们创造的精神成果成为中华民族传统文化的重要源泉。

公元前538年，孔子前往周国国都拜见老子。孔子向老子讨教之后，获益匪浅，几天之后，向老子辞行。临别之际，老子说：“我听说有钱的人送人钱财，仁义的人用言语馈赠别人。我既不富也不贵，没有钱送给你，就想将一些言语馈赠予你。当今世上，聪明而观察深入的人，其遭遇苦难而几至濒临死亡的原因在于爱说人是非；能言善辩的人，其招致祸患的原因在于喜欢宣扬别人不好的地方。做子女不要把自己辈分看得太高；做臣子不要把自己居于上位。希望你一定要记住。”孔子说：“弟子一定谨记在心。”

走到黄河边的时候，孔子站在岸边感叹道：“我担忧大道不行、仁义不施、战乱不止、国乱不治这些问题啊，因此才会觉得人生短暂，感叹自己不能为人世做贡献，不能为人民有所作为。”老子指着浩浩黄河对孔子说：“你怎么不学习水的德性呢？”孔子说：“水有什么德性啊？”老子说：“至善的人，就应该像水一样。水造福万物，滋养万物，却不与万物争高下，这才是最为谦虚的美德。”孔子说：“先生的言论出自肺腑，已经深入弟子我的心脾，使我受益匪浅，终生难忘。我也将遵奉不怠，以此来感谢先生的恩情。”

孔子从老子那里回来后，三天没有说话。子贡很奇怪地问他怎么了，孔子说：“我见到老子，觉得他的思想境界就像遨游在太虚中的龙，我干张嘴说不出话，舌头伸出来也缩不回去，弄得我心神不定，不知道他到底是人还是神啊。老聃①，真是我的老师啊！”

【启示】

老子认为，万物发展都遵循大道，社会生活自然会按照大道而运转，不必用太多人为的因素去干预社会生活，即所谓无为而治。孔子也认为万物自有其存在与发展之道。但是自然之道与社会之道毕竟还是有区别的，但又有多少人能真正明白自然之道，并将正道运用于社会治理而造福万民呢？只有通过良好的教育，培养人才，“学而优则仕”，才能治理社会。什么样的人算得上是人才？孔子认为，有德的君子就是治理社会的人才。所谓君子，就是那些接受了良好的教育和经过自我修炼后，具备了智慧、仁爱和勇敢德性的人，能够认识到什么是正道并能够在治理社会时奉行正道的人。

---

①　老子，姓李名耳，字聃。

因此，老子重道，孔子重德。老子所言说的“道”，是天道，天道主宰一切，万物自有规律，无须人为。孔子所言说的“德”，是人德，仁人志士，上通天道，下重人道，修炼智慧、仁爱和勇敢诸品质，从而善治社会，善待万民。天道运转日月，人道指引人伦，德性造就良心。人类社会沧海桑田之变，尽在道与德之间。

思考讨论题：

1. 什么是道德？道德概念有很多种，你认为哪一种道德概念能够真实反映道德本质、揭示道德的确切含义？
2. 什么是工作？为什么说工作与商品经济密切相关？
3. 什么是道德素养？道德素养对于个人和社会而言有什么意义？

第二章
高校辅导员道德素养的岗位基础

第一节　高校辅导员岗位职责

2017 年，教育部实施的《普通高等学校辅导员队伍建设规定》（中华人民共和国教育部令第 43 号）中将辅导员工作职责分成 9 个方面，即思想政治教育和价值引领、党团和班级建设、学风建设、学生日常事务管理、心理健康教育与咨询工作、网络思想政治教育、校园危机事件应对、工作规划与就业创业指导、理论和实践研究。

一、思想政治教育和价值引领

学生思想政治教育工作是高校教育任务的重中之重，高校也是学习马克思主义理论、理想信念教育的前沿阵地，作为高校辅导员要肩负起教育和宣传的职责。

在马克思主义理论方面，辅导员要坚持马克思主义理论思想，在思想上和行动上与党和国家的方针政策保持高度的一致性，拥护党的路线，保持队伍的纯洁性。同时，坚持学习和研究辩证唯物主义和历史唯物主义理论运用于工作的实际成效，将得出的历史经验努力转化为新的研究成果，帮助自己在工作上更好地树立正确立场和正确解决思想问题。

在理想信念教育上，要坚定不移地坚持新时代中国特色社会主义理论体系，运用积极的方式教育学生树立正确的世界观、人生观和价值观。要充分发挥思想政治理论课的主渠道作用，充分发掘各高校的育人文化资源，在社会实践中不断提升学生对“四个自信”的价值认同感，为实现中国梦凝聚青春的力量。

高校辅导员有很多方法进行马克思主义理论教育和发挥价值引领作用，比如开展理论宣讲、演讲比赛、主题班会、专家讲座、社会实践、谈心谈话、心理咨询等，要将思想政治教育和价值引领贯穿于辅导员日常工作的全过程、全方位，有效发挥好辅导员思想政治教育与价值引领的作用。

二、党团和班级建设

班集体是学生在校学习的主要场所，是教师教书育人的主要阵地，也是辅导员帮助学生道德品德养成、健全人格形成及素质能力培养的主要载体。班级文化建设作为辅导员加强班级管理、营造班级氛围、发挥班级功能、提升班级形象的重要内容，在学校管理、辅导员工作、学生培养等方面起着至关重要的作用。

（一）班级建设

1. 基本原则

辅导员加强班级文化建设的基本原则是要遵循自主性、民主性和灵活性。大学作为一个崇尚学术氛围、学生自主管理的体系，在班级文化建设的过程中，应当注重其自主性，发挥辅导员的引导和学生自主管理的作用。民主性是指辅导员在大学班级文化建设的过程中应注意发扬民主精神，鼓励学生通过民主自荐、推荐和竞选的方式，参与到班级的管理当中来，让班级成员感受到自己是班级文化建设的主人翁。灵活性是指在当下管理方法和手段都需要不断与时俱进的时代，在班级的文化建设过程中，从辅导员的角色出发，应该采取更多灵活的方式调动学生的积极性，同时用创新的思维引导学生进行班级文化建设。

2. 主要内容

一是班干部培养工作。班干部作为班级管理中辅助辅导员的重要抓手，其选拔、培养和运用，是辅导员打造班级文化建设的重中之重。班干部的选拔可以通过班级学生全体民主选举、学生自荐及竞选演讲等方式进行。在班级文化建设中，班干部的培养应该从团队意识、领导力、管理方法及手段、干部个人成长等方面来着手。辅导员要注重培养班干部在班级事务管理和班级文化建设过程中的组织协调、管理沟通的能力，使其成为班级管理和班级文化建设过程中各类活动、通知和危机事件处理的小助手。

二是环境文化建设。班级的环境文化在班级管理和文化建设中，是不可或缺的一部分。大部分的班级在班级文化营造中利用环境建设，营造班级文化氛围，通过班级环境的格调调节班级成员的学习、生活和活动氛围。根据不同的班级文化建设，辅导员可以通过制订班级文化建设方案，鼓励学生参与到班级文化的环境建设当中来，让学生通过参与感的获得，成为班级环境文化建设的主人翁和直接参与者。

三是制度文化建设。班级制度是学生自主管理的重要载体，通过班级制度的制定来约束学生日常的行为规范尤为重要。辅导员在班级制度文化建设中，主要是起引导、指导作用。班级制度由班级全体学生共同协商制定，并由相应的班干部进行监督落实。在班级制度文化建设的过程中，主要应注意以下三方面：一是制度应当由全体班级成员共同协商制定，由学生一致通过为宜；二是制度的监督落实应该由班干部和普通学生共同组成的小组来进行，避免由于班干部的能力水平不足而导致制度失效；三是制度文化建设的过程中，注重对班级学生、学生干部的过程激励工作，让制度发挥其约束功能，保证班级文化的健康发展。

四是精神文化建设。班级精神文化的树立，是一个班集体的灵魂所在。班级文化建设的过程中，注重班级精神文化的建设，有助于班级管理和班集体成员的向心力、凝聚力构建。辅导员主要可以通过班歌、班旗、班徽等标识性的有形标识物对学生班级的精神文化进行营造，引导学生围绕本班级进行精神文化的树立、建设和维护。班集体精神

文化的建设，是一个长期性的工作，需要辅导员和全体班级成员自觉营造，并通过班级的党团活动、文体活动、素质拓展活动和其他活动载体进一步深化。

（二）大学生党[1]建工作

1. 入党积极分子的培养与考察

入党积极分子的推优、培养、教育工作是党员发展工作的首要环节，对于提高党员队伍的素质，保持党的先进性和纯洁性具有十分重要的意义。辅导员在这个环节中，要充分担当起教育培养和考察的作用，通过多渠道、多形式协助党支部落实好入党积极分子的培养、考察工作，帮助班级学生明确方向、锻炼能力、提升素质。对于入党积极分子的培养与教育，辅导员主要是对他们进行党的基本知识教育，提高他们的思想觉悟，通过经常性的谈心和及时沟通的方式来肯定长处、指点不足、帮助成长。

入党积极分子向党组织提出入党申请，只是向党组织表明了自己的政治态度和入党意愿，衡量入党积极分子是否具备党员的条件，既要看他向党组织靠拢的积极意愿，又要对他平时的实际工作进行考察。辅导员对于入党积极分子的考察主要可以从以下三个方面来进行。

（1）日常考察。日常考察是对入党积极分子在日常的学习、生活中的一贯表现，通过观察的方式和听取其他同学的意见，对入党积极分子在班级、宿舍、活动中的表现进行考察。

（2）任务考察。辅导员可以有意识地给入党积极分子安排一些任务或让他们具体组织某项活动，并对任务、活动提出具体的要求，通过入党积极分子在任务、活动中的表现，以及任务、活动的完成情况来进行考察。

（3）关键考察。通过关键时刻和大是大非的问题来观察入党积极分子的态度和行动，是否能够真正做到个人利益服从集体利益，在困难面前起到先行、带头的先锋模范作用。

2. 学生党员发展和教育管理服务工作

辅导员要积极参与到学生党员发展工作中。党员的发展是一件十分严肃的事情，任何一个环节都不允许出差错。从发展对象的推荐、党内外群众的意见听取、档案材料的审阅，到最后支委会的投票表决，都是十分严谨的过程。发展学生党员时，一般支部都会征询辅导员的意见，在这个过程中，辅导员必须秉持公正、公平、负责的态度协助支部开展工作，不能由于学生跟自己的私人关系较好而庇护，也不能单一从学业成绩这一指标进行衡量，要综合考虑、一视同仁地将真正想入党的优秀分子推荐到党组织中来。

辅导员在学生党员的管理过程中，坚决不可出现发展党员严、教育党员松的情况。部分学生党员，在成为党员后，完全判若两人，入党前一个样，入党后另一个样；也有些学生党员在离开学校后，如同脱缰野马，处于自由散漫状态。辅导员作为班级的直接管理者，要充分发挥自身的优势，结合实际工作，积极主动地去承担学生党员的教育工作，不能认为这只是支部的工作任务就无所作为，应当善于使用新媒体，经常性地与学生党员沟通，在精神上给予支持，在思想上给予指导，在成长中给予帮助。

---

① 本书的“党”专指“中国共产党”。

三、学风建设

“学风”最早源于《礼记·中庸》，即“广泛地加以学习，详细地加以求教，谨慎地加以思考，踏实地加以实践”。按照《现代汉语词典》（第6版）的解释，学风是学校、学术界或一般学习方面的风气。从狭义上讲，学风特指学生的学习风气；从广义上讲，学风包括学习风气、治学风气和学术风气。我们一般意义上所讲的学风则是指狭义的学风，即学生在长期的学习过程中形成的一种相对稳定的学习风气与学习氛围，是学生总体学习质量和学习面貌的主要标志，是全体学生群体心理和行为在治学上的综合表现。在教育部颁布的《普通高等学校本科教学工作水平评估方案（试行）》评估指标体系中，学风被作为重要的一级指标，包含三个二级指标：教师风范、学习风气、学术文化氛围，其中学习风气为重要指标。

学风是大学精神的集中体现，是教书育人的本质要求，是高等学校立校之本、发展之魂。学风既是一种学习氛围，同时又是一种群体行为，不但能使学生受到潜移默化的熏陶和感染，还能内化为一种向上的精神动力。在学风优良的环境里，学生的思想品德、价值观念、行为方式、意志情感等都会发生变化，并反过来对自己的成长成才和工作生涯发展产生深远的影响。学风归根到底是学生在对待学习这个问题上的思想态度和行为表现，它通过学习目标、学习态度、学习纪律、学习方法、学习兴趣、学习效果等具体地反映出来。学风依不同学校的不同特点表现出独有的特色和丰富的内涵，并通过学校全体成员的意志与行动，逐步地形成和固化，成为一种传统和风格。这些传统和风格对学生的成长起着重大的作用，对学校的发展和建设产生深远的影响。

辅导员是从事学生思想政治教育工作的一线教师，其本职工作是开展学生思想政治教育，做好学生日常教育、管理和服务。通过加强思想政治教育和日常管理来抓学风建设，是辅导员岗位的首要任务。学风建设的方法主要有以下五种。

1. 激发学生产生浓厚的学习兴趣

从教育心理学的角度来说，学习兴趣是一个人倾向于认识、研究获得某种知识的心理特征，是可以推动人们求知的一种内在力量。学生对某一学科有兴趣，就会持续地专心致志地钻研它，从而提高学习效率。兴趣是对事物带有积极情绪色彩的认识活动倾向。学生的学习在相当程度上依赖于对知识的兴趣，只有在充满学习兴趣的气氛中，才能真正形成良好的学风，这是学生学习的内在动力。由内在动力衍生的学习动机会使学生产生学习目标，学习目标明确即知道自己究竟需要什么，应该往哪个方向努力，就会推动行为，这是学风建设的基础。

辅导员应充分了解所带学生所学专业的定位与办学思路、课程体系与学科特色、专业建设与人才培养目标，以及专业发展内涵与外延。辅导员在了解学生所学专业的基础上，在与学生的日常接触中有意无意地将学生带入专业领域，对学生进行专业指引和专业教育，让学生了解所学专业的发展，以及专业发展与自身发展的关系，从而潜移默化地激发学生对所学专业的浓厚兴趣。

2. 引导学生养成良好的学习习惯

学习习惯是在学习过程中经过反复练习形成并发展，成为一种个体需要的自动化学

习行为方式。养成良好的学习习惯，有利于激发学生学习的积极性和主动性；有利于形成学习策略，提高学习效率；有利于培养自主学习能力；有利于培养学生的创新精神和创造能力，使学生终身受益。

辅导员在了解学生个性特质的基础上，与学生一起制订出因人而异的学习计划与方案，督促学生去落实和实施，并分阶段检查和了解其实施情况和效果。辅导员在引导学生养成良好学习习惯时，要有意识地引导学生遵守学习纪律，这是学生个体养成良好学风习惯的基础和重要因素。学生自觉遵守学习纪律，按时上下课，定时到图书馆查阅书籍，这个过程和习惯的养成强调的是学生学习行为的始终一贯性。同时，好的个人学习习惯有利于学习环境和学习秩序的形成，对优良学风、班风的形成起到强有力的保证作用。

3. 引导学生掌握正确的学习方法

学习方法是通过学习实践总结出的快速掌握知识的方法。学生在学习中要想获得好的成效，必须要有好的学习系统来高度把握知识，学会追根溯源事物之间的内在联系，学会发散思维。一个正确的学习方法可以使学习效果事半功倍。辅导员需要引导学生合理地把握学习过程并获得良好的学习效果。

辅导员引导学生掌握正确的学习方法，最普遍的步骤是：课前预习—提出问题—课堂听讲—课后作业—课外阅读—社会实践—归纳总结—解决问题。学生通过这些学习方法在掌握专业知识和专业技能的同时，学会独立钻研、善于思考与解决问题，并养成良好的学习态度及行为习惯。当然不同的个体有着不同的学习方法，会产生不同的学习效果。关注学生个体差异，有的放矢地运用学习方法，引导学生自主学习、参加各类科技学术类活动，加强学生对学习重要性的认同、对学习目标的追求。正确的学习方法是判断学风建设成效和检验正确学习方法的标准，对学风的纠正和重塑起着反馈和调控作用。学习方法得当，容易形成良好学风，容易使学生产生学习成就感和幸福感。

4. 指导学生开展课外科技学术实践活动

课外科技学术实践活动是学生利用课外时间自愿参加的科技活动和学术实践活动。辅导员指导学生开展课外科技学术实践活动是将第一课堂的学习延伸到第二课堂的实践，即第一课堂所学专业知识通过第二课堂来运用。辅导员要搭建与专业相结合的课外科技学术实践平台，鼓励学生参与各类课外科技学术活动和竞赛，并协同专业教师开展课外科技学术实践指导工作，通过“学术科技节”等行之有效的实践活动来形成良好的学风。

5. 全面营造浓厚学习氛围

良好学风的建立和形成是一个系统工程，良好的校园环境、规章制度、精神文化、学术氛围、素质拓展、安全情况、教风师德等都对学生有耳濡目染的作用，能激励学生奋发向上、勤奋学习。辅导员可以发挥学生引路人的角色优势，根据学生在大学不同阶段的鲜明特点，帮助学生着眼未来的生涯发展，合理规划大学的学习生活，促进学风建设。

为全面营造浓厚的学习氛围，辅导员可从以下六个方面去开展工作。一是要加强学生思想政治教育，引导学生树立正确的学习目标，指导学生掌握科学严谨的学习方法，教导学生养成良好的学习习惯，从思想上帮助学生提高参与学风建设的主动性和积极性。

二是建立长效的学风建设机制和工作体系，为保证人才培养质量、提升科学知识理论水平、增强学生综合素质和能力奠定良好的基础。三是注重发挥榜样的示范作用和激励效果，通过优秀校友、优秀党员、奖学金获得者的现身说法和朋辈作用对学生进行学业教育，使学生能够在现实生活中找到可供学习的榜样，增强学习信心和学习动力。四是将学业规划与工作生涯规划和发展相结合，帮助学生建立发展目标。以学业为基础，以工作生涯规划和发展为突破，引导学生形成前瞻性的视野，并把自己的期望、理想与兴趣和能力相结合，因自我实现需要而形成个体成长和成才环境。五是搭建好各种学习教育载体。学风总是通过一定形式的活动载体实施教育而逐步形成的，这些活动包括各类科技学术竞赛、学术科研讲座、社团文体活动、素质教育活动、创新创业教育活动、校园精神传承与文化活动等。这些活动都能起到陶冶学生心灵、促进学风建设的作用。六是班风、学风一体化建设，重视优良学风班建设，通过开展主题班会、团日活动，以课堂考勤、考试纪律和升学考研为抓手，形成健康、文明、上进的优良学风班。

四、学生日常事务管理

（一）入学教育

为帮助大一新生走出因角色、生活方式、学习、人际交往、心理和思想等方面的变化带来的困惑和迷茫，并克服挫折、战胜困难、应对挑战、化解矛盾、奠定大学生活的基础、进入角色、适应各种变化、了解高等教育的理念、适应大学的人才培养方式，顺利完成进入大学后角色、生活方式、学习、人际交往、心理和思想等方面的转型和适应，促进良好校风、学风、班风、舍风的建设，各高校纷纷开展法律法规及校纪校规教育、爱国爱校教育、理想信念教育、大学适应性教育、专业学习教育。

1．开展法律法规及校纪校规教育，规范学生管理

组织学生学习学生手册中的学校规章制度，如普通高等学校学生管理规定、高校学生行为准则、学籍管理规定、学生纪律处分规定、评先评优、各类奖学金和助学金评比、入党程序、经济困难学生认定、宿舍管理规定、助学贷款、班干部选拔、社会实践等有关规定，并加强学生安全教育，提高学生安全意识和自我保护能力。

2．开展爱国爱校教育，激发学生成长成才动力

向学生介绍我国的基本国情、形势政策，介绍学校的发展历史、现状、地位、成就和特色，组织学生熟悉校园、参观校史馆，邀请业界专家、杰出校友进行讲座或座谈。

3．开展理想信念教育，帮助学生树立精神支柱

高校要加强中国共产党的有关知识教育，发挥形势政策教育和思想道德教育的作用，引导学生树立正确的世界观、人生观和价值观，增强其社会责任感和历史使命感。

4．开展大学适应性教育，引导学生尽快适应新环境

大学适应性教育包括生活适应指导、学习适应指导、人际交往适应指导、角色适应指导、安全防范教育、心理健康教育、情感指导、工作生涯指导等，帮助学生学会自我管理、自我控制、自我监督，正确处理好学习、生活、人际交往之间的关系，从容应对大学生活带来的变化。

5. 开展专业学习教育，稳定学生专业思想

邀请专家学者介绍专业现状、师资队伍、专业前景和就业形势，介绍专业的人才培养方案、课程体系、课程设置、选课方式等，开展师生见面会、新老生交流会，促进学生了解专业、喜欢专业，憧憬未来。

（二）毕业生教育

毕业生教育是高校思想政治教育的又一重要环节，做好毕业生教育是高校育人体系的重要组成部分，也是高校向社会输送优质人才的重要保障。毕业生教育主要内容有文明离校教育、感恩教育、就业思想指导教育等。

1. 开展文明离校教育

文明离校是一名大学生综合素质的重要体现，具有承前启后的传承作用，可以为学弟学妹树立标杆榜样。通过开展文明离校教育活动，引导毕业生积极服从学校的组织和安排，有序文明安全离校，做到离校前遵守校规校纪，不打架斗殴、不酗酒，爱护学校一切公共设施，搞好宿舍内外环境卫生，不乱扔垃圾，为学弟学妹留下整洁的宿舍，为自己的大学生活画上圆满的句号。特别要发挥学生党员的模范先锋作用，从我做起，文明离校。

2. 开展感恩教育

学生的成长成才离不开母校的培养。知恩于心，感恩于行，如果学生个人意识到自己的成长成才得到了学校、教师、同学、朋友的帮助，自然而然会对学校、对教师产生感恩心理。可以通过开展一系列感恩教育校园活动、感恩教育主题班会、毕业生欢送会、个别与集体相结合的谈心活动、为母校做件事活动、为母校提一条合理化建议等方式，增进学生对母校的感恩情怀。

3. 开展就业思想指导教育

通过优秀毕业生交流会、就业指导课、讲座、比赛、模拟面试、校友座谈会等活动，开展深入浅出的择业观教育，加强学生正确认知就业、择业、创业的区别和关系，正确认识学业、工作、事业和人生的关系，树立正确的择业观和就业观，实现个人人生价值。通过各种媒介途径加强国家和地方的就业政策和措施宣传，坚持集体指导和个性指导相结合的方式，有针对性地帮助学生提高就业技巧，提高工作能力，增强自信心；通过诚信教育，本着对用人单位、对学校负责的态度，加强毕业生的责任心，减少违约率。

（三）学生军事训练

学生军事训练简称学生军训，在我国是根据《中华人民共和国国防法》《中华人民共和国教育法》《中华人民共和国兵役法》《中华人民共和国国防教育法》和《中共中央关于教育体制改革的决定》的要求进行的，是高等教育的重要组成部分，是学生接受国防教育的基本形式，是培养“四有”人才的一项重要措施，是为国家培养高素质人才和新型军事人才的战略举措，是壮大国防力量的有效手段。学生军训是指通过基本的军事训练，使大学生掌握一定的军事技能和军事理论，规范行为准则，统一战术思想，达到提高政治思想觉悟，激发爱国热情，增强国防意识和组织纪律性，锻炼体格、意志，培

养爱国主义精神和集体主义精神，锻造勇敢顽强、坚韧不拔的品质作风，增强体质等目的。[①] 大学生军训的形式分校外组训和校内组训，很多高校以校内组训为主，时间一般在9月份开学前或10月份国庆后。

学生军训的内容主要是通过严格的军事训练培养学生的政治意识，提高政治觉悟，激发学生的爱国情怀，拥戴军人精神，发挥革命英雄主义精神，具有民族正义感；培养学生的团队意识，向军人学习艰苦奋斗和刻苦耐劳的意志力、集体主义精神、牺牲精神、无私奉献精神，在每一项训练内容中无形地锻炼学生的团队合作意识和集体荣誉感；培养学生自觉自律意识，进入大学，学习环境、生活环境、时间分配等都相对轻松和宽松，通过军训的严格要求，锻炼学生坚韧的品质，遵守组织纪律，注重时间观念；培养学生的综合素质能力，通过严格、统一、紧张、有序的军训可以使学生形成良好的学风和生活作风，教育学生养成高效率的做事风格和文明礼貌的优良品质，锻炼学生的身体素质和心理素质，全面发展自我，提高个人竞争意识。

（四）“奖助贷勤”工作

“奖助贷勤”工作中的“奖”指各类奖学金（国家奖学金、国家励志奖学金、学校优秀奖学金、社会或机构或个人设置的专项奖学金等）的组织评选，“助”指国家助学金的组织评定，“贷”指指导学生办理国家助学贷款，“勤”指组织学生开展勤工俭学活动，做好对家庭经济困难学生帮扶的工作。

1. 国家奖学金

国家奖学金是为了激励普通本科高校、高等职业学校和高等专科学校学生勤奋学习、努力进取，在德、智、体、美等方面全面发展，由中央政府出资设立的，奖励特别优秀在校学生的奖学金。目前，奖励标准为每生每年8 000元。

基本申请条件：二年级以上（含二年级）的全日制普通本专科（含高职、第二学士学位）在校生，符合以下条件：①热爱社会主义祖国，拥护中国共产党的领导；②遵守宪法和法律，遵守学校规章制度；③诚实守信，道德品质优良；④在校期间学习成绩优异，社会实践、创新能力、综合素质等方面特别突出。

申请、评审和发放：国家奖学金每学年评选一次，实行等额评审。各高校于每年开学初启动评审工作，当年10月31日前完成评审。高校每年11月30日前将国家奖学金一次性发放给获奖学生，颁发国家统一印制的奖励证书，并计入学生的学籍档案。

相关事项：学生无论家庭经济是否困难，只要符合规定条件，均可获得国家奖学金。同一学年内，获得国家奖学金的家庭经济困难学生可以同时申请并获得国家助学金，但不能同时获得国家励志奖学金。试行免费教育的教育部直属师范院校师范类专业学生符合规定条件的，可以获得国家奖学金。

2. 国家励志奖学金

国家励志奖学金是为了激励普通本科高校、高等职业学校和高等专科学校的家庭经济困难学生勤奋学习、努力进取，在德、智、体、美等方面全面发展，由中央和地方政

---

① 王传中，朱伟. 辅导员工作指南［M］. 武汉：武汉大学出版社，2009.

府共同出资设立的，奖励品学兼优的家庭经济困难学生的奖学金。目前，奖励标准为每生每年5 000元。

基本申请条件：二年级以上（含二年级）的全日制普通本专科（含高职、第二学士学位）在校生，符合以下条件：①热爱社会主义祖国，拥护中国共产党的领导；②遵守宪法和法律，遵守学校规章制度；③诚实守信，道德品质优良；④在校期间学习成绩优秀；⑤家庭经济困难，生活俭朴。

申请、评审和发放：国家励志奖学金每学年评选一次，实行等额评审。每年9月30日前，学生向学校提出申请，各高校于当年10月31日前完成评审。高校每年11月30日前将国家励志奖学金一次性发放给获奖学生，并计入学生的学籍档案。

相关事项：同一学年内，申请国家励志奖学金的学生可以同时申请国家助学金，但不能同时获得国家奖学金。试行免费教育的教育部直属师范院校师范类专业学生，不再同时获得国家励志奖学金。

3. 国家助学金

国家助学金是为了体现党和政府对普通本科高校、高等职业学校和高等专科学校家庭经济困难学生的关怀，由中央与地方政府共同出资设立的，用于资助家庭经济困难的全日制普通本专科（含高职、第二学士学位）在校生的助学金。

资助标准：全国平均每生每年3 000元。具体标准，中央高校由财政部有关部门确定，地方高校由各省（自治区、直辖市）确定。

基本申请条件：①热爱社会主义祖国，拥护中国共产党的领导；②遵守宪法和法律，遵守学校规章制度；③诚实守信，道德品质优良；④勤奋学习，积极向上；⑤家庭经济困难，生活俭朴。

申请、评审和发放：国家助学金每学年评定一次。每年9月30日前，学生向学校提出申请，各高校于当年11月15日前完成评审。国家助学金各年按10个月发放，高校按月将国家助学金发放到受助学生手中。

相关事项：同一学年内，申请并获得国家助学金的学生，可同时申请并获得国家奖学金或国家励志奖学金。试行免费教育的教育部直属师范院校师范类专业学生，不再同时获得国家助学金。

4. 国家助学贷款

国家助学贷款是指由中央和地方政府出面，与银行达成协议，实行国家财政贴息，政府、银行和高校三方共同操作，帮助高校家庭经济困难学生通过贷款解决其在校期间学习、生活等所需费用的资助方式。原则上每生每学年贷款金额最高不超过8 000元。国家助学贷款是信用贷款，学生不需要办理贷款担保或抵押，但需要承诺按期还款，并承担相关法律责任。国家助学贷款利率执行中国人民银行同期公布的同档次基准利率，不上浮。贷款学生在校期间的国家助学贷款利息全部由国家财政支付，毕业后的利息由借款人全额支付。为了鼓励金融机构承办国家助学贷款的积极性，建立贷款风险分担机制，财政（高校）对经办银行给予一定的风险补偿。按照学生申办地点及工作流程的不同，国家助学贷款分为校园地国家助学贷款与生源地信用助学贷款两种模式，现行的大学生国家助学贷款主要是生源地信用助学贷款。

5. 勤工助学

勤工助学是指家庭经济困难学生在学校的组织下利用课余时间，通过自己的劳动取得合法报酬，用于改善学习和生活条件的社会实践活动。学生在学有余力的前提下，向学校提出勤工助学申请，接受必要的勤工助学岗前和安全教育，再由学校统一安排到校内或校外的岗位上进行勤工助学活动。学校不得安排学生参加有毒、有害和危险的生产作业及超过身体承受能力、有碍健康的劳动。任何单位和个人未经学校同意，不得聘用在校学生打工。勤工助学是学校学生资助工作的重要组成部分，将“资助”与“育人”有效地结合在一起，不仅达到了资助家庭经济困难学生的目的，还可以培养学生自力更生的能力，是提高学生综合素质和资助家庭经济困难学生的有效途径。

【案例分析】

“资助”与“育人”：如何帮助家庭经济困难新生尽快适应大学生活

小E同学是2021年新入学的大一新生，该生入学报到后即提交了家庭经济困难学生认定申请。该生刚入学时表现积极，性格较为外向，对大学新生活感到好奇和兴奋，积极参加学校组织的各项活动，学习刻苦努力，乐于助人，与班内同学和教师沟通交流较多，人际关系发展良好。入学后3个月，辅导员教师发现小E同学一改当初的活泼开朗，变得有些沉默寡言，经与其专业课教师沟通，发现小E同学在学业上有些松懈，并且经常不能按时完成作业。

辅导员教师通过班级干部、舍友了解小E当前的学习生活状况后，主动联系该生进行谈心谈话。该生表示自己刚入学时非常高兴和积极，对大学校园里的一切事物都很好奇，非常喜欢自己大学生活里接触的一切。但随着大学生活的正式展开，他逐渐发现自己与周围的同学存在一定的差距，无论是家庭经济水平还是眼界见识，自己都显得很薄弱和匮乏，这与高中时“两耳不闻窗外事，一心只读圣贤书”的状况大大不同。高中时自己每天埋头苦读，并未感觉到有太多的差异性，进入大学后，无论是宿舍生活还是集体上课，同学之间的学习生活空间充满了交叉，自己独立面对人际交往时才逐渐发现自己和其他同学的生活差距。小E同学对此感到有些自卑，同时来自生活费的经济压力也让他倍感疲惫和焦虑，又不想给家庭带来太多压力，因此小E同学近期心事重重，出现了对大学生活一系列不适应的反应。

辅导员教师在了解小E同学困惑后，及时走访学生宿舍，与该生室友谈话了解小E同学日常生活习惯等。辅导员教师建议宿舍同学继续发扬团结友爱精神，在一些校园活动中多鼓励小E积极参与其中，平时聊天时也可以主动邀请他参与进来，帮助小E缓解焦虑情绪，提升人际交往自信心。在沟通时辅导员教师了解到小E对自己生活经费来源存在很大经济压力，虽然通过国家助学贷款已经完成了学费的缴纳，但自己不想给家庭带来更多经济负担，希望能够自理一部分生活费用，可是苦于自己并不熟悉环境，不知道该如何以力所能及的方式赚取生活费。辅导员教师当即联系学校资助管理部门，询问了解学生勤工助学岗位情况，为该生介绍了勤工助学岗位，缓解经济压力。

【启示】

贫困生是辅导员教师在日常工作中会遇到的特殊群体。由于贫困生来自不同地域，贫困程度和贫困原因各异，因此贫困生遇到的困惑也常常有不同的表现形式，需要辅导员教师认真剖析本质原因，“对症下药”，切记一刀切。本案例是典型的由贫困生自卑心理加上新入学时对大学校园生活尚需时间适应时出现的焦虑、自卑等负性心理矛盾，从而影响学生正常人际交往和学业。

在面对贫困生这一特殊群体时，辅导员教师要多以倾听者姿态认真听取学生心理困惑，在充分了解学生家庭背景、家庭致贫原因等情况后，结合学生性格特点和当下困惑，对学生进行有针对性地心理疏导和沟通，尤其注意关注学生当前就学经济情况，必要时按照相关资助政策给予经济帮扶，缓解学生生活压力，帮助学生解开心结。

（五）生活指导

大学生生活指导，即对学生校园生活进行的教育引导和管理服务等引导工作。具体是指以促进学生成长为目的，以一定的组织形式为载体，综合运用思想引导、心理疏导、氛围营造、制度约束等手段，对学生教学以外活动给予的教育引导和管理服务。① 大学生生活指导应坚持引导性原则、主体性原则、生活化原则、服务性原则、整体性原则、综合管理原则、法制管理和民主管理相结合原则、规范管理和特色管理相结合原则，以学生公寓为主要阵地，以校园生活为大环境，发挥社会实践、学科竞赛等第二课堂的辅助作用，促进学生和谐相处、互帮互助，使解决思想问题与解决实际问题有效结合，充分发挥大学生生活指导的育人、管理和服务功能。

五、心理健康教育与咨询工作

高校辅导员心理健康教育的主要职责，一是落实完善二级院系的心理健康教育和咨询网络，保证网络畅通，并能够和高校一级心理健康教育指导员保持经常性的联系；二是组建本系班级心理委员团队，对各班心理委员进行筛选，建立一支高效、健康的心理委员团队；三是完成校心理健康教育指导中心布置的心理健康教育工作，定期对班级层面的心理健康团队进行培训，提高学生干部管理的能力；四是每年一度定期组织学生进行心理健康教育普查，特别关注问题学生并开展日常约谈、定点关注；五是做好日常学生简单心理问题的咨询工作，并能够主动关心可能存在隐患的问题，建立个别学生约谈档案。

六、网络思想政治教育

（一）辅导员网络思想政治教育工作方法

全方位做好“互联网＋思想政治教育”，推动传统思想政治工作优势同互联网技术高度融合。思想政治教育是中国共产党的优良工作传统，已经形成了许多好的经验和做

① 施周婷．大学生生活指导的理论与实践探析［J］．思想教育研究，2014（9）：75－78．

法，有着很明显的传统工作优势。但是，面对互联网技术应用的迅猛发展，传统工作优势在下降，甚至出现了明显的滞后性。作为高校思想政治教育工作骨干，辅导员应该主动将传统的思想政治教育和价值引领、党团和班级建设、学风建设、学生日常事务管理、心理健康教育与咨询工作、校园危机事件应对、工作规划与就业创业指导、理论和实践研究等与互联网技术相融合。例如传统的主题班会，可以采用线上直播的方法进行，引导学生弹幕互动。但同时也要注意到，网络作为一种手段，并不是万能且都有效的，像党团组织生活会，就不宜采取网络会议的方式进行，面对面的线下形式，更能体现组织仪式感和严肃性。

1. 积极搭建工作平台，不断形成网络新阵地

有研究表明，大学生对于发布在网络上的发生在身边的事情有着很高的关注度。高校辅导员多为年轻人，能较为熟练地运用网络技术。在班级层面，应指导班级积极建立QQ群、微信群、易班①社区、班级公众号、班级微博等网络平台；在学院层面，指导团学组织建立微博、微信、易班等网络宣传平台，并加强平台建设，真正发挥其思想政治教育作用。同时，还要注重研究不同网络平台的特点，有针对性地开展工作，发挥最大效果。QQ群和微信群可以讨论、投票、传送文件等，适合班级事务管理。微信公众号有着良好的开放性，适合发布班级人物事件动态等，便于开展有深度的思想引领。易班作为教育部重点推广的网络思想政治教育主阵地，是一个综合性强的社区，可以打造为党组织建设与思想政治教育园地、优质学习资源共享平台、第二课堂展示平台、班级文化交流展示平台、学生管理服务平台、创新创业教育平台、一站式生活服务平台。

2. 建立个人网络平台，提高网络思想政治教育亲和力

网络思想政治教育越来越受到关注，越来越多的辅导员利用易班、微信、微博等网络平台开设个人平台，涌现了南航徐川、陈小花工作室、鲍金勇、陌上花开、辅导员娘亲等“网红”微信公众号。南京航空航天大学徐川辅导员因名为“南航徐川”的微信公众号的粉丝达到20万以上，成了知名的个人IP，受到了大学生乃至社会的广泛关注。这些辅导员利用公众号，撰写大量有关学业、就业创业、心理健康、人际关系、榜样故事等关乎大学生成长成才指导的原创内容，成了个人思想政治教育工作的品牌，同时也促进了辅导员个人的成长。相比于班级网络平台，个人网络平台能充分体现辅导员的个性魅力，更具有亲和力，体现出专业性，思想引领效果也更好。

3. 建设网络宣传工作队伍，发挥大学生主体作用

网络思想政治教育不仅仅是网络技术层面的工作，其根本上是做人的工作。牢牢把握住大学生这一工作主体和对象，才能不偏离中心。从现实而言，网络思想政治教育是大学生成长成才的需要，不仅仅是辅导员个人的事情，更是广大大学生自己的事情，需要发挥他们自身的主体作用，以促进良好网络生态的形成。辅导员应注重发挥班级党、团组织优势，发挥其自我教育、自我管理、自我服务功能，建立一支由学生骨干组成的网络宣传工作队伍，开展线上网络宣传、舆论引导工作。在这一过程中，也能让大学生

① 易班，是提供教育教学、生活服务、文化娱乐的综合性互动社区。

们增强网络宣传意识，提高网络宣传技能和网络媒体素养。

（二）以思想政治教育和价值引领为核心

引导学生深入学习习近平新时代中国特色社会主义思想，深入开展“中国梦”宣传教育和社会主义核心价值观教育，帮助学生不断坚定中国特色社会主义道路自信、理论自信、制度自信、文化自信，牢固树立正确的世界观、人生观和价值观。同时，辅导员还要善于把握大学生的思想行为实际，将这些思想政治教育内容细化为学生易于接受的网络语言、故事、图片、小视频、游戏、段子等，融入学生网络生活当中，达到润物无声的效果。

以学业、生活、心理指导和服务为基础，辅导员网络思想政治教育工作要以学生为本，把学生的现实需求作为根本出发点和最终归宿，做到“以人为中心，一切为了人，一切依靠人”。在网络思想政治教育工作中，时刻坚持以学生为本，时刻坚持以生活化为思想政治教育的现实导向，充分运用网络思想政治教育虚拟与现实融合的特征，做到“贴近实际、贴近生活、贴近学生”。以解决问题为目标，实现虚拟网络空间和现实空间的有机结合。利用网络手段，加强对大学生学习、生活、心理健康、交友、工作发展等的教育和指导，加强网络信息服务，最大限度提高学生事务工作的便捷性，让数据多跑路，学生少跑路，不断优化学生管理，提高办事效率，解决他们生活中的实际困难，让学生体会到思想政治教育的温度，达到增强价值认同和情感归属的目的。

七、校园危机事件应对

（一）校园危机事件的分类

校园危机事件可分为以下这些：特殊敏感时期不法组织分子来校串联或煽动闹事、发放大小字报；意外伤害、自杀及其他非正常死亡；学生集体反映问题（如饭堂、网络等），声称罢课、罢食、游行等；校外人员来校滋扰、学生冲突与纠纷、酗酒闹事；火灾、爆炸事件；失窃与被抢劫；突发性停水、停电事件；突发疾病、中毒事件；其他不可预见性事故。

（二）处理校园危机事件的基本原则

1. 对校园危机事件的知情报告是全校师生的责任和义务

对重大的校园危机事件迟报、漏报、瞒报、虚报的，对获悉校园危机事件发生而未及时到位进行处理的，高等学校有权追究有关人员的责任。

2. 控制事态，不出校园

校园危机事件发生后，校园保卫部门、学生工作部门要根据事件的类别，采取有效措施，防止学生在校内外串动，将势态尽量控制在校园内。稳定师生情绪，要求各类人员不以个人名义向外扩散消息，以免引起不必要的混乱。如有新闻媒体要求采访，必须经过学校党委宣传管理部门同意，未经同意，任何单位和个人不接受采访，以避免报道失实。

3. 以校园保卫部门、学生工作部门为主，职能部门配合为辅

校园危机事件发生后，以校园保卫部门、学生工作部门为主进行处理，与校园危机

事件有关的职能部门负责人及工作人员、辅导员应及时到场配合工作。

4. 坚持原则、冷静处理、注重引导

校园危机事件发生后，参加处理的工作人员要从讲政治的高度出发，以大局为重，进行正面引导。工作中一定要保持冷静，做到既坚持原则又有理有节。处理群体性事件的原则是，迅速平息、减轻伤亡、保护学生、控制事态。

5. 掌握情况，及时报告

校园危机事件发生后，学生管理工作人员和保卫人员要及时向学生处和保卫处报告，接到报告的部门应及时赶赴现场处理，并向学校领导报告。必要时职能部门负责人应及时向上级主管部门报告，如有个别家长来校探视，要耐心做好家长的思想工作和接待工作。

八、工作规划与就业创业指导

现今社会是一个经济迅速发展的社会，也是一个充满竞争的社会，提前做好自己的工作规划，能为我们更好地适应社会打下基础。作为新时代的大学生，应该对社会有一种清醒的认识，对现在的就业形势，社会的政治环境、经济环境、文化环境等，以及对自己的性格、能力都应有清醒的认识。只有这样才能更好地适应社会，为社会做出更大的贡献，更好地实现自己的人生价值。

1. 工作规划的含义

工作规划是一个人自青春期至退休，对一生的理念、工作、生活、家庭及社会等的目标所做的妥善安排与计划，用来追求理想人生的方法。

2. 工作规划理论的发展

目前世界上成熟的工作规划理论有五种，在此对其中两种较为重要的理论进行介绍。帕森斯人职匹配理论认为，每个人都有自己独特的能力模式和人格特性（即特质），这些特性都可以客观测量；每种能力模式和人格特性都与特定的工作相关；每种能力模式的人格特性的人都有其适应的工作，并且人人都有选择工作的机会。帕森斯的“职业辅导三大原则”：一是了解自己，包括了解个人的能力、能力倾向、兴趣、资源、限制及其他特质；二是了解各种工作成功必备的条件、优缺点、酬劳、机会及发展前途；三是合理推论上述两类资料的关系。美国心理学家约翰·霍兰德（John Holland）一生都在研究工作兴趣及相对应的工作类型划分。他认为工作选择是个人人格的延伸和表现。他的广为人知的工作兴趣六边形模型（RIASEC①）奠定了他在工作咨询和发展领域的卓越贡献，在工业组织心理学领域也产生了深远影响。

3. 就业创业指导

近些年，随着我国高等教育大众化的发展，毕业生人数逐渐增长，就业竞争愈显激烈，就业压力越来越大。为缓解大学生就业压力，国家一方面大力创造就业机会、增加

---

① RIASEC，R 表示现实型，I 表示研究型，A 表示艺术型，S 表示社交型，E 表示企业型，C 表示常规型。

就业岗位，另一方面积极推动“大众创业、万众创新”政策。但是，面对不断增加的毕业生人数，大学生就业创业问题仍然不容小觑。

就业指导涵盖内容众多且持续过程较长，除了就业派遣政策外，一般来说，就业指导主要是对大学生进行就业形势与政策介绍、求职准备分析、择业心理辅导、求职途径和方法训练、面试技巧培训等。创业指导是对大学生进行科学、合理的创新创业教育，是大学生生涯规划指导的组成部分。对大学生进行创新创业教育，一方面有助于宣传和营造良好的创新创业氛围，另一方面可以提高大学生创新创业的成功概率。创新创业教育主要内容包括创新创业能力培养、创业计划书编制训练、创业项目选择培训等。

九、理论和实践研究

辅导员是高等学校教师队伍和管理队伍的重要组成部分，具有教师和干部的双重身份。辅导员既是高校开展思想政治工作的行政管理干部，也是教书育人春风化雨的高校教师。很多辅导员往往只记得干部身份或者在实际工作中只注重干部身份，忘记了自己教师的身份。《中华人民共和国教师法》指出：“教师是履行教育教学职责的专业人员，承担教书育人，培养社会主义事业建设者和接班人、提高民族素质的使命。”从这个定义，我们很清楚地知道，教师这个工作的本质是专业人员，其工作职责是教书育人，工作使命是培养人才和培养德、智、体、美全面发展的社会主义事业建设者和接班人。为高效完成培养人才的使命，作为高校教师重要组成部分的辅导员就要努力学习思想政治教育的基本理论和相关学科知识，参加相关学科领域学术交流活动，参与校内外思想政治教育课题或项目研究。

1. 夯实理论基础

辅导员要努力成为学生成长成才的人生导师和健康生活的知心朋友，就要孜孜不倦地学习各门学科知识。常言道，相声演员的肚子是“杂货铺”，其实辅导员的知识储备更要建成一个“大超市”。因为辅导员每年要面对的学生至少有两三百人，这两三百名学生因各自的成长和生活经历而各有各的烦恼和困惑，如学习压力大、人际交往困难、恋爱出现问题、与现实格格不入、家庭特殊等，纷繁复杂的问题和困难直接考验着辅导员。要顺利帮助学生完成“解惑”之重任，辅导员就要是一个杂家，广泛涉猎各门各科知识，建立多学科的知识结构。辅导员最好什么都懂一些，学一点教育学、心理学、数学、管理学、逻辑学、文学、艺术、体育等相关学科知识，拓宽自己的知识面，丰富自身的知识储备，并且能综合运用各个领域、各个学科的相关知识来解答学生成长成才时的困惑。

2. 思想政治教育基本理论是最重要的知识武器

辅导员要如饥似渴地学习思想政治教育基本理论，特别是非思想政治教育专业出身的辅导员，更要主动自觉地补上思想政治教育这门课的知识。辅导员要耐得住性子，认真研读思想政治教育基础教材，切实掌握基本概念、基本方法、基本原理。通过对思想政治教育基本理论的学习掌握，从根本上认识清楚，思想政治教育工作就是做人的工作，必须围绕学生、关照学生、服务学生，不断提高学生思想水平、政治觉悟、道德品质、文化素养，引导学生坚定“四个自信”，让学生成为德才兼备、全面发展的人才。

3. 参与课题和项目研究

辅导员开展学术交流的终极目的是做好各类思想政治教育课题（项目）研究。课题研究能力是综合的能力结构，包括科研选题能力、方案设计能力、研究操作能力、资料的整理分析和撰写报告能力及评价教育科研成果的能力。

辅导员要成为课题研究者，自身首先应该做到：热爱学生，热爱教育；努力改变不合时宜的教育观念，具有革新者的胆识和胸怀、开阔的思路、敏锐的眼光，同时积累了丰富的一线学生工作经验；具备一定的研究素质，掌握基本的思想政治教育理论和研究方法；具备一定的个性魅力，即进取、民主、热情、敢于否定自己、不断追求卓越。

辅导员还可以通过在职深造或参加短期的继续教育培训来提高课题研究能力。辅导员只有具备足够的知识积累，才能顺利开展课题研究。高校辅导员工作时间的安排有助于自身的在职进修，辅导员可以通过“中国大学 MOOC”等国家精品课程在线学习平台，向名校名师学习课题研究基本框架、基本方法；或者可以在职读硕士、在职读博士，集中一段时间高强度地学习学科基础知识，以达到掌握科学研究方法、懂得进行学术交流、能够顺利开展课题研究的目的。

第二节　高校辅导员工作的资质要求

一、高校辅导员入职资格

所谓入职资格，就是按照国家或行业协会制定的工作技能标准或任职资格条件，通过政府认定的考核鉴定机构，对劳动者的技能水平或工作资格进行客观公正、科学规范地评价和鉴定，对合格者认定相应的工作资格。入职资格是工作人员能力与水平的象征，也是工作业绩的价值标志。高校辅导员入职资格就是按照国家或行业协会的从事高校辅导员工作所需的工作技能标准和工作资格标准，对从业人员进行实际工作能力和资格的考核，对合格者授予相应等级的工作资格。高校辅导员入职资格是对辅导员工作从业者的准入控制和给予相应待遇的依据，将成为广大辅导员从事辅导员工作所必备的知识、技术和能力的基本要求。

（一）高校辅导员入职资格条件

一是要具有较高的政治素质和坚定的理想信念，坚决贯彻执行中国共产党的基本路线和各项方针政策，有较强的政治敏锐性和政治辨别力。因为辅导员职责就是培养中国特色社会主义合格建设者和可靠接班人，辅导员是中国共产党的各项教育方针政策落实到学生培养方面的主要基层力量，所以辅导员要具有较高的政治素质和坚定的理想信念。

二是要具备本科以上学历，热爱大学生思想政治教育事业，甘于奉献，潜心育人，具有强烈的事业心和责任感。强烈的事业心和责任感是高校辅导员对社会、对学生应承担的义务和应尽的职责的内心体验。高校学生工作是一种培养学生认知能力、塑造学生美好心灵的高度自觉性劳动，通常是在没有外界直接监督的情况下进行的。这种工作从程序到绩效都有很强的隐含性。由于辅导员工作非常细致、琐碎、复杂，难以在各个方面规定详细的操作规程，难以对工作的数量及质量提出额定的要求，工作做多做少、工作绩效如何，往往取决于辅导员的责任心。因此，教育从本质上说是一种需要有高度责任感的活动。

三是具有从事思想政治教育工作相关学科的宽口径知识储备，掌握思想政治教育工作相关学科的基本原理和基础知识，掌握思想政治教育专业基本理论、知识和方法，掌握马克思主义中国化相关理论和知识，掌握大学生思想政治教育工作实务相关知识，掌握有关法律法规知识。因为辅导员的工作具体而繁杂，因而辅导员要多观察、勤思考，把握教育特点，把一些经验性的、共性的实践归纳整理，总结出规律，上升为理论，逐渐掌握新形势下学生工作的规律，使工作更具前瞻性、主动性、针对性和实效性。

四是具备较强的组织管理能力，语言、文字表达能力，教育引导能力和调查研究能力，以及具备开展思想政治教育和价值引领工作的能力。马克思主义历史唯物主义观点告诉我们，人的意识归根到底是社会关系的产物，社会实践的影响终究要在思想领域中反映出来。当代大学生所处的社会环境和家庭环境都发生了巨大的变化，导致其心理活动、性格特征、思维方式及行为方式也都发生了深刻的变化。当代大学生的竞争意识、效率意识、创新意识和自立意识都得到了不同程度的强化，大学生的积极性和创造性得到了较好发挥。与以前相比，现在高校思想政治工作的环境、任务、内容、渠道和对象都发生了前所未有的改变，因而要求辅导员具备较高的开展思想政治教育和价值引领工作的能力，在工作的各个方面继续摸索、不断创新。

五是具有较强的纪律观念和规矩意识，遵纪守法、为人正直、作风正派、廉洁自律。因为辅导员是一种以人格培养人格、以灵魂塑造灵魂的工作。现阶段，高校已不再是封闭的象牙塔，在学生信息来源广、思想趋于现实的情况下，简单的说教往往收效甚微，而辅导员优秀的道德品质却具有强大的感召力，能潜移默化地影响着学生，从而达到事半功倍的工作效果。高校辅导员直接面对学生开展工作，他们的政治立场、道德品质、工作精神、治学风格、处世方式、生活态度、心理素质等，都更容易通过言传身教影响学生的成长和教育的效果。因此，辅导员应具有较强的纪律观念和规矩意识。

辅导员入职资格的必要性。辅导员是开展大学生思想政治教育的骨干力量，是高等学校学生日常思想政治教育和管理工作的组织者、实施者、指导者。当今社会经济全球化、政治多极化、文化多元化，高校的思想政治教育工作在不断地更新，而当代大学生的主力军“90后”，受社会大环境影响，表现出鲜明的时代特征：主体意识强烈，集体主义观念弱；民主意识强，责任意识弱；价值观多元化，行动务实化，接受能力强等。这对思想政治教育提出了更高的要求和更大的期望。大学生的思想政治教育工作是关系民族希望、关系祖国未来的战略任务，这些使得辅导员的工作更加复杂。在这种形势下，只有职业化、专业化的辅导员才能胜任艰巨的工作。

实行高校辅导员入职资格制度以后，辅导员必然要根据时代的要求提高素质，提升工作道德品质，具备人文精神，树立以人为本的教育理念，具有较强的专业技能和业务能力。在实行工作等级和专业模块分工的条件下，辅导员工作面临着无形的压力、挑战和竞争，在这种现状下，都必须不断充实自己、提升能力。高校辅导员入职资格制度将成为一种巨大的助推力量，让优秀人才脱颖而出，实现优秀中追求卓越，保证辅导员资源持续优化和可持续发展，推动思想政治教育水平不断提高。

（二）高校辅导员入职资格获取方法

高校辅导员是履行高等学校学生工作职责的专业人员，需要经过系统的培养与培训，使其具有良好的工作道德，掌握系统的专业知识和专业技能。

1. 参加系统培训

《普通高等学校辅导员队伍建设规定》（中华人民共和国教育部令第43号）第十四条指出，辅导员培训应当纳入高等学校师资队伍和干部队伍培训整体规划。建立国家、省级和高等学校三级辅导员培训体系。教育部设立高等学校辅导员培训和研修基地，开展国家级示范培训。省级教育部门应当根据区域内现有高等学校辅导员规模数量设立辅导员培训专项经费，建立辅导员培训和研修基地，承担所在区域内高等学校辅导员的岗前培训、日常培训和骨干培训。高等学校负责对本校辅导员的系统培训，确保每名专职辅导员每年参加不少于16个学时的校级培训，每5年参加1次国家级或省级培训。

2. 参加挂职锻炼

《普通高等学校辅导员队伍建设规定》（中华人民共和国教育部令第43号）第十五条指出，省级教育部门、高等学校要积极选拔优秀辅导员参加国内国际交流学习和研修深造，创造条件支持辅导员到地方党政机关、企业、基层等挂职锻炼，支持辅导员结合大学生思想政治教育的工作实践和思想政治教育学科的发展开展研究。高等学校要鼓励辅导员在做好工作的基础上攻读相关专业学位，承担思想政治理论课等相关课程的教学工作，为辅导员提升专业水平和科研能力提供条件保障。

二、高校辅导员素养能力要求

每一种岗位对工作人员的素养和能力都有特定要求，即从业资质要求。从业资质是政府规定专业技术人员从事某种专业技术性工作的学识、技术和能力的起点标准，是进入某个行业或从事某种工作的“门槛”。辅导员素养能力或从业资质是指从事辅导员工作所需要的学识、技术和能力。

（一）工作素养

1. 身体素养

身体资质可以理解为身体素质。传统上，身体素质一般是指人体在活动中所表现出来的力量、速度、耐力、灵敏、柔韧等机能。身体素质是一个人体质强弱的外在表现。身体素质经常潜在地表现在人们的生活、学习和劳动中，也表现在体育锻炼方面。

2. 心理素养

高校思想政治工作的对象是大学生，必然涉及他们的心理活动，受到学生的心理过程和心理特征制约。这不仅决定了思想政治教育者要了解教育对象的心理特征，而且自身从事这项工作时，也要有健康的心理状态和较好的心理素质，遵循心理活动的科学规

律，增强心理承受能力，发展积极的个性心理，养成身心愉悦、情绪热烈、气质优良、性格稳重、意志坚定、动机正确、行为端正的心理品质。

3. 政治素养

对大学生进行思想政治教育是辅导员工作的首要任务。做好学生的思想政治工作，辅导员首先要具备较高的思想政治素质。要有坚定的理想信念和追求，在政治原则、政治立场和政治方向上始终与中国共产党中央保持一致，具有政治坚定性。高校辅导员是确保社会主义办学方向和贯彻落实党的教育方针的重要力量，其政治素质和思想境界对青年学生成长起着十分重要的作用。辅导员最初之所以叫“政治辅导员”，突出的就是“政治”二字。随着形势的发展，我们平常不再冠以“政治”这个定语了，但作为辅导员，讲政治仍然是基本的工作要求。辅导员的思想政治素质是衡量一个辅导员是否合格的首要标志。思想政治素质决定着辅导员工作活动的态度和方向，规范着辅导员的道德准则，影响着辅导员文化科学素质、心理素质和能力素质的发挥。思想政治素质是辅导员队伍整体素质的灵魂，它直接关系辅导员工作的成效，直接影响其所培养人才的思想政治素质。《教育部关于加强高等学校辅导员、班主任队伍建设的意见》（教社政〔2005〕2号）提出，高等学校要高度重视辅导员、班主任的选聘工作，必须坚持政治强、业务精、纪律严、作风正的标准，把德才兼备、乐于奉献、潜心教书育人、热爱大学生思想政治教育事业的人员选聘到辅导员、班主任队伍中来。这里首先强调的也是政治方面的标准。作为高等学校的辅导员，政治上的要求是具体的，而不是抽象的。辅导员要通过自己的实践把政治上的要求落实到各项具体工作中，落实到生活的一言一行中。特别是工科类院校，要加强思想政治教育和通识教育，防止对学生的“工具化”培养方式。这就要求辅导员的理想信念要更加坚定，对马克思列宁主义、毛泽东思想、邓小平理论、“三个代表”重要思想、科学发展观和习近平新时代中国特色社会主义思想要真学、真懂、真信、真用。要始终坚持正确的政治方向，坚持马克思主义的指导，在重大政治和理论问题上旗帜鲜明、立场坚定。特别是在事关政治原则、政治立场和政治方向问题上必须与中国共产党中央保持高度一致，坚决维护党和国家的利益；要提高政治敏锐性和政治鉴别力，具有政治坚定性，在是非、在风浪面前，始终保持清醒的头脑、把握正确的导向；要自觉用马克思主义中国化的最新成果武装头脑和指导实践，积极引导青年学生坚定对马克思主义的信仰、对中国特色社会主义的信念、对改革开放和社会主义现代化建设的信心。

一名优秀的辅导员是品德的示范者和学生的引导者，是学生学习、模仿的典范，担负指导和帮助学生养成高尚情操、崇高理想和健全人格的任务。因此，辅导员角色必须具有较高的政治素质，能领悟、贯彻党和国家的教育方针和政策，坚持社会主义办学方向，贯彻落实党的教育思想，能够主动深入开展以思想政治教育为主要内容的学生德育工作。

4. 文化素养

高校辅导员的文化资质更侧重知识层面和学识层面，强调知识结构的构建和知识面的广博。辅导员应当有合理完善的知识结构。这个知识结构应当由三个方面构成，即思想政治的理论知识和专业、教育学和心理学的专业理论与专业知识、相关学科的理论与

知识。具体来说，就是要掌握思想政治教育的专业理论和专业知识，了解思想政治教育专业的历史发展、现实意义、发展规律、原则方法、内容的系统化、方法的科学化、规律的规范化，了解中外思想政治教育的成功经验；要掌握教育学、心理学的基本理论和基础知识，劳动的教育规律，特别是素质教育的规律；要具有广博的人文科学知识，了解中国的历史和中华民族的文化传统，了解政治学、社会学、管理学、法学、史学等多门学科的知识，并注重在思想政治教育中运用这些知识；要具有一定的科技知识、外语知识、计算机知识和网络知识，了解科技发展和网络时代对人的素质要求。

（二）能力要求

广义上说，能力也是一种素质。能力是以人的生理和心理素质为基础，在认识和实践过程中形成、发展的完成某种任务的能动力量，是体力和智力的有机结合、物质与精神的动态统一。辅导员应当具有以下 9 种能力。

1. 管理能力

目前每位辅导员一般所直接辅导和管理的大学生的人数基本都超过 200 人，如果没有科学的管理方法，辅导员要做好这样一个庞大的群体工作是很难的。可以说，科学的管理方法对于提高学生工作管理层次，增强学生自立、自主、自强意识，培养学生现代生活观念和人文精神，都是非常有效的。随着时代的进步，当代大学生民主意识和自主观念尤为强烈，面对这样的管理对象，必须运用科学的管理办法，如无形管理、自我管理、制度管理等。实践证明，学会建章立制，用好、用活规章制度将起到事半功倍的效果。

2. 沟通能力

对于个性鲜明、情感丰富的青年学生，直接的沟通方法仍然不可缺少，特别是面对面的谈话方式。因此，良好的语言表达能力和诙谐幽默、恰到好处的语言表达技巧也是辅导员的基本素质要求。一句恰如其分的赞扬，能使学生信心倍增，干劲更足；一句语重心长的告诫，可使学生猛然自醒，急起直追。言辞粗暴、语言过激往往会伤害学生的自尊心，甚至使学生产生逆反心理，从而出现一些意想不到的负面作用。

3. 学习能力

学习能力是指辅导员利用工作之余，按照自己的意图，依照自己的力量主动去获取知识的能力。辅导员的工作决定了辅导员必须“贴近大学生的学习生活”，通过人生观、价值观、成才观、法制观、爱国主义、集体主义教育，采取多种激励机制，引导大学生把学习与成才结合起来，提高大学生学习的积极性和主动性。辅导员在进行这项工作的同时，也要依靠自己的力量去获取大量的自然科学和人文社会科学知识，丰富和提升自身的知识结构，以丰富的知识和智慧武装自己，更好地从事本职工作。

4. 调查研究的能力

辅导员要熟悉和掌握大学生的思想和心理特征，懂得大学生教育和管理工作的一般规律、方法和基本知识，同时对不同的学生进行教育要做到有的放矢、因材施教，就必须全面深入地了解并掌握学生的思想状况和个性特点及学生的学习、生活、家庭等各种情况，才能更好地开展思想政治教育工作。这些情况的获得是建立在调查研究的基础上

的。因此，辅导员调查研究能力的强弱直接影响到其工作的科学性、预见性、针对性和实效性。

5. 组织能力

辅导员的组织能力是指辅导员组织学生开展各种活动的一种能力。在工作中运用组织能力，这是现代社会对人才的新要求。随着时代的发展，纯“书生型”的人才已不能适应社会的需要，必须既有精深的专业知识，又有一定的组织能力。辅导员要能够因人、因时、因地组织学生开展各种各样的活动，通过开展活动来提高学生的综合素质，从而顺利完成工作任务，以实现培养目标。

6. 决策能力

辅导员的决策能力就是辅导员在工作过程中能够及时、果断地做出决断和选择，可以使工作以较少的付出获得较大的收获的能力。良好的决策能力可以实现对目标及其实现手段的最佳选择。辅导员在工作过程中往往会碰到各种需要当机立断、及时予以处理的事情。因此，训练和培养自己的决策能力是十分重要的。培养决策能力要从日常小事做起，养成多谋善断的习惯。

7. 表达能力

辅导员的表达能力是指辅导员在工作中运用语言或文字阐明自己的意见，与学生交流思想、感情和进行工作中撰写文案的能力。表达能力包括口头表达能力、文字表达能力、数字表达能力、图示表达能力等几种形式。对于工作对象是年轻、有文化、有知识的大学生的辅导员来说，表达能力的重要性是不言而喻的。辅导员要善于提高表达的准确性、鲜明性和生动性。没有准确的表达，信息就不能如实地被传递出来，也就失去了表达应有的作用。只有准确鲜明和生动的表达，才能更好地排除学生、各级部门的同事、其他群体在接收信息时的各种障碍，有利于表达目的的实现。辅导员还要提高写作能力，要学会写工作计划、工作总结、调查报告、论文及各种讲话稿。

8. 人际交往能力

辅导员的人际交往能力是辅导员与学生、教师和领导相处的能力。辅导员每天要与各种各样的学生、教师和领导接触。能否正确、有效地处理和协调好工作生活中人与人的各种关系，不仅影响着一个人对环境的适应状况，而且影响着他的工作效率、心理健康程度、生活愉快与否和事业成败。在交往中，辅导员要注意处理好以下四种关系：一是处理好与团总支书记的工作关系。辅导员和团支部的工作各有特点，如果工作处理得不顺，就会顾此失彼，相互影响；如果工作处理得协调，就可以相得益彰。二是处理好与党总支、行政领导工作的协调关系。辅导员的工作从思想政治工作角度来看由党总支领导，从学生管理的角度又归行政领导，此项工作必须同时争得党总支和行政领导的支持，工作才能顺利开展。三是处理好与学校职能部门和班主任的关系。学校职能部门经常通过辅导员安排布置工作，工作有急有缓，有需要向院领导请示汇报的，也有需要横向协调的，与校职能部门和班主任的关系必须处理好。四是处理好与其他辅导员的关系。辅导员与辅导员之间要团结互助、取长补短，相互支持与协作，以形成良好的辅导员集体，并充分发挥辅导员集体的教育力量。

9. 创新能力

辅导员工作既是一门科学，又是一门艺术，善于创新是关键。在一个教育变革的过程中，新问题层出不穷，过去单纯的政治思想工作的模式显然已经不能完全适应现实的需要，必须要以现实的眼光审视学生工作的急剧变化。给每一个新的问题寻找一套新的解决办法，也就是要做开拓性的工作、研究性的工作，这就要求辅导员要不断增强创新能力，挖掘和整合利用各种教育资源解决思想问题和实际问题。

（三）素养能力提升方法

辅导员工作是一门艺术，它需要走进学生的现实生活和心灵世界；辅导员工作是一门科学，它需要管理学、心理学等多学科知识的支撑；辅导员工作是一项智慧的工作，它是人生智慧和政治智慧的结合。从引领的角度来看辅导员工作，就是在学生第一课堂之外，潜移默化、润物细无声地影响学生对成才和成功的理解并逐渐调整和完善学生自我发展的新智慧。辅导员工作是一项伟大的事业。辅导员要做好思想政治教育工作，必须做到与时俱进、政治敏锐、素质过硬、品行高尚、能力突出，努力用自己的一言一行影响、教育、引导好每一个学生，为国家培养大批的中国特色社会主义合格建设者和可靠接班人。

1. 设定工作资质提升的目标

高校辅导员自进入工作角色伊始就要对自己的生涯选择和决策负责任，不断培养自己对辅导员工作的忠诚度和工作兴趣，同时要理性规划自己的职业生涯，确立辅导员职业生涯的目标和基本实现路径。

按照国家目前对高校辅导员培养的理念，“专业化培养和多样化发展”是基本的思路，不同的辅导员应该有不同的工作发展愿景：有些辅导员志愿终身从事一线辅导员工作；有些辅导员希望通过一定的实践锻炼以后从事专业研究；有些辅导员给自己规划了党政管理的发展路线；还有一些辅导员将从事专门化的学生工作咨询、心理辅导工作作为工作理想；当然也有不少辅导员在辅导员工作岗位上工作了一段时间后就转岗进入其他工作领域，这些工作领域可能与辅导员工作相关度较高，也可能相关度不高。

辅导员确立了工作发展愿景后，就要根据自身的职业生涯规划来确定工作资质提升的个人目标。有志于从事党政管理工作的辅导员要在管理能力方面进行重点提升，有志于从事心理辅导的辅导员要尽快获得专业的心理咨询师的资质，有志于从事工作咨询的辅导员要将专业的工作咨询师的训练纳入工作资质的提升范畴。

值得指出的是，兼职和岗位过渡型的辅导员也应当确立职业生涯目标，明确自己在辅导员工作期间要在哪些素质方面进行有效提升，从而为走向新的工作岗位打下良好的素质基础。强调高校辅导员工作资质提升的个人目标，并不是完全从个人的发展价值出发考虑辅导员素质的内容，而是强调辅导员的个人素质要与其发展目标相匹配，否则很难实现自己的工作理想。高校辅导员素质与能力提升仅仅从这一点出发是远远不够的，工作资质提升的整体性内容决定着辅导员工作发展是否一帆风顺。

2. 明确工作资质提升的内容

无论是帕森斯的人职匹配理论、霍兰德的六类型理论，还是卡特尔的 16 种人格因素

理论，均强调个人的素质与能力只有同工作要求的素质与能力相匹配，个体才会在工作岗位上绽放出职业生涯最灿烂的花朵。在人力资源管理实践中，人尽其才、才尽其用，人与事适、事与人配、人职匹配是管理者渴望实现的重要目标。辅导员如何才能了解自我的素质与能力，并使其与工作的要求相匹配呢？这要求辅导员深入探索自我，全面认识自我，并对照辅导员工作资质的具体要求，设计和安排自我素质与能力提升的整体内容。

辅导员自我认知的手段很多，使用较多的是素质与能力测评软件或量表，如“一般能力倾向成套测验”“霍兰德工作兴趣量表”等。当然，也可以向专业的咨询机构咨询，通过专业的评估和深入的咨询来确定自身的素质能力水平及需要提升的内容。当然也可以采用较为直接的办法，即通过周围同事、领导和学生的评价来查找自我素质与能力同辅导员工作资质的差距，有针对性地提升自我的素质能力。

3. *充分依托组织助力*

借助国家和各级部门机构举办的相关培训充实和丰富自己。当前，为了适应学生工作的新形势新要求，根据辅导员的岗位职责和个人发展需求，辅导员培训体系已经基本构建完成。全国辅导员培训基地、地方性的辅导员培训基地也在上海等地开展得有声有色，骨干辅导员境内外培训项目相继展开，各高校针对本校辅导员队伍的培养培训计划不断推出，下一步要进一步制定和落实辅导员学习制度，培养辅导员广泛的学习兴趣，让辅导员潜心学习，建立学习型组织和团队。培训的内容应突出针对性：根据辅导员职业化和专业化发展的需要，探索开展分层、分类教育培训的新路子，增强辅导员培训的针对性和实效性。在培训机制上坚持岗前培训、岗中培训和骨干培训相结合，校内培训和校外培训相结合，理论培训和岗位锻炼相结合。

辅导员首先要了解不同层次培训的主题和内容，然后根据自身的情况，认真参加各类教育培训活动，通过不断学习、实践提升自身的工作资质。对心理健康教育辅导员突出心理健康教育培训，使他们尽早获得心理咨询师资格；对职业生涯规划辅导员加强工作咨询培训获得工作咨询师资格；偏重学生事务管理的辅导员要强化管理技能培训；学生社区辅导员要加强社区管理知识技能的学习培训。

把握国家对于辅导员专业化培养学科建设的新机遇进行深造。在马克思主义理论一级学科所属的思想政治教育二级学科下专门设立辅导员专业方向，为辅导员专业化发展提供良好的支撑。尽管辅导员方向博士生的招生培养工作刚刚起步，但为广大辅导员进一步提升专业化水平，走好职业化、专业化道路指明了方向。高校辅导员在职业化、专业化发展过程中，要以辅导员专业化培养的学科建设为契机，进一步提升自身的专业水平和专业素质。

利用国家和各级主管部门，以及高校对辅导员的激励评估机制促进自我效能感。生涯自我效能感是辅导员对自身是否能够顺利完成有关生涯活动的能力的认知判断，对个体一系列的生涯活动发挥强有力的影响，尤其是对加强辅导员工作资质提升的动力与绩效具有能动作用。国家和各级主管部门，以及各高校目前针对辅导员队伍出台的系列文件、配套措施和专门性的激励评估机制，对于提升辅导员工作的社会地位和激励高校辅导员提升工作资质与工作效能具有十分积极的意义。

利用社会组织资源促进高校辅导员工作资质与能力的提升。高校辅导员在职业生涯发展过程中，引入社会组织的相关资源是十分必要的，最典型的是部分辅导员在具体工作中需要工作咨询师、心理咨询师认证，上海市在这方面的社会培训认证工作已经与辅导员的日常培训打通，随着辅导员工作的日趋成熟，这种需求将不断扩大。社会上有一些培训公司和专业团体可以承担辅导员的培训工作，尤其是针对特定工作资质的团队素质拓展培训，它们往往做得更为专业。辅导员也要重视企业专业人力资源发展、培训和咨询的相关资源，这些资源往往是个性化素质提升的有益补充。

4. *有效进行自我提升*

工作资质的提升关键是要依靠辅导员个体的主观能动性。自我提升、自我完善、自我发展应该是辅导员个体工作资质主动提升的根本方法。辅导员主体作用的发挥是其工作资质建设的动力源泉，特别是个性化、差异化的素质能力提升首先要立足于辅导员个体的自我拓展。辅导员自我素质能力拓展的途径主要有两种：一是学习，二是实践。

当今时代，科学技术的发展日新月异，突飞猛进，知识信息不断更新，每个人都面临着新知识和新技能的不断挑战，不断学习是确保辅导员紧跟时代步伐，做好当代大学生思想政治教育的法宝。辅导员工作是一个专业性很强的工作，其从业者需要完善的知识结构，需要通晓马克思主义理论、教育学、心理学、政治学、管理学等多方面的知识。这些知识不是仅仅通过参加培训和攻读学位就可以完全掌握的，它要求辅导员要确立终身学习的理念，提高思想政治素质和理论水平，锻炼自身工作能力，创新工作理念和工作方式方法，全面提升和完善自我。学习不仅是对书本知识的记忆和领悟，还需要走出去，向社会大课堂学习，向国内外同行学习经验，与其交流思想。辅导员要积极带队指导和参与学生的寒暑假社会实践，以了解基层、熟悉国情、磨炼意志；到机关企事业单位挂职学习，以拓宽视野、更新观念、借鉴经验；到校内其他岗位或进行校际交流挂职，以实现经验共享、优势互补、丰富阅历。

辅导员要在岗位锻炼过程中提升自我工作资质，实现在实践中锻炼、从锻炼中提升。辅导员专业是一个理论与应用相结合的领域，很多理论的得出来源于众多辅导员的具体实践。辅导员只有将学习、培训、研究所得有效应用到实际工作中去，才能真正体现辅导员的工作资质。辅导员工作也是有很多规律可以实践探索的，一些辅导员在谈工作体会的时候经常会感慨地说："带完一届学生，才知道如何去带一届学生。"有一些辅导员带着些许遗憾走向了其他岗位，而坚持在学生工作第一线的辅导员却发现实践得来的经验对于今后的工作是多么有帮助。

第三节　高校辅导员的工作关系

辅导员道德素养的客观基础就是在岗位工作实践中形成的各种社会关系。社会关系是指人们在一定生产力基础上，在从事物质生产、精神生产及人类自身再生产的过程中

所结成的人与人之间的关系。马克思说："人们为了能够'创造历史'，必须能够生活。但是为了生活，首先就需要衣、食、住以及其他东西。"① 单个人的能力在自然界面前显得十分局限，甚至不足以保障自身的生存，人们只有按照一定规范，结成集体齐心协力地改造自然，才能使自然界适应人类生存和发展的需要。人只要是生活在社会集体中，就必然参与社会的生产、分配、交换和消费过程，即社会的再生产过程，这个过程就是人类社会延续的方式。社会关系不仅是人类区别于其他生物种类的鲜明特点，也是保障人们在艰苦的自然环境中实现生存和发展所必不可少的条件。

一、社会关系结构与属性

社会关系的结构是人们社会实践活动的规范化、系统化、制度化而形成的相对静止的状态。广义上，它是指经济、政治、社会等各个领域多方面的结构状况；狭义上，它是指社会学中的社会阶层结构。历史唯物主义观点认为，一定时期的社会关系决定于该时期的生产力和经济状况，而一定时期的思想、道德水平又取决于社会关系状况，人们正是在不同社会结构的交往实践中形成了经济关系、政治关系和思想关系，整个社会正是由这些社会关系构成的有机体。高校辅导员的社会关系结构同样由经济关系、政治关系、文化关系所构成，每一位高校辅导员都是各类关系网上的重要链接点。

1. 社会关系的交往属性

社会关系的交往属性是指人类社会的一切经济、政治、文化实践的活动和结果，其最终是在交往关系中实现的，并在交往活动中逐渐建立、维系、变革各类社会关系。通过交往，人们之间的协商得以开展，理解不断深化，共识才能达成。人们的交往是人类繁荣有序的经济活动、风清气正的政治文明、百花齐放的文化创造得以实现的基石。马克思从历史唯物主义观点出发，提出了关于人的本质的经典论述，即人的本质在其现实性上是一切社会关系的总和。社会关系是人类特有的关系，人类和动物的根本区别就在于人类生活在特定的社会关系中，而动物与动物之间不存在社会关系。社会关系是人与人在相互交往的过程中产生的，因此，社会关系具有交往属性。远古时代，人类在面对大自然的挑战和其他物种的威胁时，都会结成群体，利用群体的力量去应对威胁和挑战，这种最初的群体联结也是通过人与人的交往来完成的。马克思主义认为，劳动创造了人，在劳动过程中，人与人之间通过相互交往而结成一定的社会关系，社会关系以社会生产关系为基础，不同的社会生产方式具有不同的人际交往方式，不同的交往方式形成不同的社会关系。

2. 社会关系的主体性

人是社会关系的主体，也就是说，任何社会关系，都是以人的实践活动为前提而产生的。人的情感取向、理性认知、价值需求、善恶判断及行动意志，直接决定了社会关系的内容与形式。人的生存和发展离不开社会关系，社会关系反过来制约着人的存在和

① 中共中央马克思恩格斯列宁斯大林著作编译局．马克思恩格斯选集：第一卷［M］．北京：人民出版社，1972：32.

发展。有人的地方就有社会关系，每个人一生下来就置身于一定的社会关系中，没有置身社会关系中的人不能算真正意义上的“人”。人在社会生活中，彼此之间必然形成各种社会关系，任何社会关系都是以人为主体。社会关系按照其建立基础划分，分为血缘关系、地缘关系和业缘关系；按照法律意义划分，分为法律关系和道德关系；按照关系领域划分，分为经济关系、政治关系、思想文化关系、情感关系等；按照关系角色划分，分为师生关系、父子关系、同事关系、生意伙伴关系、夫妻关系、兄弟关系、邻里关系等；按照关系内容划分，分为工作关系、管理关系、教育关系、服务关系、交易关系、统治关系等；按照关系的构成划分，分为家庭关系、阶级关系和工作关系。

3. 社会关系的本质是价值关系

价值，就是事物所具有的能够满足主体某种需要的功能和属性。具体地说，主客体之间的价值关系体现为客体的属性符合主体的需要，而作为人与人主体间（即社会关系）的价值关系是以人们之间的交互合作关系为前提的。这种交互合作的关系不止体现为单个主体间在当下对各自需要的相互契合，更多地体现为每一个主体的实践活动都以他人的实践活动为条件，即每一个主体将人类社会作为一个广义的合作主体。这种合作关系体现为对他人劳动付出量的承认、尊重与需要，也就是说对他人创造的“价值”的承认、尊重和需要，主体与主体之间的社会关系也因此体现为价值关系。因此，价值不是事物、人或社会的客观属性，而是事物、人或社会的客观属性在作为主体的人的需要框架中，因为满足了作为主体的人的需要从而产生了关系，其属性和功能才变成价值。所以，人与人之间所有的关系，都是为了满足某种需要而产生的，人与人之间所有关系的本质，是价值关系。

二、辅导员工作关系分类

辅导员工作关系就是指辅导员在从事学生事务活动过程中所形成的各种关系。这些关系有如下六类。

第一类是教育者与教育对象的关系，即辅导员与学生之间的工作关系。高校辅导员是开展大学生思想政治教育的骨干力量，是高校学生日常思想教育和管理工作的组织者、实施者和指导者，是直接引导大学生成长成才的重要引路人、导航者。高校辅导员与学生的关系是高校师生关系中亲密的一种，辅导员与学生接触最多、交流最多、工作最直接，对学生的成长起着举足轻重的作用。这种状态的呈现是由其存在的关系规范所决定的，两者关系规范大致可分为五部分：在学生管理中形成公正的权利关系规范，在学生服务中形成诚信的服务关系规范，在对学生的教育责任中形成尽责的教育关系规范，在与学生日常交往中形成平等的交往关系规范，在与学生情感交流中形成仁爱的情感关系规范。

第二类是教育者内部的关系，即辅导员之间、辅导员与班主任、辅导员与任课教师、辅导员与上级领导、辅导员与其他职能部门同事之间的工作关系。高校育人工作是一项系统工程，高校广大教职工都负有育人的重要责任。把育人贯穿于教学、实践、管理、服务等各个方面的全过程，需要高校党政干部和共青团干部、教师、辅导员和班主任、

行政管理人员、后勤服务人员等共同成为实施主体。因此，为了凸显育人工作的实效性，高校辅导员要发挥积极能动性，在互助和尊重的关系规范下处理好教育者内部的关系。

第三类是教育者与教育对象家庭成员的工作关系，即辅导员与学生家长的工作关系。辅导员和家长是对学生教育能否成功的重要因素，二者之间的关系犹如一辆汽车的发动机和变速箱，他们相互作用、相互配合、缺一不可。因此，辅导员与家长要加强沟通、增强合作，努力营造一个健康、和谐、有序的协同合作关系，营造辅导员用心、家长关心、学生受益的教育氛围，共同促进学生的进步与成长。

第四类是辅导员与党和国家的工作关系。党和国家把加强和改进大学思想政治教育作为一项重大而紧迫的战略任务，将辅导员定位为思想政治教育的骨干力量。辅导员不仅要领会和把握中国共产党中央的精神，还要在实际工作中，面对日益复杂的国内外环境，面对日益多样化的学生群体，从党和国家生死存亡、从中华民族兴衰成败的高度来增强大学生思想政治教育工作的使命感，把辅导员工作作为一项光荣的工作。随着国家不断落实各项关于辅导员的政策措施，广大辅导员将获得更多的政策环境和发展空间。辅导员也要以德立身、以德立学、以德施教，当好青年学生健康成长的指导者和引路人，着力培养德、智、体、美全面发展的社会主义建设者和接班人，为实现“两个一百年”奋斗目标和中华民族伟大复兴的“中国梦”做出更大的贡献。

第五类是辅导员与人民的工作关系。“人民”是一个集体名词，在社会主义国家，人民主要是指以劳动群众为主体的社会基本成员。现阶段我国人民是指全体社会主义劳动者、社会主义事业的建设者、拥护社会主义和祖国统一的爱国者。人民是社会真正的主人，人民群众是社会实践的主体，是历史的创造者，这主要表现为人民群众是社会物质财富的创造者、是社会精神财富的创造者、是社会变革的决定力量。辅导员来自于人民，也必须要忠于人民。人民把教育事业如此重任托付给辅导员，这就需要每一位辅导员一丝不苟、毫不马虎地对待教育事业，尽心尽职、不断学习、堪当大任，为社会、为人民输出高质量的人才队伍做出不懈的努力。

第六类是辅导员与工作单位之间的工作关系。工作单位是指机关、团体、事业单位、企业等非自然人的实体或其下属部门。辅导员是一种工作，每一位辅导员必然分属于某个特定的工作单位，也就是高等学校。而在高等学校内，辅导员实行学校和院（系）双重管理。学生工作部门牵头负责辅导员的培养、培训和考核等工作，同时要与院（系）党委（党总支）共同做好辅导员日常管理工作。院（系）党委（党总支）负责对辅导员进行直接领导和管理。辅导员与高校关系的本质表现为人事管理的从属关系、劳动交换的经济关系和精神共同体关系这三个主要方面。辅导员要依托高校实现个人价值与社会价值，而高校要通过辅导员实现办学目的。因此，辅导员要忠于学校，在工作岗位奉献自己的青春，为建设“双一流”的高校而努力。高校也应该感谢辅导员的付出，善待辅导员。

三、工作关系的主体要素

马克思主义认识论指出，主体是运用一定的物质手段有意识、有目的地改造客体和运用一定的精神手段和物质手段有意识、有目的地认识客体的物质承担者，是社会的人和人的社会。工作关系由多种主体要素构成，包括主体事实判断、主体价值判断、主体情感判断、主体价值需求和主体交往行动意愿。任何一个工作关系中缺乏了这五个基本主体要素，都不可能成为真正意义上的工作关系。

1. 主体事实判断

事实，是独立于人们的意识、意志，是客观存在的事物、事件或过程，它的存在与主体的活动无关。主体事实判断是指人们对工作关系中客观存在的事物、事件或过程等所进行的客观分析与判断。

2. 主体价值判断

价值，就是事物所具有的能够满足主体某种需要的功能和属性。价值来源于价值主客体之间的效应关系，价值的实现过程就是价值主体的需要和价值客体的自然属性之间相互作用的过程。主体价值判断是指作为实践主体的人对事物做出的是否适合于自己目的的评价与论断，是人们在工作关系中从自己的价值立场出发所做出的评判。

3. 主体情感判断

人的情感在人类社会生活中扮演着极其重要而复杂的角色，无论是普通情感还是道德情感，都是人们进行实践的内驱力。所以工作关系中的主体情感判断是否准确被认为是维系现代社会工作关系的关键因素，只有有了统一的情感认同才拥有规范人们在工作关系中道德行为的力量。

4. 主体价值需求

价值的主体是人，每个人都有自己的价值需求。在工作关系中，管理者和员工作为实践主体，因为分工不同，角色各异，责任不同，其价值需求也不同。人类的实践活动是有意图、有目的的，在涉及价值问题时，是有（赞成或反对）态度的。工作关系中的主体价值判断，是客体对特定的主体有无价值、有什么价值、有多大价值的判断。

5. 主体交往行动意愿

哈贝马斯认为交往行动本质上是达到主体相互理解的行动。马克思主义认为，实践是价值实现的根本途径。人的需要和价值最终是依靠实践来实现的。在实践行动产生之前主体必须对事物产生看法或想法，即进行个人主观性思维活动，这样才能明确想要达到的特定目标和方向，然后用行动去实现目标和方向。

以社会主义核心价值观为例，人们首先是对观念是否正确进行分析和判断，随后进行对自己是否有价值或者有多大价值的判断。只有对核心价值观的理论认同，才能升华为情感认同，进而结合自己的价值需求，转化为具体的交往行为意愿。

四、工作关系中的价值、规范与契约

所有社会关系的本质都是价值关系，人与人之间所有的关系，都是为了满足某种需要而产生的，所以，人与人之间所有关系的本质，是价值关系。具体来看，工作关系的价值关系就是需要与满足需要的关系，也是使用与被使用的关系。从根本上来说，工作关系的价值关系是一种利益关系，最核心的是经济关系。

任何价值关系，都会产生一定的行为规范，作为各种行为的约束和标准。工作关系的价值关系的形成，既要靠主体要素的相互作用，形成事实认同、价值认同、情感认同、价值需求，然后产生交往行动意愿，更要靠价值关系规范的约束。

在工作关系中，每个人对事实的判断能力和情感体验不同，每个人的价值观和价值需求不同，如果每个人都按照自己价值需求和价值观去行动，那么价值关系将充满冲突而难以维系下去。此时，人类创制了一个伟大的文明成果，就是规范，以及规范的体系化，即制度。当大家认同某种规范的时候，便参与到相应的价值关系中，在遵循规范的前提下进行活动，规范因此成为共享规范，但同时每个人都有各自的价值观，都希望按照自己制定的规范做事。所以经过复杂的价值计算和力量博弈，最后达成契约，共同遵守某些规范作为共同的行为约束，规范就成了公共规范。

在公共规范形成后，遵守规范的行为，便被认为是正义的，违背规范的行为，就被认为是不正义的。正义就这么产生了。正义有两种形式，一种是每个人都有的正义观和正义标准，但那只是你个人的权力。如果你要在社会中生活下去，就必然遵循公共规范，那些与公共规范契合的行为就是正义的，否则就是不正义的，因此正义从个人观念走向共同观念。

任何价值关系都有规范，但是需要人们对于规范的认同，才可以维持下去。规范归根结底是一种契约关系。人们对于共同规范的共享和认同，需要彼此之间形成契约。契约有成文和不成文之分，有约定俗成、风俗习惯、公序良俗等形式。工作关系的价值关系契约，最核心的就是规范的认同，具体到行为规范认同又分为四个层面：规范认知、规范认同、规范共享、规范维护。

1. 规范认知

认知是个体认识客观世界的信息加工活动，它通过心理活动（如形成概念、知觉、判断或想象）获取知识。对于规范，人们首先必须对概念和内容有基本了解和认知。认知是价值契约形成的最低层次，是价值关系内化的基础，即规范被大家所理解。规范认知是价值关系契约产生的第一步。

2. 规范认同

认同指承认与模仿他人或团体之态度行为，使其成为个人人格一部分的心理历程。在工作关系中，认同是指为了满足自己某种价值需要自愿加入到某种价值关系中的行为主体，通过认知后已经认同工作关系的价值关系框架内已有规范。规范认同是价值关系契约内化的标志。

3. 规范共享

共享，顾名思义就是共同享有，规范的共享不仅能够指导实践活动，更能帮助主体认识世界和改造世界。更为重要的是实现规范的共享不仅仅是一个单向传导的过程，也是一个双向互动的过程。共享的规范更有利于更广范围和更深程度的规范认知和认同，从而形成一种共享文明。规范共享是价值关系契约的最终目的。

4. 规范维护

规范订立后还必须订立保证规范执行的规范，形成一套完整的规范体系，给遵循规范的人以鼓励，给违背规范的人以惩罚。规范维护是价值关系契约的保障。

【案例分析】

大学应不应该强制学生早晚自习？

某大学发布了《关于进一步加强我校学风建设的通知》，其中明确规定："大一、大二各班级，每周早自习、晚自习加起来不得少于6次。"这一规定出台后也引起学生纷纷议论。在"应不应该强制上早、晚自习"的调查中，收到141条留言，其中129条明确表示反对，占91.5%，仅12条明确表示赞同。反对和支持的学生各执一词，争论不已。

反对的声音主要基于大学更应该锻炼学生个人自觉，而不是管制学生统一行动。核心理由是大学教育讲究开放自由，大学生应有更多的自我安排权，去开展社会兼职赚生活费，提前接受社会历练，或去听报告、练舞蹈、参加学生活动，去图书馆、自修室读书，去实验室、实训室做实验练技能。学校应该尊重和鼓励学生自我安排，给学生留出更多自主时间，做自己想做的事，发掘自己的兴趣，为日后工作发展练本领打基础。不赞同强制自习的学生还特别提及，大学生基本上都是成年人，如果没有心思学习，或者没有具体作业和学习任务，学校强制上早、晚自习，把学生集中赶到教室，那么可能就是换个地方玩手机、打游戏而已。一方面是事与愿违，违背老师的初衷；另一方面，还会影响他人学习。不赞同者因此认为，学校不应该人为制造"巨婴"，应更多强调学生自觉、自立、自省。

支持者认为这些反对的声音其实忽略了一个基本语境。在学校里，学生以学为本，学习是天职，来学校的主业就是读书学习，其他是副业。古人讲究天时、地利、人和及顺势而为。对于学生而言，抓住大学宝贵的学习时间，把精力主要集中在读书学习上，才是智者之举。多到教室或者图书馆钻研课本、饱读诗书，且读且思考，此乃读书求学最大的任务。大学生必须清楚，时间有限，学海无涯，勤苦读书才是通向世界的大道。大学里认真读书，才是抓住了"西瓜"。如果把别的看得太重，只是"捡了芝麻"。走出校园、走向社会再想读书时，已不再有那么多时间和精力了。惰性人皆有之。外在的引导和必要的"他律"可使人受到约束而修正行为，养成好习惯。客观上，确实有人缺乏强烈的自我监督意识，明明知道要读书，偏偏自己管不住懒散好玩的秉性，这种学生尤其需要教师引导和督促。

学校最终的态度是：学生不"自律"，教师主动作为，介入"他律"教育引导，正是恰逢其时。因为读书学习需要一种浓厚氛围，学生集中在一起读书学习，加上教师跟进督查，久而久之，就会形成读书学习习惯，营造大学优良学风，促进学生成才。

【启示】

本案例中学校出台文件强制要求学生上自习，从学生的反应来看，是单方面的制定规范。事先并没有进行一系列的铺垫和民意调查，以及对出台此规定的初衷和意义进行说明与宣传，所以最终形成巨大争议。

这给我们的警醒作用在于，当我们在采取引导督促措施达成某些教育目的的时候，应该尊重学校的制度文化和学生特点，体现以人为本。切忌简单粗暴地出台文件、冷不丁"一刀切"来个硬性规定，再进行考核通报甚至用纪律处分手段强行推动。最合适的办法是循序渐进，加以引导，形成共识，达成制度文化。

这也就是本案例的重点：如何让规范形成制度文化？

首先，发动学生，开展“不读书，来大学做什么”的讨论，启发学生认真思考来读书的目的和任务，处理好学习与其他事务的关系，借此为将来督促学生到教室自习、实施自修制度预热、做铺垫。

其次，在此基础上，遴选学风优良的班级，试点实施自修制度，并加强宣传，让学生现身说法，从正面角度谈自修制度的益处，让大家都来认同自修此事。

最后，在总结的基础上，在时机成熟时候，向全校发出倡议，循序渐进地在全校范围内推进自修。

这给辅导员思想政治教育工作带来的启发意义在于：

第一，在教育过程中，要讲究方法和策略。从表扬鼓励的角度，注意以老生带新生，以优秀带一般，以个人带集体，以柔性方式推进。

第二，学会将简单粗暴的制定规范上升为形成制度文化，在这个过程中引导、教育学生慢慢理解、慢慢改变，内化于心，最终达到育人的目的。

思考讨论题：

1. 为什么辅导员岗位职责的首要任务是思想政治教育和价值引领？
2. 高校学风现状如何？存在哪些问题？如何推进学风建设？
3. 辅导员开展理论和实践研究的意义和方法是什么？
4. 高校学生党组织建设需要坚持的基本原则是什么？
5. 高校辅导员需要具备哪些工作资质？如何提升工作资质？
6. 为什么说社会关系的本质是价值关系？
7. 辅导员工作关系包括哪些内容？

第三章 群己关系规范：集体主义

个体与集体具有相互依存、相互制约、对立统一的关系，群己关系是建立在个体与集体这种相互依存的关系之上。群己关系主要是探讨从事某种工作的个体与社会组织或特定群体之间的相互联系、相互沟通与相互作用。群己关系规范就是从事某种工作的个体在处理与社会组织或特定群体之间关系的过程中应遵循的各种制度规范的总和。从高校辅导员工作道德的角度审视，群己关系主要包括辅导员与国家的关系、辅导员与政党的关系、辅导员与人民的关系、辅导员与工作机构的关系四种。辅导员与国家的工作关系规范的核心要求是“爱国”；辅导员与政党的工作关系规范的核心要求是“忠诚”；辅导员与人民的工作关系规范的核心要求是“为人民服务”；辅导员与工作机构的工作关系的核心要求是“友善”。

第一节　爱国行为规范：为国育才

社会中的每个人都要获取生存与发展的物质条件，都需要寻求慰藉心灵的精神家园，这些物质与精神要素都离不开国家。“家是最小国，国是千万家”，这句歌词体现了社会中的每个个体与国家之间相互依存、密不可分的关系。《高等学校辅导员职业能力标准（暂行）》（教思政〔2014〕2号）中“职业守则”的第一条要求就是“爱国守法、热爱祖国”。因此，辅导员与国家的工作关系规范的核心要求就是“爱国”。

一、辅导员与国家的价值关系

辅导员与国家的价值关系主要体现在两个方面，一是国家对辅导员价值需求的满足，二是辅导员如何满足国家的价值需求。

（一）国家为满足辅导员各种需求提供条件

1．政治需求

辅导员具有中华人民共和国普通公民的身份，并依法享有公民的基本权利和自由。作为普通公民的辅导员，依据《中华人民共和国宪法》的规定，享有受教育的权利和义务，享有普通公民具有的言论自由。同时，辅导员与各行各业的普通劳动者一样，依据《中华人民共和国宪法》享有劳动者的社会保障、医疗保障和节假日的休息权利。从辅

导员的职业身份来看，辅导员是高等学校教师队伍和管理队伍的重要组成部分，具有教师和干部的双重身份。国家教育制度为高校辅导员提供了广阔的职业发展平台。根据《普通高等学校辅导员队伍建设规定》（中华人民共和国教育部令第43号）的要求，高校必须落实专职辅导员职务职级“双线晋升”要求，专职辅导员可按教师职务（职称）要求评聘思想政治教育学科或其他相关学科的专业技术职务（职称），并对于专职辅导员的职务（职称）评聘更加注重考察工作业绩和育人实效，要求单列计划、单设标准、单独评审。

2. 经济需求

辅导员岗位工作既是事业，也是一份职业，通过这个职业，辅导员获得必要的经济报酬和物质财富，从而满足个人和家庭成员的生活消费需求和发展需求。国家通过各种资源分配方式，为高校辅导员工作和生活提供了必要的保障，根据辅导员的工作特点，在岗位津贴、办公条件、通信经费等方面制定相关政策，满足高校辅导员职业发展所必需的物质保障，为辅导员全身心投入工作解除后顾之忧。

3. 文化需求

一方面，国家给予高校辅导员接受文化教育、职业培训、校内外学习交流的平台和机会。国家为高校辅导员制定了国家、省级、校级三级培训体系，通过高校辅导员培训和研修基地为高校辅导员提供岗前培训、日常培训和骨干培训，确保每名专职辅导员每年参加不少于16个学时的培训，每5年参加1次国家级或省级培训。这些举措都为高校辅导员在职业发展过程中不断提升自己奠定了坚实的基础。另一方面，国家保障了高校辅导员进行文化创造和文化传播的权利。高校辅导员是社会主义核心价值观在高校传播和宣讲的重要力量之一，也是引导学生坚持文化自信的主体力量。高校辅导员可以通过各类社会实践活动进行校园文化的传播与文化创新。

（二）辅导员为建设国家做出贡献

1. 辅导员为社会主义现代化建设培养合格人才

高校辅导员具有高校教师和行政管理干部的双重身份，在高校中承担教育学生、管理学生与服务学生的职责。辅导员必须认真履行教育、管理与服务的职责，才能确保人才培养的质量。2014年颁布实施的《高等学校辅导员职业能力标准（暂行）》（教思政〔2014〕2号）将“开展大学生思想政治教育”作为初、中、高级辅导员工作的重点内容之一。从政治层面来看，其内容主要包括“深入开展中国特色社会主义、‘中国梦’宣传教育和社会主义核心价值观教育，帮助学生树立正确的世界观、人生观、价值观，确立在中国共产党领导下走中国特色社会主义道路、实现中华民族伟大复兴的共同理想和坚定信念。”高校辅导员在大学生思想政治工作中有着重要的使命，这一群体对国家的政治态度、政治情感、政治认同都会潜移默化地影响着大学生世界观、人生观和价值观的形成。因此，从政治层面的价值关系审视，高校辅导员不仅仅是大学生日常学习生活的管理者与服务者，从更高层次上讲，这一群体也是实现中华民族伟大复兴“中国梦”的担当者与实践者，高校辅导员肩负着培养德、智、体、美、劳全面发展的社会主义事业建设者和接班人的重大任务。

2. 辅导员是维护社会及校园安全稳定的重要力量

中国的社会主义现代化建设不仅需要一个和平的国际环境，而且需要一个安定团结的国内环境。改革开放以来，党和国家始终坚持处理好改革、发展与稳定的关系。改革是动力，发展是目标，稳定则是改革与发展的重要保障。从某种程度上说，维护高校的稳定，就是维护社会的稳定，就是为中国的改革开放和现代化建设保驾护航。2018 年 3 月 1 日，在全国学校安全工作电视电话会议上，教育部党组书记、部长陈宝生强调，要认真贯彻落实中国共产党中央、国务院关于学校安全工作的决策部署，牢固树立安全发展理念，切实把校园建成最阳光、最安全的地方，确保教育系统的安全稳定和谐。他同时指出，必须把安全工作摆在教育强国建设更突出位置，时刻把广大师生的生命安全放在第一位。对于高校辅导员而言，必须将工作理念从传统的校园安全观转向新的校园安全观。一是要认真分析基层安全工作出现的新情况、新特点、新问题，关注新兴安全领域，认清暴力恐怖主义、民族分裂势力、宗教极端势力和西方意识形态对我国国家主权和政治安全的严重威胁；二是要掌握教育舆情主动权，引导舆论理性表达，营造良好舆论生态。

3. 辅导员承担着传播和创造先进文化成果的重要责任

辅导员是高校开展精神文明建设的主力军。高校是国家意识形态工作的主阵地，高校辅导员是确保国家意识形态工作主导权落实到“最后一公里”的守护者。《高举中国特色社会主义伟大旗帜　为全面建设社会主义现代化国家而团结奋斗——在中国共产党第二十次全国代表大会上的报告》明确指出：全面建设社会主义现代化国家，必须坚持中国特色社会主义文化发展道路，增强文化自信，围绕举旗帜、聚民心、育新人、兴文化、展形象建设社会主义文化强国，发展面向现代化、面向世界、面向未来的，民族的、科学的、大众的社会主义文化，激发全民族文化创新创造活力，增强实现中华民族伟大复兴的精神力量。从某种程度上讲，对国家历史文化的认同，是爱国主义情感培育和发展的重要条件。高校辅导员队伍是依托第二课堂培育和践行社会主义核心价值观、传播和弘扬中华民族优秀传统文化的重要力量，这就要求高校辅导员在日常工作中传承中华民族优秀文化，讲好中国故事，塑造国家形象，积极推动国家优秀历史文化传统的传承和发展，这也是其最基本的职业道德规范。

二、辅导员爱国的行为方式：为国育才

热爱祖国是高校辅导员职业守则的基本要求，也是调节辅导员个体与国家之间关系的道德要求、政治原则和法律规范，是高校辅导员必须自觉履行的责任和义务。高校辅导员在日常管理与服务工作中应遵守“爱国”这一职业道德规范的要求，其中最为核心的行为方式就是“为国育才”，即为国家培养德才兼备的社会主义现代化的合格建设者和可靠接班人。2023 年 2 月 25 日，教育部党组书记、部长怀进鹏在国家教育行政学院举行的 2023 年春季开学典礼上明确指出，要抓根本，始终为党育人、为国育才。

1. 辅导员要促进大学生的学业成长

为国育才的重要内容之一就是促进大学生的学业成长，使学生通过四年的专业学习，

具备良好的专业技能和综合素质，无论是对于整个社会的人力资源配置，还是对于学生的个人发展来说，都具有重要的现实意义。特别是在国际人才激烈竞争的背景下，专业化的人才培养和储备是国家人才安全战略的重要内容之一，也是实现社会主义现代化建设的长期目标，建设成为小康社会的重要保障。因此，对于高校辅导员而言，在日常管理和服务中要努力促进大学生的学业成长。一是要营造良好的学风、班风、舍风，使学生意识到学业成长的良性环境的重要性；二是要做好学业成长的分类指导，对不同类型学生的学习目标、学习方法、学习内容、学习效果评估进行统筹规划；三是抓好新生入学教育、专业入门教育、高年级的专业综合技能学习等各个重要环节，有针对性地开展相关的教育工作。

2. 辅导员要引领大学生的思想行为

辅导员要围绕社会主义核心价值观教育，开展思想政治教育工作，确保人才培养具有正确的政治方向。一是引导青年大学生认知国情、关注时事，培养大学生的家国情怀。譬如，引导学生认知国家主权与领土完整对于国家的重要意义，让学生把保我国土、爱我家乡、维护国家主权统一和领土完整，作为自己的神圣使命和义不容辞的责任；或者利用暑期“三下乡”社会实践活动、大学生志愿服务活动、校园社团文化活动等，引导学生了解国家的历史与现实之间的关系，不做“历史虚无主义”的“传播者”和“代言人”。这就要求高校辅导员要讲好中国故事，弘扬中华优秀文化传统，运用各种手段和方式教育和引导学生形成正确的国家观、历史观。二是引导学生处理好“爱国之情”与“爱国之行”的关系。爱国既需要情感的基础，也需要理性的认识，更需要实际的行动。爱国不是简单的情感表达，而是一种理性的行为，以合理合法的方式来进行。只有把国家的安全、荣誉和利益放在高于一切的地位，始终做到爱国的深厚情感、理性认识和实际行动相一致，与祖国同呼吸、共命运，才是真正的爱国者。作为高校辅导员，要形成对各类社会重大事件的高度敏锐性，具备对此类事件的理论分析能力，能够及时对学生进行理性疏导和教育。在重大政治事件中，不能感情用事，应当服从中国共产党的政治纪律要求，遵守国家的法律规范。譬如，在中美关系、中日关系、中国南海问题等政治问题中，既要引导学生在遵守国家法律制度规范的前提下合理表达爱国情感，更要让学生真正理解什么是“理性爱国”，如何才能够做到“爱国之情”与“爱国之行”的有机结合。

【案例分析】

新媒体时代下如何对学生进行思想引导?

A 同学，23 岁，某校大四学生，是一名资深的网络青年，在各社交平台及短视频平台都有自己的社交账号。某天晚课期间，辅导员先后收到了班委的消息，内容是 A 同学在其社交平台上发表了一些不太正确的信息。辅导员立刻对该同学相关账户进行查阅，其发表的内容大致是对学校近期的管理规定和当下毕业生就业形势表示不满，字里行间不乏漫骂、虚假信息等，文末还关联了校委及相关教育部门。辅导员在翻阅 A 同学近期的社交平台内容中，发现他近来确实有一些情绪问题，其中大多是对前途的迷茫，以及对学校生活的抱怨与牢骚。这些内外因素影响着他每天的情绪，导致他将“不顺”归咎于学校和周围的环境，因此也一次次在公共社交平台上传播关于学校的不实信息和谣言。在这种情况下辅导员首先要做的就是了解学生，建立学生对学校的信任，而后通过思想引导和德育教育，全面培养其网络素养。

【启示】

新媒体的快速发展，使网络虚拟空间良莠不齐的信息极易影响和诱导高校大学生，致使他们成为传输虚假、过激、消极以及敌对思想道德价值观的帮凶。这不但影响他们的个人成长，还关系到校园的稳定与和谐发展。因此，作为大学辅导员，有责任研究更加有效的策略和方式，帮助高校大学生提高自身网络素养，及时纠正网络失范现象，对该群体进行正确引导。第一，重视思想教育和价值引领。网络和社交媒体给了我们表达情绪、寻找“知己”的自由，但也成了很多人散播负面能量，蓄意挑唆是非的平台。新媒体社交平台的复杂化和多元性，对大学生的网络信息辨别能力提出更大挑战，这种辨别除了技术指导，更需要思想引导。辅导员应当首先重视起来，将更多精力从班级管理、人际沟通等方面转移一部分到网络素养和思想文化建设这一块，先建立和健全网络安全认知，才能把道理和规范讲透，潜移默化中让学生树立正确的网络观。第二，强化集体意识和荣誉感。大学生一旦发布不实信息和谣言，既会损害学校的声誉，更不利于自己的发展。大学之所以被称为“母校”，就是因为它影响了我们成年以后的世界观、人生观、价值观，承载了我们的青春回忆和奋斗历程。学校不只是大学生生活学习的场所，更是伴随一生的价值感归属地，学校的荣誉和每一个学生息息相关。不论是在现实生活，还是虚拟空间，维护集体利益是每一个大学生对“母校”的应尽之责。为此，辅导员可以设置班级管理制度或自我管理制度，培养学生的主人公意识，学校可通过正面教育的方式，如展示校史和成就以增强学生的自豪感，同时，举办一些校内的集体活动和运动会等也是增强集体荣誉感的重要途径。

3. 辅导员要促进大学生的身心健康

大学生处于人生发展阶段的重要时期，身心健康是大学人才培养的重要目标之一。大学生具有良好的身体素质与心理素质是其投身社会主义现代化建设的基本保障。习近平总书记在全国高校思想政治工作会议上的讲话中也指出，开展思想政治工作的目标之一就是要培育理性平和的健康心态，加强人文关怀和心理疏导。对于高校辅导员而言，为国育才就是要让学生在大学四年中形成良好的生活习惯，塑造强健的体魄、健康的心理、独立的人格，为今后服务于党和国家的事业奠定坚实的基础。

4. 辅导员在日常管理与服务中融入国家安全意识教育

国家安全是指一个国家不受内部和外部的威胁、破坏而保持稳定有序的状态。因此，必须坚持总体国家安全观，坚持国家利益至上，以人民安全为宗旨，以政治安全为根本，以经济安全为基础，以军事、文化、社会安全为保障，以促进国际安全为依托，走出一条中国特色国家安全道路。对于高校而言，国家安全教育是高校党委的重要工作之一，是确保教学科研工作得以顺利进行的安全防护底线。高校辅导员应在日常管理中培养大学生的国家安全法律意识，履行维护国家安全的义务。具体可以从两个方面着手：一是依托学生社团组织定期开展国家安全教育活动。譬如，在每年的国家安全教育日开展国

家安全教育的主题宣传活动，通过丰富多彩的社团活动提升大学生的国家安全意识。二是在日常工作中提升个人的国家安全意识，对校园内的重点社团组织、重点学生群体活动进行有效监管，对于校内外的可疑群体及时向相关部门报告。

【案例分析】

提升国家安全意识，防止学生误入歧途

小张是一名在校大学生，同时也是一名军事“发烧友”，在军事迷圈子里小有名气。2016年3月的一天，大家正在群里讨论时，有一个网友突然发问：谁有“两会”的资料？当时，正值2016年“两会”召开前夕，该网友自称是为了学术研究。于是，小张就把自己了解到的有可能成为“两会”热点的话题进行了归纳分析，并以电子邮件的形式发给对方。该网友很快给予小张回复，一方面，该网友对小张的分析表示赞许，也对小张提供的这些资料表现出极大兴趣；另一方面，该网友主动向小张支付了150元表示酬谢。

几天后，该网友再次跟小张联系，请他帮忙收集与中国军事基地相关的资料，以及最近的国产战机的图片资料，并告知小张可以得到1.5万元的酬金。此时，小张突然非常警觉地意识到自己可能真的遇上了间谍之类的人员，事情可能远比自己预想的要复杂，所以打算拒绝对方。但对方这时开始步步紧逼，常来询问相关资料收集的进度。小张不知所措，担心自己的行为可能引起更为严重的后果，于是马上向自己的辅导员报告。小张的辅导员得知此事后，立刻向上级领导汇报此事，并主动与国家安全机关联系。国家安全机关及时介入此事件。经调查，由于小张主动意识到事情的严重性，并及时停止了和对方的交易，在辅导员的协调下，积极向国家安全机关举报，使得事态得到有效控制，没有造成更大的危害，因此并没有涉嫌违法犯罪。

【启示】

上述事件与国家安全密切相关，由于当事人及辅导员具有一定的国家安全意识，因此，最终没有泄露国家机密，并通过及时报警的方式，确保了国家安全工作的顺利开展。作为高校辅导员，在日常工作中应当增强国家安全意识，将国家安全教育纳入日常管理工作中，防止个别大学生因为个人的疏忽或法律意识薄弱，而对国家安全造成危害。

国家安全问题事关国家安危和民族存亡。在国家安全形势越来越复杂的今天，大学生要增强国家安全意识，对境内外敌对势力的渗透、颠覆、破坏活动保持高度警惕，切实履行维护国家安全的义务。《中华人民共和国宪法》明确规定了公民维护国家安全的基本义务，《中华人民共和国国家安全法》《中华人民共和国保守国家秘密法》《中华人民共和国国防法》《中华人民共和国兵役法》《中华人民共和国反间谍法》等法律明确规定了公民维护国家安全的各项具体法律义务。大学生有保守国家秘密的义务，为国防建设和国家安全工作提供便利条件或其他协助的义务，在国家安全机关调查了解有关危害国家安全的情况时如实提供有关证据的义务，及时报告危害国家安全行为的义务，不得非法持有、使用专用间谍器材的义务，不得非法持有国家秘密文件、资料和其他物品的义务等。作为高校辅导员，应当了解境内外间谍惯用的套路，及早发现危害国家安全的行为，并及时制止。

第二节　政治行为规范：对党忠诚

中国共产党是中国的执政党，是社会主义现代化事业的领导核心。中国共产党的领导是中国特色社会主义最本质的特征，是中国特色社会主义制度的最大优势。辅导员岗位是为贯彻落实中国共产党的领导的具体制度而设计的。辅导员个体具有教师和干部的双重身份。这就决定了辅导员与政党的职业关系规则的核心要求和伦理原则是坚持政治忠诚。

一、党给予辅导员政治生命

辅导员与作为执政党的中国共产党的价值关系主要体现在两个方面：一是中国共产党对辅导员价值需求的满足，二是辅导员如何满足中国共产党的价值需求。

1. 中国共产党给予辅导员为之奋斗的事业，提供了人生奋斗的目标和动力

高校辅导员岗位就是为了坚持和加强党的领导的具体制度而设计的。西方国家虽也设立了类似辅导员的岗位，但是在辅导员制度的内容、性质、职能等方面与中国有着本质区别。辅导员制度是中国特色社会主义高等教育体系的有机组成部分和特色组成部分。因此可以说，正是由于中国共产党的领导，才有了高校辅导员的设立、存在、发展和完善。中国共产党为高校辅导员提供了奋斗的事业。

更为重要的是，中国共产党不仅是高校辅导员存在的前提和基础，也为促进辅导员事业的发展提供了更为特殊的、优越的激励和保障机制。《普通高等学校辅导员队伍建设规定》（中华人民共和国教育部令第 43 号）在第四章“发展与培训”中对辅导员的发展做出明确规定，为辅导员提供了相对于普通任课教师、行政管理和服务人员更为优越的条件和制度安排。一是为辅导员提供了更为优越的培训学习机会。辅导员的培训不仅仅“纳入高等学校师资队伍和干部队伍培训整体规划”，而且还通过建立“国家、省级和高等学校三级辅导员培训体系”确保辅导员享有特有的培训和学习机会。另外，辅导员还可以参加国内、国际交流学习和研修深造，以及“到地方党政机关、企业、基层等挂职锻炼”。同时，国家还单独设立“辅导员”专项博士生招生项目，为辅导员攻读相关专业博士学位单列计划。二是为辅导员提供了更宽阔的发展晋升平台。辅导员享有职务职级“双线”晋升机会。在专业技术职务（职称）上，区别于普通任课教师，辅导员享有“评聘单列计划、单设标准、单独评审”的独特机会，同时还可以根据辅导员的任职年限及实际工作表现，确定相应级别的管理岗位等级。三是为辅导员提供了单独的表彰机会。如每年的省级、国家级的“辅导员年度人物”评选活动就是辅导员单独表彰体系。因此可以说，中国共产党在制度方面为辅导员的发展确保了“工作有条件、干事有平台、待遇有保障、发展有空间”。

2. 中国共产党给予了辅导员政治身份，提供了政治进步与发展的条件与空间

我国高校的辅导员制度，是中华人民共和国成立之初，中国共产党为了加强社会主

义大学的办学方向，培养社会主义现代化建设的有用人才建立的符合中国国情的思想政治工作制度。[①] 而担任辅导员的绝大多数是中国共产党党员，且辅导员具有教师和干部双重身份。可以说，辅导员的制度赋予辅导员一定的政治身份，从而为辅导员在未来的政治进步和发展中提供较大的空间。《教育部关于加强高等学校辅导员、班主任队伍建设的意见》（教社政〔2005〕2号）明确提出"要把专职辅导员队伍作为党政后备干部培养和选拔的重要来源，根据工作需要，向校内管理工作岗位输送或向地方组织部门推荐。高校选拔党政领导干部，要重视专职辅导员的经历。"这就从制度上为辅导员的政治进步提供了保障。从现实情况来看，党和国家的众多干部，甚至包括党和国家领导人，都曾有担任辅导员的经历。

中国共产党之所以如此重视辅导员队伍并为其提供如此巨大的政治进步和发展空间，是由辅导员队伍的性质决定的。辅导员岗位为从业者个人提供了丰富的锻炼机会。首先，辅导员岗位为从业者提供了更强的锤炼政治素养的机会。辅导员是高校思想政治教育的骨干力量，面对大学生开展日常思想政治教育工作，对中国共产党的价值主张、思想理论和路线方针政策有着更为深入的学习和实践，因而具有更强的政治敏锐性和政治辨别力，具有更高的政治素质和坚定的理想信念。其次，辅导员岗位为从业者提供了更为宽口径的知识学习机会。辅导员角色的复杂性使得辅导员拥有更为丰富的理论知识、更强的组织管理能力、更扎实的文字表达和口头表达能力、更深入的调查研究能力、更坚实的思想政治教育和价值引领能力。可以说，辅导员是一个综合素质较高的复合型人才。最后，辅导员岗位为从业者提供了更为严格的品格修炼机会。辅导员在工作中更容易形成良好的纪律观念和规矩意识，形成为人正直、作风正派、廉洁自律的道德素质。因此辅导员是一支"召之即来，来之能战，战之必胜"的优秀队伍，这为辅导员政治进步发展奠定了坚实基础。

3. 中国共产党给予辅导员政治归属，提供了理想信念与信仰

辅导员岗位不仅在经济政治方面具有较大的价值，同时在精神方面也给予从业者无以替代的价值。中国共产党的性质是"中国工人阶级的先锋队，同时是中国人民和中华民族的先锋队"，是中国最先进的政治组织。这为辅导员队伍提供了良好的政治归属感，满足了辅导员情感和归属的需要。同时，中国共产党是中国的执政党，是中国特色社会主义事业的领导核心，有着明确的奋斗目标、远大的抱负和强大的领导能力。辅导员所从事的工作"为中国共产党治国理政服务"，是一项伟大而光荣的事业。这就为从事辅导员工作的个体提供实现人生理想和价值的机会。更为重要的是，中国共产党是一个有着明确、坚定信仰的伟大的马克思主义政党。《中国共产党章程》明确规定："党的最高理想和最终目标是实现共产主义"，"中国共产党以马克思列宁主义、毛泽东思想、邓小平理论、'三个代表'重要思想、科学发展观、习近平新时代中国特色社会主义思想作为自己的行动指南。"从奋斗目标来说，中国共产党的信仰是共产主义；从思想理论体系来说，中国共产党的信仰是马克思主义。因此，中国共产党为其党员（包括辅导员在

① 陈正芬. 论我国高校辅导员制度内容体系的逻辑构建［J］. 学校党建与思想教育，2013（22）：49－51.

内）提供了信仰。中国共产党的坚定信仰为辅导员提供了安身立命的基础和追寻积极生命意义的巨大动力和毅力，减少乃至避免了迷茫彷徨。

二、辅导员为党的事业做出政治贡献

中国共产党在政治、经济、精神等方面为辅导员提供了各种价值需求的满足条件与方式，辅导员也可以通过自身的努力，为中国共产党的事业做出贡献。

1. 辅导员是确保高等教育政治方向的重要力量

政治性是辅导员职业活动的本质特征，是辅导员区别于其他普通行政人员、专业课教师的显著标志。政治性是辅导员职业伦理的独特标志。我国的高等教育要“为中国共产党治国理政服务”，而作为开展大学生思想政治教育工作骨干力量的辅导员，其工作的落脚点是为中国共产党培养人才，即培养中国特色社会主义合格建设者和可靠接班人。

首先，辅导员宣传中国共产党的思想理论。辅导员通过多种方式和途径引导广大学生认识到中国共产党的领导和社会主义制度的优势，坚信并拥护中国共产党的领导和社会主义是适合我国国情的制度安排，愿意在中国特色社会主义道路上，在中国特色社会主义制度中，在中国特色社会主义理论指导下，在中国特色社会主义文化中，跟着中国共产党为实现中华民族伟大复兴的中国梦而奋斗，愿意为坚持和捍卫中国共产党的领导和中国特色社会主义道路、制度、理论和文化而贡献自己的力量。

其次，辅导员引导广大青年跟中国共产党走。中国共产党的领导需要不断把先进的资源吸收进来才能保证其领导的持久性和生命力，因此需要把广大优秀青年吸纳进来，增强中国共产党自身的实力，同时也为广大青年提供一种政治期望，引导他们把精力投向中国共产党，而不是其他政治组织。辅导员在日常工作中需要不断发现、引导和培养优秀人才，引导他们无论何时都坚定地跟中国共产党走，引导优秀青年成为中国共产党的后备军和新鲜血液。

最后，辅导员做好政治安全稳定工作。中国正处于社会转型期，政治稳定面临着众多挑战。校园安全特别是政治安全是社会安全的组成部分。而且，高校大学生思维活跃、思想观念尚未完全成熟，这也决定了高校是政治安全事件的易发和多发场所。辅导员是维护校园安全稳定的重要力量。辅导员不仅需要及时了解校园政治安全的隐患之所在，也需要参与校园政治安全事件的处理，同时还需要总结校园政治安全经验。

更为重要的是，高校辅导员是思想政治理论和价值观的传播者，而辅导员所宣传的价值观与中国共产党的领导和社会主义制度相一致，即服从和服务于中国共产党的领导和社会主义制度。价值观的稳定和一致性是形成社会内聚力的意识形态因素，是政治稳定的深层次要求。因此，维护包括政治安全在内的校园安全和传播稳定一致的价值观是辅导员服从和服务于中国共产党的领导的重要表现。

2. 辅导员是培养合格建设者和可靠接班人的重要力量

《中国共产党章程》明确指出，中国共产党在领导社会主义事业中，必须坚持以经济建设为中心，其他各项工作都服从和服务于这个中心。要实施科教兴国战略、人才强国战略、创新驱动发展战略、乡村振兴战略、区域协调发展战略、可持续发展战略、军

民融合发展战略，充分发挥科学技术作为第一生产力的作用，充分发挥创新作为引领发展第一动力的作用，依靠科技进步，提高劳动者素质，促进国民经济更高质量、更有效率、更加公平、更可持续发展。因此，从经济的角度看，辅导员应该服从于中国共产党领导的社会主义事业中的经济建设这个中心工作，而不是服从于其他工作。辅导员需要在日常工作中将这种服从和服务落到实处。

首先，辅导员创造良好的学习氛围，为不断提高劳动者的科学文化素质创造条件。经济建设需要数以万计的高素质的劳动者和建设者。大学是集中学习先进科学文化素质的黄金时期，大学生也是科学文化素质最高的一群人。辅导员需要千方百计地营造良好的学习氛围，鼓励和引导大学生抓住大学这个学习的黄金时期认真学习科学文化素质。同时，辅导员需要引导和指导大学生积极参与课外科技学术实践活动，提高学生的实践动手能力和知识综合运用能力，引导大学生努力成为合格甚至优秀的综合性人才。

其次，辅导员千方百计地提高大学生的创新能力和素质。习近平总书记指出，创新是第一动力。《中华人民共和国高等教育法》也明确规定："高等教育的任务是培养具有创新精神和实践能力的高级专门人才。"当前中国经济发展已经进入到新时代，中国要想在竞争日益激烈的经济全球化浪潮中成为弄潮儿，就必须培养更多的创新型人才，实施创新驱动发展战略。辅导员忠诚于和服务于中国共产党的这个战略，是创新型人才的重要指导者，创新型人才培养环境的重要营造者，创新型人才培养教学环节的重要支持者。

最后，辅导员引导学生树立正确的职业观和择业观。党的十九大报告指出："我国社会主要矛盾已经转化为人民日益增长的美好生活需要和不平衡不充分的发展之间的矛盾"。因此，中国共产党作为执政党需要继续大力发展生产力，不断满足人民的新的需要，实施乡村振兴战略、区域协调发展战略。辅导员同样要忠诚于和服务于中国共产党的这些重大战略，引导学生树立正确的人生观、职业观和择业观，引导大学生到西部去、到农村去、到基层去建功立业，将个人的发展与中国共产党的伟大事业、时代的发展需要结合起来，在成就伟大事业的同时成就自我。

3. 辅导员是宣传中国共产党的思想理论的重要力量

中国共产党在一定时期内会根据具体社会情况的发展，提出符合实际的路线方针政策、思想理论和价值主张。中国共产党在不断地进行理论的创新，即中国共产党在调节着自己时代的思想的生产，但是仅有思想的生产远远不够，还需要不断进行思想的分配，即需要通过多种方式进行宣传教育，使之内化为人民群众的行动指南。高校是思想文化的聚集地，既是中国共产党的方针政策、思想理论和价值主张的最佳宣传场所，同时也是与各种非主流思潮斗争的战场。辅导员是高等学校学生日常思想政治教育和管理工作的组织者、实施者、指导者，有力地坚守、巩固和扩大马克思主义的思想阵地。

三、辅导员政治忠诚的方式

从中国共产党和辅导员的关系来看，辅导员的政治忠诚"就是要严格遵守党章，听党的话，永远跟党走，坚决执行党的基本理论、基本路线和各项方针政策，坚定地走建设中国特色社会主义道路，始终与党中央保持高度一致”[①]。它不仅包括对中国共产党组织稳定的情感态度，还包括持久的责任行为。对党组织的忠诚是对中国共产党所坚持的理想信念、指导思想的认同和信仰，不同于封建社会对某一个君王、姓氏、家族的忠诚，也不同于为了个人私利而形成的裙带式忠诚和为了个人恩情对施恩者的个人忠诚。习近平总书记对中国共产党党员的政治忠诚有深刻的阐释，他强调：“对党尽忠不是对领导干部个人尽忠，党内不能搞人身依附关系”[②]，“对党绝对忠诚要害在‘绝对’两个字，就是唯一的、彻底的、无条件的、不掺任何杂质的、没有任何水分的忠诚”[③]。

高校辅导员为什么要坚持政治忠诚呢？

首先，这是由辅导员的政治属性决定的。我们知道辅导员具有高校教师和干部的双重身份。中国共产党入党誓词明确规定党员必须“对党忠诚”“永不叛党”。《中国共产党章程》关于党员必须履行的义务中，第五条也明确规定：“维护党的团结和统一，对党忠诚老实，言行一致，坚决反对一切派别组织和小集团活动，反对阳奉阴违的两面派行为和一切阴谋诡计。”2021 年 3 月 1 日，习近平总书记在中央党校（国家行政学院）中青年干部培训班开班式上明确指出：“对党忠诚，是共产党人首要的政治品质。”因此，对党忠诚是辅导员的基本政治品格、基本政治纪律要求和基本道德要求。

其次，这是保证中国共产党团结统一的必然要求。邓小平同志曾强调过：“我们这么大一个国家，怎样才能团结起来、组织起来呢？一靠理想，二靠纪律。”[④] 现在，中国共产党是一个拥有 9 000 多万党员的大党。这么大的党靠什么才能团结起来、组织起来呢？同样既要靠理想信念的引领，又要靠组织纪律的保障，而“对党绝对忠诚是最重要的政治纪律”。

最后，这是中国共产党自身建设的重要经验。中国共产党之所以能够取得革命、建设和改革的不断胜利，根本原因就在于中国共产党不断加强和改进自身建设，其中最重要的一条就是不断加强党员对党组织的忠诚。

辅导员如何在日常工作中做到对中国共产党忠诚呢？

第一，永葆政治忠诚，就是要坚守理想信念，不忘初心。对于中国共产党党员而言，政治忠诚的最顶端是对我们中国共产党及其价值和原则的绝对忠诚。实践没有止境，理论创新也没有止境。中国共产党一直与时俱进地进行理论的创新，并对路线方针政策做出适时的调整。因此，辅导员首先需要紧跟中国共产党的理论创新和方针政策调整的步伐，及时、主动地学习和深刻地体会马克思列宁主义、毛泽东思想和中国特色社会主义理论体系，特别是学习习近平新时代中国特色社会主义思想，坚定自己对马克思主义的

① 徐霞，邵银波. 中国共产党政治忠诚观的科学内涵及其社会功能［J］. 学校党建与思想教育，2012（12）：29－31.

② 中共中央文献研究室. 十八大以来重要文献选编：上［G］. 北京：中央文献出版社，2014：769.

③ 中共中央文献研究室. 十八大以来重要文献选编：中［G］. 北京：中央文献出版社，2014：193.

④ 邓小平. 邓小平文选：第三卷［M］. 北京：人民出版社，1993：111.

信念和共产主义的信念。辅导员需要在思想上时刻与中国共产党中央保持高度一致，不能慢半拍、迟半点，更不能脱离、背离甚至背叛中国共产党的思想理论和路线方针政策。

第二，永葆政治忠诚，就是要保持对中国共产党的无限忠诚，维护中国共产党的团结统一，服从中央权威。辅导员在言行上与中国共产党中央保持高度一致，增强政治意识、大局意识、核心意识、看齐意识。在日常生活中特别是网络上，辅导员要自我约束，严禁发表、支持与中国共产党的思想理论和路线方针政策不一致的言论，做到中国共产党中央禁止的坚决不做。同时，在遇到与中国共产党中央的思想理论和路线方针政策不一致的言论时，辅导员要及时通过解释、规劝、辩论等方式做好引导和疏导工作，减少和避免师生对中国共产党的思想理论和路线方针政策的误解和曲解。

辅导员自觉抵制不良思潮和非主流意识形态的侵袭。高校是各类思潮交锋的前沿阵地。辅导员作为思想政治教育的骨干力量，自然处于各类思潮交锋的“锋面”。面对纷繁复杂、五花八门的社会思潮及其斗争形势，首先，辅导员自身要保持清醒的政治意识、大局意识、核心意识和看齐意识，保持坚定的中国共产党党性原则，认真分析、深入研究各类不良思潮和非主流意识的理论实质、价值取向和政治诉求。对各类思潮淡化、泛化主流意识形态的目的，特别是否定中国共产党的领导、社会主义制度和马克思主义指导思想的不良用心保持高度的政治警觉性和政治敏锐性。面对各类不良思潮和非主流意识形态的侵袭，辅导员要敢于“亮剑”。其次，辅导员要夯实自己的理论功底。辅导员要想揭穿各类不良思潮的“画皮”，识破各类非主流意识形态的诡计，必须不断夯实自己的理论功底，特别是马克思主义的立场、原则、观点和方法，不断提高自身的理论底气和理论鉴别力，坚持中国特色社会主义的道路自信、理论自信、制度自信、文化自信。辅导员只有自己理论功底深厚，在面对不良思潮时才能说得清、道得明，避免被动应对甚至主动逃避的尴尬局面。辅导员既要敢于“亮剑”，也要善于磨剑；既要敢于抵制侵袭，也要敢于主动出击，而这一切都源于深厚的理论功底和对中国特色社会主义道路、理论、制度和文化的自信。

第三，永葆政治忠诚，就是要忠于人民，忠于人民利益。中国共产党是马克思主义政党，为人民服务是党的宗旨。《中国共产党章程》强调“党除了工人阶级和最广大人民群众的利益，没有自己特殊的利益”，“党在任何时候都把群众利益放在第一位”。因此，辅导员需要在日常工作中将中国共产党忠于人民的立场落到实处。

首先要相信学生。习近平总书记在全国高校思想政治工作会议上指出，当代大学生“他们朝气蓬勃、好学上进、视野宽广、开放自信，是可爱、可信、可为的一代。对当代高校学生，党和人民充分信任、寄予厚望”。辅导员在日常生活中要相信大学生自我管理、自我教育、自我服务和自我监督的能力，不做全能全包的保姆型辅导员，也不做四处监督的侦探型辅导员，更不能把自己置于学生的对立面。

其次要倾听学生。辅导员要时刻倾听学生的心声。辅导员要走进学生宿舍，走进学生课室，走进学生活动，走进学生网络，走进学生心里，在思想和情感上与学生走在一起。凡是学生反映强烈的问题都要严肃认真对待，能够解决的要立即解决，不能解决的要向学校相关部门反映情况，始终做学生利益的维护者。

最后是帮助学生。辅导员要始终坚持把促进大学生的成长成才作为自己工作的中心，始终恪守“敬业爱生、育人为本”的职业守则，始终坚持“围绕学生、关照学生、服务学生”的理念，在思想认识、价值取向、学习生活、择业交友等方面为学生提供帮助，成为学生成长成才的人生导师和健康生活的知心朋友。

第三节　为人民服务行为规范：为民造福

“人民”一词古已有之，在中国古籍中，人民一般泛指人。马克思主义诞生后，人民这一概念有了科学和确定的含义。历史唯物主义认为人民是一个历史的、政治的范畴，其主体始终是从事物质资料生产的广大劳动群众，是一个集体名词。

一、人民对辅导员的养育之恩

为什么辅导员要为人民服务？因为人民对辅导员有养育之恩。人民是历史的创造者，既是社会物质财富的创造者，也是社会精神财富的创造者。人民通过辛勤劳动，给予辅导员各种需求的满足。

第一，人民创造的物质财富为辅导员提供经济基础。人民群众是社会物质财富的创造者，为辅导员的衣食住行提供了必要的物质生活资料，这是人民对辅导员养育之恩的体现。有了人民群众创造的社会物质财富，人类社会才能存在和发展。辅导员的存在和发展必须依赖于解决人类生存的物质资料的生产，离开了人民群众创造的物质财富，社会无法存在，离开了经济基础，辅导员无法生存，更谈不上发展。

第二，人民对辅导员权利合法性的认可。权利合法性是政治学的核心，本身就蕴含着特定的道德判断，权利合法性必须建立在一个共同认可的基础上。国家下发了一系列关于辅导员的文件规范辅导员工作，促进辅导员发展，强化了辅导员权利合法性，但权力合法性并不只是来自正式的法律或法令，更重要的是来自于人民对辅导员给予积极支持的社会认可。辅导员具有教书育人的神圣使命，社会上人民尊师重教，对辅导员的肯定、信任和支持的态度取向表明了人民对辅导员权力合法性的认可。

第三，人民推动历史前进为辅导员提供发展动力，人民创造的精神文化为辅导员提供精神家园。人民群众是社会生产力的体现者，是推动社会历史前进最伟大的客观力量。劳动人民在生产实践中不断积累生产经验，改进生产工具和生产技术，从而推动生产力的发展，生产方式的变化和整个社会历史的进步，这为辅导员的发展提供了动力。同时，人民群众在社会实践中创造的精神文化为辅导员提供精神家园，辅导员作为社会的一员，享受着国家经济、政治、文化、社会、生态、文明各方面的发展成果。

二、辅导员为人民服务的方式：为民造福

辅导员对人民忠诚是教育事业的必然要求，辅导员忠诚于人民的方式是为民造福。教育是立国之本，是人民对教师的重托，为民造福就是要发展好教育事业，培养好社会

主义事业接班人。辅导员具有教师和管理干部的双重身份，活跃在学生教育和管理工作的最前线，是发展教育事业、培养人才的重要力量，更应该牢记中国共产党和人民的重托，把传承知识、塑造灵魂、实践理想作为最高追求，为社会主义事业培养更多接班人。辅导员如何忠诚于人民，为民造福？具体的行为方式包括以下几方面。

第一，辅导员要承担接力教育，接过家长的教育责任，继续教育学生。教育作为一项系统工程，需要全社会的共同参与。学校教育是主体，是对学生进行素质教育的最重要场所，它不同于家庭、社会的影响，对学生思想品德的健康成长，树立正确的世界观、人生观和价值观，有着不可替代且不容忽视的优势。高校辅导员作为人民教师，是学校这一教育责任的主要承担者。学生从家庭到学校，从家庭教育到学校教育，辅导员要接过家长的教育责任，继续教育学生。因此，对高校辅导员而言，在学生的日常管理与服务中，要做好家校联动，形成教育合力，构筑育人共同体，在与家长沟通的过程中共同做好学生的教育与管理工作。一是真诚与家长沟通，多方面了解学生，采取有效的教育措施；二是家校沟通经常化，及时、经常地主动与家长联系，急家长所急，想家长所想；三是灵活运用多种沟通方式，线上线下相结合，使沟通的信息更及时、更准确、更形象。

第二，辅导员要实现人民的教育理想，实现人民对子女的教育期望和目标。教育理想是不同时代人们对教育发展终极目标和理想状态的理解，体现了一个社会绝大多数人共同维护的教育价值观。中国共产党第十九次全国代表大会强调，要加快一流大学和一流学科建设，实现高等教育内涵式发展。① 习近平总书记对于教育工作的新思想新论述高瞻远瞩，使我们认识到，中国教育的本质是要把人民对更好教育的期盼作为奋斗目标，要把教育目的聚焦在服务中华民族伟大复兴中国梦的实现上。人民的教育理想落到细节处，那便是对子女的教育期望和目标。因此，高校辅导员作为实现人民教育理想的直接参与者，为民造福，一是要有融洽的师生关系，以学生为本，言传身教，用心对待每一位学生，用爱心、耐心和责任心去获得学生的信任和爱戴；二是培养学生健全的人格，教育的目的之一是培养健康优秀的国民，在教育管理工作中注重培养学生独立的人格，自由的思想；三是长善救失，捕捉学生的闪光点，诱发闪光点，培养学生克服缺点的内在精神力量，为人民培养充满正能量的新时代青年。

第三，辅导员要培养为人民服务的人才，推动生产力发展和社会进步。教育是推动社会生产力发展的基础。教育是培养人的一种社会活动，通过教育，人才能掌握生产经验、生产技能，从而推动生产力发展和社会进步。高等学校的根本任务是培养人才，人才培养质量是衡量高等学校办学水平的最重要标准。高校培养的人才，肩负着为人民服务的重任，通过高等教育对人才的培养，不断解放和发展社会生产力，大力推动科技进步和创新，实现我国生产力发展的跨越，这是为人民创造社会物质财富最重要的方式。高校辅导员是高校人才培养任务的重要力量，培养为人民服务的人才，可以从两方面着手：一是抓好学风建设，夯实学生专业技能。学生手中有本领，才能更好地为人民服务。

---

① 《决胜全面建成小康社会　夺取新时代中国特色社会主义伟大胜利——在中国共产党第十九次全国代表大会上的报告》，2017 年 10 月 18 日。

《普通高等学校辅导员队伍建设规定》（中华人民共和国教育部令第 43 号）指出，辅导员的主要工作职责之一就是学风建设，辅导员要激发学生的学习兴趣，引导学生养成良好的学习习惯，如开展兴趣学习小组、一帮一互助小组、专业技能竞赛等。二是发挥专业课教师的导向作用，培养学生的创新思维。创新思维是创新能力的核心，辅导员要和专业课教师沟通合作，结合专业课程特点，充分利用课内及课外创新平台，启发培养大学生的创新思维。

第四，辅导员要为人民培养德才兼备的人才。高校立校之本在于立德树人。2022 年 10 月，习近平总书记在党的二十大报告中提出，人才是第一资源，培养造就大批德才兼备的高素质人才是国家和民族长远发展大计，要实施科教兴国战略，强化现代化建设人才支撑。这就告诉我们，必须重视人才自主培养，提高人才培养能力，才能为全面建成社会主义现代化强国筑牢人才之基。高校培养人才的专业知识还不够，还要培养这些后备人才为人民服务、为民造福的意识。辅导员从事高校思想政治教育工作，一是要强化责任感和使命感，珍惜中国共产党和人民创造的工作平台和工作机会，求真务实，培养学生的职业道德，譬如开展职业道德主题教育、专题报告会等。二是要坚定信念，立德树人，培养学生的家国情怀。高校辅导员作为中国共产党和人民的政工干部和教师，要在思想上、政治上和行动上与中国共产党中央保持高度一致，忠于所从事的教育事业，这是忠于中国共产党、忠于国家、忠于人民的最现实、最直接的体现。

第五，辅导员要为人民培养具有感恩情怀的人才。我国高等教育肩负着培养德、智、体、美、劳全面发展的社会主义事业建设者和接班人的重大任务。感恩教育是高校人才培养的重要组成部分，《关于进一步加强和改进大学生思想政治教育的意见》（中发〔2004〕16 号）指出，学校教育要坚持育人为本、德育为先，把人才培养作为根本任务，把思想政治教育摆在首要位置。高校辅导员的工作职责之一是帮助学生树立正确的世界观、人生观和价值观，帮助高校学生养成良好的道德品质。感恩教育是高校思想政治教育的一部分，辅导员要培养学生的感恩情怀，懂得孝顺父母、尊重长辈，懂得感恩，心怀善意。一是利用感恩资源，培育学生的健康感恩意识。要使大学生体会到祖国的博大胸怀、社会的行进脉搏、集体的凝聚力量、父母的艰辛无私，认识到个人的成长之路离不开社会和他人的帮助，让大学生形成正确的感恩意识。二是针对不同学生群体因势利导，开展多角度、多渠道的感恩教育活动，譬如学习革命前辈、英雄模范人物、身边好人好事，组织社会实践等。三是言传身教，激发学生的感恩情感。辅导员发挥自身的感染作用，言行一致，以身作则，让学生从教师日常生活的一言一行中潜移默化地学会知恩和感恩。

【案例分析】

“厅级”辅导员曲建武：一件事，一辈子

“我这辈子就干了一件事——学生工作，我要在学生思想政治教育这片原野上画上我人生的句号！”大连海事大学公共管理与人文学院教师曲建武，从辅导员工作起步，又从正厅级岗位辞职重新当上辅导员，一辈子没有离开学生工作。他说：“一生即便一无所

有，有了学生便有了一切！”2017 年 12 月 29 日，中国共产党中央委员会宣传部向全社会公开发布曲建武的先进事迹，授予他“时代楷模”荣誉称号。曲建武工作 30 多年来，无论是在高校辅导员岗位，还是担任地方教育行政部门领导职务，始终情系高校思想政治工作。

不当辅导员不知家长厚望。2013 年，55 岁的曲建武辞去正厅级职务，到大连海事大学当了一名辅导员。他说，辞职的时候就想过会引起一些人的不理解甚至误解。“没当过辅导员的人，可能不理解辅导员和学生、家长的感情。”他说，“我 1983 年家访过的学生，到现在 30 多年了，有的家长还跟我保持着联系。不当辅导员，不去家访，你不知道人家家长对你寄予了多大的厚望！”

“家访是教师和家长互相教育、感动的一个过程。”为了家访，曲建武走过了许多穷乡僻壤，跟学生、家长一起干了从不曾干过的放羊、挑花泥等农活，换来的是学生和家长最朴素纯真的谢意。不止一个学生和家长说：“遇上您这样的辅导员，是我们的幸运。”

每个学生都是自己的孩子。曲建武总是随身带着一个小本子，这上面记着每个学生的生日。曲建武无论是在学校还是在出差，每名学生过生日时，都会收到“曲老师”发来的生日祝福。曲建武告诉学生们：“无论生活中，还是学习上，只要有困难，就来找我。我一定为你们服务好。”曲建武每年出资 1 万元解决经济困难学生回家路费和生活难题。几年来，他个人出资和筹集 20 余万元资金，资助家庭贫困或生病的学生，像父亲一样，做他们背后坚实的靠山。

曲建武说：“思想政治教育也是学问，教学生知识不难，难的是让学生认同你的价值观。”曾在十几年前患过癌症的曲建武对生命有着自己的理解，并将其传承给学生。他说：“一个人只有把他的生命汇入为整个人类进步的事业当中来，那他才会是永生的。”

一个人遇到好教师是人生的幸运，一个学校拥有好教师是学校的光荣，一个民族源源不断涌现出一批又一批好教师则是民族的希望。曲建武就是这样一名好教师。“只要我活着，我就把思想政治教育工作做到底。”曲建武的新年愿望就是继续做着他的幸福事业。

【启示】

案例中曲建武 30 多年来爱岗敬业，从辅导员工作起步，又从正厅级岗位辞职重新当上辅导员，一辈子没有离开学生工作，这是对辅导员工作要求和职责的最好诠释。《普通高等学校辅导员队伍建设规定》（中华人民共和国教育部令第 43 号）指出，辅导员的工作要求是：恪守爱国守法、敬业爱生、育人为本、终身学习、为人师表的职业守则；围绕学生、关照学生、服务学生，把握学生成长规律，不断提高学生思想水平、政治觉悟、道德品质、文化素养；引导学生正确认识世界和中国发展大势、正确认识中国特色和国际比较、正确认识时代责任和历史使命、正确认识远大抱负和脚踏实地，成为又红又专、德才兼备、全面发展的中国特色社会主义合格建设者和可靠接班人。

曲建武敬业爱生是忠于人民和为民造福的表现。工作 30 多年来，为了家访，曲建武走过了许多穷乡僻壤，跟学生、家长一起干了从不曾干过的放羊、挑花泥等农活，换来的是学生和家长最朴素纯真的谢意。“不当辅导员不知家长厚望”“每个学生都是自己的孩子”，曲建武在工作岗位上时刻心系学生，想家长之所想，急家长之所急。从他每年出资1万元解决经济困难学生回家路费和生活难题可以深刻体会到，他作为中国共产党的政工干部和人民教师的那种为人民服务、对人民负责的精神。

曲建武的事迹是弘扬和培育社会主义核心价值观的体现。中国共产党中央委员会宣传部向全社会公开发布曲建武的先进事迹，授予他“时代楷模”荣誉称号，这是向人民群众宣扬社会主义核心价值观的鲜活的例子。他在接受采访时提到，社会主义核心价值观三个层面有机相连，个人层面的价值观尤为重要，只有打牢个人层面价值观的基石，才能筑起社会层面和国家层面的价值观。辅导员作为主流社会思潮的引领者和倡导者，首先自己要认同社会主义核心价值观，并在日常生活中自觉践行，动员人们从点滴小事做起，坚持不懈地推动实践养成，让社会主义核心价值观成为人们心灵的罗盘、情感的寄托。

曲建武是立德树人这一教育根本任务的践行者。教育决定一个国家和民族的未来，是一个民族最根本的事业，是对中华民族伟大复兴具有决定性意义的事业。办好人民满意的教育是每一个教育工作者义不容辞的责任和使命。党的十九大报告指出，要全面贯彻党的教育方针，落实立德树人根本任务，发展素质教育，推进教育公平，培养德、智、体、美、劳全面发展的社会主义建设者和接班人。曲建武情系高校思想政治工作，心系学生，把他的生命汇入为整个人类进步的事业当中，为人类的未来提供人才支撑，用自己的实际行动践行立德树人这一根本任务。

第四节　善待履职单位行为规范：敬业

履职单位行为规范，是指高校辅导员在处理个人与工作单位的关系中应该遵循的道德规范。每一位辅导员必然分属于某个高校。高校面向社会对其所需要的辅导员进行统一招聘、签订合同并进行任用、组织培训、根据相关规定确立工资，并对辅导员进行考核、奖惩、人员解聘与辞退等。高校肩负人才培养、科学研究、社会服务、国际交流与合作和文化传承的使命，具有政治功能、经济功能、文化功能等特定的功能。因此，辅导员与高校关系的本质表现为政治价值关系、经济价值关系、文化价值关系。高校是辅导员对大学生进行思想政治教育的平台。辅导员要实现自己的政治价值、经济价值和文化价值，需要依托高校；而高校要肩负起培养德、智、体、美、劳全面发展的社会主义建设者和接班人的重大任务，就需要辅导员发挥政治价值、经济价值和文化价值。

一、辅导员与工作单位的价值关系

辅导员与工作单位的价值关系主要体现在两个方面，一是高校对辅导员价值需求的满足，二是辅导员对高校价值需求的满足。

1. 高校对辅导员价值需求的满足

结合辅导员的工作情况，高校为辅导员创造了很多便利条件，提供了必要的工作和

生活保障，是辅导员的直接支持力量。具体表现在以下五个方面：第一，高校为辅导员制定了专门办法和激励保障机制，切实保障了辅导员职务职级“双线”晋升发展，促进了辅导员队伍专业化、职业化发展。第二，高校将辅导员培训纳入学校师资队伍和干部队伍培训整体规划，切实加强辅导员培训。无论是高校辅导员省级岗前培训班，还是高校院系就业创业指导工作人员研修班等包括岗前培训、日常培训和骨干培训在内的培训，都很好地提高了辅导员的工作能力。第三，高校积极选拔优秀辅导员参加国际交流学习和研修深造，为辅导员创造机会走出去，开拓了辅导员的国际视野。第四，学校还积极组织和创造条件选拔辅导员到各级党政机关、基层等挂职锻炼，鼓励辅导员到祖国需要的地方去发挥自己的光和热。第五，高校支持辅导员开展大学生思想政治教育的工作实践，为辅导员承担思想政治课的教学工作创造条件，促进辅导员提升专业水平和科研教学能力。

2. 辅导员是高校开展思想政治工作的核心力量

辅导员与工作单位之间的价值关系体现在辅导员要坚定贯彻落实高校党委及所在二级学院的政治任务。无论是落实中国共产党在高校的路线、方针、政策，还是发展中国共产党员，为中国共产党培养生力军和接班人方面，辅导员都严格贯彻落实上级的指示，与所在工作机构和谐相处，保持良好的工作氛围，这是辅导员与工作单位价值关系的必然要求。

辅导员主要从事学生思想政治教育和学生在校期间日常事务管理工作，这是高校工作的基本任务。辅导员通过自己的努力，配合学校进行人才培养工作，从而为高等教育发展做出贡献。

辅导员岗位工作不仅具有管理职能，完成学校各项管理任务，同时还有学术研究和文化建设功能。辅导员工作就是一个文化共同体，通过学术研究，推动学科建设，带领和组织学生进行专业学习，参与各种学术活动，从而为本单位的发展进步做出贡献。

二、善待工作单位：敬业与合作

高校是辅导员对大学生进行思想政治教育的平台，是辅导员发挥政治价值、经济价值、文化价值的平台。善待学校是高校辅导员必须自觉履行的责任和义务。作为高校辅导员，善待工作单位体现在两个方面：敬业、合作。敬业是指辅导员努力做好自己的本职工作，维护工作单位正常运转和发展进步；合作是指辅导员妥善处理好个人与工作单位的利益关系，以良好的合作与配合作为工作关系中各种矛盾的处理原则。

1. 遵守学校和学院的规章制度，完成学校和学院部署的各项任务

辅导员应当自觉遵守学校和学院的管理制度，不得有酗酒等违反规定的行为，不得参与或者从事影响辅导员形象、影响社会公德的活动。辅导员应当在学校管理制度范围内活动，自觉接受学校和学院的领导和管理。辅导员组织学生开展“第二课堂”活动时不得影响学校正常的教育教学秩序。

2. 为学校和学院建设出谋划策

一方面，积极参与学校和学院发展规划的制定和执行，深入调研，真抓实干，在学

校和学院党员代表大会和教师代表大会上发声，提出建设性意见，争取为学校和学院发展献计献策，做出应有的贡献；另一方面，努力学习思想政治教育理论知识，积极参加学术交流活动，争取在校内外相关学科领域的课题或项目研究上做出成绩，为学校和学院争光。

3. 妥善处理个人与单位之间的利益关系

个人利益与学校和学院利益发生冲突时，在保护个人合法权益的前提下，要以大局为重。作为思想政治教育工作者，辅导员要增强大局意识，自觉从大局出发，把个人合法利益放到大局中去思考，在保护个人合法利益诉求的前提下，做到正确认识大局、自觉服从大局、坚决维护大局，更好地处理个人利益与学校和学院利益的关系。

【案例分析】

善待彼此

赵老师是一位工作业绩一般的女辅导员。在休完产假后，她成了校园里的“快闪”教师。平时在办公室，她很少与其他辅导员交流，下班后就立刻回家，对学生也没有很多耐心，不参加学生们的学生活动，学生有问题找她时经常约不到她，于是学生对她很有意见。同办公室的辅导员很着急、很头疼，觉得她是个不负责任的教师。各个专业课教师也对这个辅导员有点意见。尤其休产假期间，学院引进了很多新教师，其中很多教师对她都不熟悉，更是议论纷纷。有一天，赵老师找学院党委副书记李书记汇报工作，说自己得了严重的产后抑郁症，治疗很久都效果不佳。

李书记首先从自己做起，主动与赵老师交流。由于李书记也是有孩子的人，所以她们经常在一起交流育儿经。小到如何给孩子添加辅食、如何选择孩子的衣服，大到孩子生病的护理经验、幼儿园的选择等，她们都互相交流、分享。因为都是母亲，赵老师和李书记有共同话题，很快，她们成了能交流诉苦的朋友，赵老师很开心自己有值得信任的朋友。

李书记同时也跟赵老师同办公室的辅导员教师积极沟通，让她们对赵老师多一些理解，多一些宽容，多一些支持。其他辅导员教师在了解赵老师的情况后，也积极给学生做思想工作，让学生注意尊重教师，学会关心教师。有的辅导员还主动参加赵老师无法参加的班级活动，让学生更深入了解赵老师，加深师生情感。

在学校的关心与爱护中，赵老师脸上的微笑越来越多，越来越自信，越来越愿意多留在学校。她深刻地体会到，她的蜕变与成长，离不开学校的关心和理解，这份感动深深埋在她的心底。她也以同样的努力回报学校，善待学校。

【启示】

高校不仅是培养学生成长成才的地方，也是辅导员实现自我价值、提升生命质量的场所。对于大多数辅导员来说，在一所高校一工作就是几十年，因此，高校对于辅导员来说，不仅仅是工作场所，更应该是辅导员的精神家园及心灵归宿。因此，营造温馨、和谐的人文环境及校园文化，显得尤为重要。一个辅导员如果在工作上得到认可，在精神上获得关爱及支持，那么他将迸发出无限的工作激情，更有效地开展工作。反之，如

果辅导员在高校中得不到关心，学校工作环境让辅导员感受到孤独、无助，那么将会磨灭他的工作积极性，从而对学校缺乏安全感及归属感，最终影响工作及教师自身职业发展。案例中赵老师的遭遇值得同情，但她也是幸运的，因为她生活在一个有爱的集体中，在这个集体中她获得关心及关爱，自己也得到蜕变及成长。

第一，遇到困难，主动交流。事物的发展是前进性与曲折性的统一，人生也不是一帆风顺的。任何人都会在自己的人生道路上遭遇这样那样的挫折及失败。如何面对这些困难，解决这些困难？除了自身要具备克服困难的勇气及智慧外，寻求他人帮助、听取他人意见也是重要途径之一。案例中赵老师就是在主动向领导汇报的一次交谈中，将自己的无助及压力向领导道出。她的主动交流，得到了学校的尊重，最终获得他人帮助。与他人交流即便不能立即解决自己的困难或疑惑，也能暂时缓解心理压力，调整情绪，从而更好地开展工作。因此，辅导员在交往中，积极主动交流才能让别人更加了解你，自我封闭在某些环境下只能给自己增加更多压力甚至不必要的麻烦。

第二，辅导员共同努力营造互相关心、互相帮助的和谐氛围。每位辅导员不仅在专业成长上需要学习借鉴他人的长处，在生活上也要互相理解、互相支持，共同营造和谐校园人文环境，让高校成为辅导员工作生活的精神家园。当然，这样和谐的气氛需要每位辅导员共同努力。辅导员之间要主动关心同事，对工作、生活上有困难的同事主动伸出援助之手，让同事感受集体的温暖及团结的力量。被关心及帮助的同事也会将这份正能量通过自己的实际行动传递开来，这样整个校园就弥漫着温暖、和谐的氛围，教师也更能在学校找到幸福感及归属感，这样更加有利于教育教学效率及学校长远发展。

思考讨论题：

1. 什么是集体主义？为什么辅导员工作要遵循集体主义原则？
2. 如何理解政治忠诚？如何理解“为国育才、为民造福”？
3. 如何善待自己的工作单位？

第四章 师生关系规范：立德树人

师生关系是由辅导员职责建立起来的最主要的工作关系。良性师生关系的建立与维护，需要围绕辅导员对学生的教育指导工作，划定了二者之间应有的相处规范。这一关系规范以立德树人为核心，是辅导员教育和指导学生的工作之本。它主要包含了辅导员在日常教育指导工作中六个方面的行为规范内容，分别为以尽责为核心的教育行为规范，以诚信为核心的服务行为规范，以平等为核心的交往行为规范，以仁爱为核心的情感行为规范，以及以公正为核心的工作权利规范等。

第一节　教育行为规范：尽责

尽责是指辅导员对学生应尽的教育职责。它由教育行为规范建构而成，是维系和稳定辅导员与学生之间教育关系的关键要素。

一、辅导员与学生的教育关系

教育是发展人的生命、生存、生活，实现人的价值，引领人类共同发展的社会活动过程。教育的责任是以人为目的，发展人，实现人的价值，引领人类文明进步。根据教育的这一本质来认识和理解教育的责任，那么，教育的责任就是教育者在自身尽职尽责地坚守教育责任的同时，言传身教地培育有责任的人。这个有责任的人具体来讲就是有责任意识、有责任思维、有责任能力、有责任品质的人。

社会个体在不同的生活情境中扮演着不同的角色，在享有与之相对应的角色权利、从事相关的行为活动的同时，也承担着一定的责任内容。高校辅导员作为大学生思想政治教育、学习指导及日常事务管理的重要主体之一，是具备教师、管理者和学生朋友的多重角色特征的基层教育与管理人员。辅导员拥有鲜明的角色定位、明确的教育职责，既要成为学生的思想导师，加强对学生政治、思想、文化、道德、心理、情感的教育活动，又要成为学生的管理者，对学生实施严格的指导、管理与约束，而且还必须成为学生的知心朋友，进一步加强对学生的熏陶、感染与影响。

根据高校辅导员所具备的管理者和教师双重职业角色特征，高校辅导员的教育责任，通常具有以下特征：以大学生为教育和管理对象，以国家政策和高校规章制度为标准，以正确的世界观、人生观和价值观之类的理想信念教育为核心，以弘扬和培育民族精神

之类的爱国主义教育为重点，以公民道德之类的基本道德规范教育为基础，以素质教育视域下大学生的全面发展为目标，以监督、指导、教育和管理为手段。

二、辅导员教育尽责内容

辅导员教育尽责的内容主要包括五个方面，一是思想引导和价值引领，二是学业指导与学风建设，三是心理健康教育，四是网络思想政治教育，五是职业规划与就业指导。

（一）思想引导和价值引领

大学生是民族的希望、祖国的未来，加强和改进大学生思想政治教育，提高他们的思想政治素质，引导他们树立正确的世界观、人生观和价值观，把他们培养成为中国特色社会主义事业的建设者和接班人，确保中国特色社会主义事业兴旺发达、后继有人，具有重大而深远的战略意义。辅导员作为对大学生进行思想政治教育的核心力量，首要的教育责任就是要对大学生进行思想引导和价值引领，牢固树立正确的世界观、人生观和价值观。辅导员同时要坚持以人为本，贴近实际、贴近生活、贴近学生，采取多种途径了解掌握学生思想行为特点及思想政治状况，有针对性地帮助学生处理好思想认识、价值取向、学习生活、择业交友等方面的具体问题，提高思想政治教育的针对性、实效性、吸引力和感染力。辅导员要通过思想引导和价值引领，培育大学生良好的道德品质，从而使之成为社会主义合格建设者和可靠接班人。

（二）学业指导与学风建设

学习是大学生获取知识、发展智能和提高素质的主要途径。作为大学生的人生导师，辅导员有责任、有义务根据大学学习的特点，为大学生的学习提供有针对性的帮助。包括要熟悉了解学生所学专业的基本情况；帮助大学生了解和熟悉大学学习的任务、特点和要求；激发学生学习兴趣，引导和培养大学生树立自主学习的观念和习惯，掌握正确的大学学习方法，提高学习能力；创造良好的学习氛围、环境和条件；指导学生开展课外科技学术实践活动等。

（三）心理健康教育

如果将身体健康比作大学生走向美好人生的“硬件”，那么心理健康就是大学生实现人生飞跃的“软件”，二者相辅相成。在当下，健康的心理状态对于学生的生活和学习越来越重要。真正影响到学生的生活的教师就是打动学生心灵的教师。关心每个学生，竭尽全力帮助学生意识到自己潜力的教师才能对学生产生最深远的、最持久的影响。辅导员应对大学生进行心理健康教育，引导学生正确地认知自己；培养学生良好的处世心态和积极的人生态度；应协助学生正确认识各种心理危机产生的可能性，协助学生及时排解日常的心理困扰，帮助学生建立积极的心理防御机制。

（四）网络思想政治教育

随着移动通信技术的发展和移动智能终端的普及，社会信息化进程加速推进。网络已基本实现对大学生的全员覆盖、全程融入、全面渗透，网络已成为大学生获取信息、人际交往、沟通联络、休闲娱乐的重要工具，对大学生的价值观念、生活方式、语言习惯、思维方式等产生着重要的影响。但是，众所周知，网络作为一把“双刃剑”，其在为高校学生教育、管理和服务提供了新的平台和途径的同时，也给高校思想政治教育带来了新的挑战。学生网络行为的引导已成为当前辅导员工作的重要内容。辅导员必须加强对大学生网络行为的引导，教育大学生理性分析网络信息、合理利用网络资源，引导学生正确运用网络开展学习、进行实践、发展个性、展示才华；同时要把网络作为思想政治教育的新载体，通过网络弘扬主旋律，向大学生传播丰富、正确、生动的思想政治教育信息，以帮助大学生形成时代发展所需的思想观念、政治观念、道德规范及健康的精神状态。同时，需要强调的是，网络思想政治教育并不等同于网上思想政治教育。相较于仅在网上开展思想政治教育的狭义理解，前者更强调网络社会背景下，思想政治教育针对网络化的社会和时代特征来开展教育实践活动。因此，无论是在网上还是在网下，都应视其为网络思想政治教育不可或缺的教育阵地。

（五）职业规划与就业指导

辅导员在大学生职业生涯规划中发挥着重要的引导作用，在大学生的就业指导中扮演着不可或缺的重要角色。大学生就业指导工作一般包括就业政策宣讲、职业生涯规划辅导、职业心理测评与职业咨询、求职择业指导、就业创业教育等。作为大学生的人生导师，辅导员还要做好职业道德教育，引导大学生树立勤奋、爱岗、敬业精神；做好就业形势与政策教育，帮助大学生了解国家的就业方针、政策，引导大学生明了就业形势，以利于大学生正确择业；做好就业心理教育，引导大学生以健康积极的心态面对就业；做好职场礼仪教育，提升大学生求职“软实力”等。

三、辅导员尽责要求

立德树人是高等教育的根本任务，是高校辅导员应当履行的神圣使命。高校辅导员要履行立德树人使命，帮助大学生成为社会主义现代化建设需要的合格人才，就要从理论知识素养、政治素养、教育素养三个方面不断完善自身，以适应辅导员岗位需要及职责要求。

（一）完善理论知识素养

加强理论学习，尽快完成岗位工作水平的专业化、个人知识和研究水平的专家化。辅导员作为大学生的人生导师和知心朋友，无论是以人生导师的身份对大学生发挥“引导”作用，还是以知心朋友的身份为大学生提供“帮辅”服务，都要以渊博的知识为基础，这些知识都需要依靠高校辅导员终身学习来不断积累形成合理的知识结构。2014 年 3 月教育部制定的《高等学校辅导员职业能力标准（暂行）》（教思政〔2014〕2 号）就明确要求高校辅导员要“具备宽广的知识储备，了解马克思主义理论、哲学、政治学、教育学、社会学、心理学、管理学、伦理学、法学等学科的基本原理和基础知识”。总体来说，就是要求辅导员学习社会科学文化基础知识和思想政治教育工作相关学科的宽口径知识，这样才能更好地担起学生健康成长指导者和引路人的责任。此外，辅导员在学习业务知识的同时，也应不断提升中国特色社会主义理论水平等，不断完善自身理论知识素养。

（二）提升政治素养

辅导员作为高校思想政治工作队伍的重要组成，要明确认识我国高等教育事业的任务、性质与作用。我们的高校是中国共产党领导下的高校，是中国特色社会主义高校。办好我们的高校，必须坚持以马克思主义为指导，全面贯彻中国共产党的教育方针。我国高等教育肩负着培养德、智、体、美全面发展的社会主义建设者和接班人的重大任务，肩负着为人民服务、为中国共产党治国理政服务、为巩固和发展中国特色社会主义制度服务、为改革开放和社会主义现代化建设服务的重大使命。高校辅导员首先应当坚持马克思主义的世界观、人生观和价值观，要坚定共产主义远大理想和中国特色社会主义共同理想，坚持中国特色社会主义道路自信、理论自信、制度自信、文化自信，通过向学生讲述、传播、阐释中国共产党的方针政策、高举中国特色社会主义伟大旗帜，引导学生共同向第二个百年奋斗目标努力，为实现中华民族伟大复兴的中国梦贡献力量。

（三）增强教育素养

高校辅导员要努力成为先进思想文化的传播者、中国共产党执政的坚定支持者、学生健康成长的指导者和引路人。辅导员要努力传播先进思想文化、科学文化知识、中国特色社会主义理论与中国共产党的各项方针政策，引导学生正确认识世情、党情、国情，引导学生做社会主义核心价值观的坚定信仰者、积极传播者、模范践行者，培养学生成为社会主义合格建设者和可靠接班人。

第二节　服务行为规范：诚信

诚信是中华民族优良的传统美德，是搭建和谐的人际关系的重要道德规范与准则，也是促进社会和谐发展的重要保障。在中国传统文化中，“诚”与“信”经历了从分开到联合使用的过程。《论语·颜渊》说：“自古皆有死，民无信不立。”儒家把“信”作为一种处理人际关系的是非法则，使之成为维系人际关系的精神纽带。春秋时期法家的创始人管仲曾将“诚”与“信”连用，他明确讲：“先王贵诚信。诚信者，天下之结也。”管仲认为“诚信”是凝聚人心，使众多人团结一致的重要基础。此处“诚信”与现代诚信意义基本相同，强调了“诚信”在治国安邦中的重要作用。“诚”是指诚实、真诚，“信”是指守信、信任，做人要“内诚于心，外信于人”。

到了现代社会，诚信亦是伦理基础，为了实现社会主义现代化的宏伟目标，必须大力弘扬诚信的传统美德。中国共产党第十八次全国代表大会提出了积极培育和践行社会主义核心价值观，其中“诚信”被列为公民个人层面的价值准则。诚信即诚实守信，是人类社会千百年传承下来的道德传统，也是社会主义道德建设的重点内容，它强调诚实劳动、信守承诺、诚恳待人。

一、辅导员与学生的服务关系

《普通高等学校辅导员队伍建设规定》（中华人民共和国教育部令第43号）第二条规定："辅导员是开展大学生思想政治教育的骨干力量，是高等学校学生日常思想政治教育和管理工作的组织者、实施者、指导者。辅导员应当努力成为学生成长成才的人生导师和健康生活的知心朋友。"第四条指出："辅导员工作的要求是……围绕学生、关照学生、服务学生……"通过以上两条规定，可以得出辅导员不仅要教育、管理学生，还要服务学生，努力成为学生的人生导师和知心朋友。所以，辅导员与学生之间存在服务关系。

辅导员在工作中要履行好各种服务义务，这些义务不仅是对辅导员岗位的规定，也是辅导员从业者对该岗位的承诺。既是承诺，就应诚实守信。所以，诚信应是辅导员与学生服务关系中的行为规范。具体原因有以下两点。

"以人为本"的理念要求辅导员诚信服务。以人为本，放在教育关系中就是要以学生为本，以学生的健康成长和全面协调发展作为主要目标。辅导员作为思想政治教育者和管理工作者，要在服务学生的过程中做到尊重学生、关心学生和理解学生。人与人之间的良好沟通在于信任的建立，辅导员要成为学生的人生导师和知心朋友及完成各项工作任务，首先要取得服务对象——学生的信任，而辅导员主动诚信服务，将有利于与学生之间构筑互相诚实守信的桥梁，保障沟通渠道畅通，促进各项工作顺利开展。

教育培养的责任要求辅导员诚信服务。辅导员承担着培育大学生思想政治素质的重要职责，其自身的人格素质和专业修养，对于促进思想政治教育的发挥和完善起着重要的作用。教育者的诚信，为施教主体和教育自身获得尊重、支持提供了重要保障；而受教育者的诚信，则为知行的转化打好了基础。作为教育者，"学为师表，行为世范"，应首先完善自身的品德修养，言传身教感染学生，共建诚信和谐的环境。

二、诚信处事

诚信处事是辅导员服务学生的核心原则。一方面，要求辅导员能够建立诚信服务的观念，认真负责地履行自身职责，另一方面，又要求高校能够不断完善和健全诚信导向机制，以推动诚信原则落实落地。

建立诚信服务的观念。高校辅导员的工作任务"烦、杂、多"，而当代大学生群体的复杂性和行为多样性在不断增加，故对具体从事高校学生管理工作的辅导员队伍提出了严峻挑战。高校辅导员队伍能否在当今复杂的环境下，顺利有效地开展工作，引导大学生树立正确的世界观、人生观和价值观，引导大学生健康成长和完成学业，关键在于辅导员与学生两者之间能否形成互相信任的关系。古人云："诚者，真实无妄之谓""精诚所至，金石为开""与人交，开心见诚""与朋友交，言而有信"。要让辅导员岗位工作者明白，诚心做人，守信做事，通过诚信交往树立师生之间的安全性，形成良好的互动人际关系，往往是事情成功的重要条件，也是作为教育者应有的本质。

健全诚信导向机制。辅导员服务学生，应以诚信为原则。对恪守诚信原则的人员，

应让其获得支持与鼓励；对违反工作原则和义务的人员，要有一定的批评措施。这样有利于净化辅导员工作队伍，提升辅导员整体素质。但是，对于违反原则和义务的情况，需要详细甄别性质和程度，结合实际情况进行分析，不能“一刀切”。

第三节　交往行为规范：平等

2017 年 2 月中共中央、国务院《关于加强和改进新形势下高校思想政治工作的意见》（中发〔2016〕31 号）指出：要建立健全校领导、院（系）领导联系师生、谈心谈话制度，在平等沟通、民主讨论、互动交流中进行思想引导，有的放矢、生动活泼地开展工作。

由于辅导员和学生双方实质上属于教育者和受教育者的关系，这种角色的差异极易在交往过程中产生不平衡的心理，从而阻碍沟通和教学工作的开展。传统的教学交往过程中，学生处于被动地位的现象时有发生。基于现如今的时代背景，大学生对平等与民主的需求越来越强烈，如果辅导员在两者交往过程中以居高临下的姿态出现，通常会遭到学生的心理排斥。因此，在交往沟通过程中，辅导员坚持双方地位平等、尊重学生的态度是取得积极育人成效的重要途径之一。马克思的交往理论中，将交往定义为双方互相承认主体资格为前提的活动，所以在交往过程中要充分考虑到双方各自的主体性，充分尊重交往主体的意愿、观点，这一理论应用到高校思想政治教育领域就要求辅导员树立一种平等教育观，师生之间是“主体—主体”的平等民主关系。思想政治教育过程本身就是一个精神交往、交流的过程，其间高校辅导员与学生之间通过价值观、思维、态度、情感的交流实现互动，实现师生共同成长进步，最终使得学生学会如何做人，并成为真正意义的人。

时代背景下教师权威的讲授或训导正逐步被自由民主的对话所替代，人格平等和利益互惠是思想政治教育最有效的沟通，强调要将平等性与主动性相结合。前文所提辅导员与学生交往有多种关系的表现，但不论是哪一种关系，只有学生的自尊心得到满足，交往过程中学生才可能主动打开心扉，给予辅导员同样的信任和尊重。因此，辅导员与学生的交往关系正是建立在人格平等、法律地位平等、相互尊重的前提下展开的。

一、辅导员与学生的日常交往关系

1917 年德国的塞缪尔·E. 斯塔姆与詹姆斯·费舍尔在批判吸收法兰克福学派思想的基础上，首次提出了交往教学理论。师生的交往涵盖多个维度，不仅包含认知层面的交往，还包括情感、态度、价值观等多个维度。

高校辅导员是教师，是大学生思想政治教育和管理的实施者。因此，首先，辅导员与学生交往关系是教育者和被教育者的关系。其次，辅导员是高校日常活动的组织者，辅导员要根据学生的特点充分调动学生积极性，使学生发挥自己的才能，实现自己的价值，辅导员此时便是引导关系。最后，辅导员也像是学生的长辈与亲朋，是大学生健康成长的指导者，在学生的生活与学习上提供帮助，克服困难，树立生活信心。这时师生关系是朋辈型关系。

正确处理好高校辅导员与学生之间的交往关系至关重要，良好和谐的关系有助于大学生思想政治教育的顺利展开，也有利于大学生树立正确的世界观、人生观和价值观，更益于大学生的全面发展。

二、平等交往的工作方式

教学交往也是人际交往活动，人的感情是影响交往的重要因素。因此，辅导员需要保持真诚的态度，不仅有利于缩短与学生的心理距离，使彼此更加亲近，稳固情谊，还易于让学生理解辅导员的立场和观点，从某种程度上来讲，这是开展思想政治教育的第一步。辅导员还需要有耐心、包容心和爱心，沟通交流中不流露出不耐烦的神情或举动，以和善的语气、商量的态度、委婉的方式去展开思想政治教育工作。

（一）尊重学生人格和尊严

每个学生都有人格和尊严，辅导员要关注到每个学生的想法和情感，不施予任何形式的羞辱、难堪、埋怨，避免在交往过程中以命令式的话语灌输知识，而应以沟通探讨、合作的方式来替代，尊重学生的主体意识。只有激发学生的主体意识，他们才能更好地发掘自己的潜能，才会更加有创造力。要让学生主动遵守校园内的规定，教师首先要以身作则，作为表率。比如要求学生上课不迟到早退，教师首先应当在授课时做到这些，才能在学生中树立威信，达到潜移默化的教育目的。

（二）建立良性沟通方式

以知心朋友的方式与学生沟通。大量的数据调查与统计显示，学生比较愿意向平易近人、和蔼可亲的辅导员敞开心扉。辅导员应多参与学生活动，经常走进学生宿舍、食堂、课堂，热情真挚地关怀学生的学业、就业、升学等实际问题，在陪伴中培养感情，以春风化雨、润物细无声的方式教化学生。平等交往常常能得到较好的结果，学生会认为辅导员既是朋友又是导师，更像亲朋。

（三）利用移情心理攻略

在辅导员与学生的冲突中，往往是学生觉得辅导员不能理解他们的个人处境和内心感受，导致的结果是学生极易生出逆反心理。因而需要辅导员真正换位思考去理解学生，经常开展心理谈话，在实际事件中以真情实感为基础去沟通，从而建立信任关系。换位思考可以激发共鸣。辅导员可营造氛围、利用情境，如在办公室不适合谈的话题与内容，就让学生主动选择谈话地点，或走进宿舍，观察学生生活，让学生在感觉温暖的地方沟通，真正成为学生的良师益友。

（四）尊重学生的隐私

辅导员与学生交往中不论多么亲切，都不可随意披露学生的秘密，不可随意打探学生的隐私，让学生有所保留，听他愿意讲的，这是对学生极大的尊重。辅导员与学生的

交往属于精神交往，在这样的活动中，双方分享自己的世界，只有当主体的尊严和隐私获得了一定保护，才可能存在平等的对话，才能以沟通理解形成和谐的交往关系，促成主体全面自由地发展。

（五）使用多样的沟通渠道

在自媒体时代和微时代，学生的话语体系与时代同步，辅导员应当不断更新话语的表达方式并接受新的习惯，实现话语体系的转换；努力去捕捉学生的兴趣和“最 in”的说话方式，尽力去了解热门的词汇库；不断尝试各种新媒体沟通的使用方法，如微博、微信、QQ、抖音等。辅导员应紧跟学生的步伐，学习使用这些网络交际平台，与学生的步调保持一致，才能实现与学生平等对话，破解“对牛弹琴”和被学生认为“老土”的尴尬。

（六）坚持理想信念

尽管辅导员与学生的交往沟通是基于平等地位的，但这并不意味着是对辅导员作为教育者身份的否定。辅导员与学生的交往过程还是要以教育为目的，要鼓励学生去思考，引导学生发现问题，积极构建正确的世界观、人生观和价值观，以及良好的知识体系。辅导员在经验、学识等方面依然要补充学生的知识体系。绝对的平等交往的形式是不现实的，在现实交往中，提倡不断向平等对称的交往方式靠近。

辅导员在积极发展与学生的平等“对话”的同时，不能完全放弃自己教师的身份。辅导员在思想政治教育过程中与学生的交往是有一定目标的，在一定时期、一定范围内的交往活动要达到预期的效果。教学交往的最终目的是让学生和教师解放，即不断摆脱他人的、自然的、社会的、技术的限制来激发自我，但绝不是完全的放飞自我。

第四节　情感行为规范：仁爱

仁爱，谓宽仁慈爱。孔子曰“仁者爱人”，意思是人不仅要爱父母、爱子女，还要推己及人地爱普通的老百姓，尤其是要关注和帮扶社会弱势或者艰难困厄者。教育是爱的事业。我国古代教育学家孔子主张对学生施以仁爱，做到诲人不倦。“仁爱”是他教育教学的最基本方法，也是其教育成功的关键所在。近代教育学家夏丏尊说：教育之没有情感，没有爱，如同池塘没有水一样。没有水就不称其为池塘，没有爱就没有教育。因此，作为一名教师，首先要有爱心，要以绿叶对鲜花的情怀对学生倾注爱与心血，才能培育学生健康成长成才；其次要尊重学生，独具慧眼地发现学生的特点，因材施教地培育学生成长为具有独特才能的人才。

在我国传统儒家思想倡导“仁爱伦理”的同时，西方伦理界的关怀伦理与我国的“仁爱伦理”正在悄无声息地进行一场跨时空的对话。以诺丁斯为代表的关怀伦理将“人”看作是具体的、个体的人，从感性的角度和主观的情感出发注重对人差异化如人的老幼之别、男女之分、强弱之差等情况的考量，并以此拷问社会的冷酷和僵硬，希望人类相互“关怀”以保障群体的和谐与共存。关怀伦理遵循“说情”逻辑，面对伦理困境时联系特定的情境，依靠直觉综合做出选择，即所谓“以情感人”。关怀伦理对教育的启示是，教师应考察学生的差异化情况，施以差异化的教育，为不同情况、不同特点的学生提供适当的帮助与支持，扶助其实现全面、自由的发展。

一、辅导员与学生的情感关系

辅导员在日常学生事务中与学生建立并形成了各种情感关系，归纳起来主要有三类：信任关系、权威关系、疏离关系。

（一）信任关系

辅导员凡事“以生为本”，通过走近学生、了解学生，帮助学生化解困难和问题，能够站在学生的角度去思考问题，耐心细致地开展工作。于是，其工作风格得到学生的认可与支持，个人取得学生的情感信赖与尊重。学生敢于向辅导员表达诉求、反映问题，与辅导员建立了畅通、和谐的良性沟通渠道。这种关系便于辅导员开展各项工作，关键时刻，辅导员说得动、做得通学生的工作。

（二）权威关系

在长期的工作中，辅导员的工作风格或者工作习惯让学生将其视为“领导”或者“政治”的象征，从而产生敬畏的情感。这种情感关系之下，大学生在辅导员面前毕恭毕敬、谨言慎行，保持有序、规律的关系，但是缺乏密切的情感纽带，在一些是非面前，容易引发关系危机。

（三）疏离关系

辅导员埋头于事务性工作，乏于深入学生而导致对学生情况“失于觉察”“疏于沟通”“淡于交往”，而学生也不了解和理解辅导员，认为辅导员“很闲”，终日不得见。双方关系疏离，信息不对称。这种情感关系之下，辅导员处于“失职”状态，要么是辅导员工作能力不足，未能把握工作重心；要么是辅导员并不“爱岗敬业”，不适合辅导员工作岗位。

以上关系类型中，信任关系最佳，权威关系也有积极的一面，疏离关系非常危险。在工作中，辅导员在基于取得学生信任的基础上具备一定的工作权威，最为有利于工作的推进。辅导员如何才能建立理想的师生关系呢？“仁爱”回答了这一问题。

二、仁爱为教育之本

辅导员对学生的关爱，应该是建立在工作基础上的自觉的、理性的道德状态。这并不是本能的、盲目的和无原则的，而公平、无私、尊重就是其核心理念。同样，这种爱也应该有适当的道德限度，要遵守其他的教育规范如公正、平等，否则容易引起冲突或者超越师生界限。

（一）仁爱就是要走近学生

仁爱就是要对学生有感情，觉察学生的情况，给予个性化的指导、个体化的帮助。

为此，辅导员要深入学生群体，倾听学生的声音，了解学生的诉求，才能有针对性地开展工作；要联系学生，和学生建立感情，取得学生的信任，才能有时效性地开展工作。

（二）仁爱就是要尊重学生

仁爱就是尊重学生独立的、自主的人格，发现学生并尊重学生的独特性，而不是用带有偏见的有色眼镜去“检视”学生，也不是“养尊处优”地“俯视”学生。辅导员不仅要用悦纳的、欣赏的姿态去发现并挖掘学生的优点，还要善于从学生身上学习，允许学生“反哺”式地与辅导员“谈天论地”“海阔天空”，真正做到与生为友、共同成长。

（三）仁爱就是要宽容学生

人无完人，焉能无过。大学生难免试错，难免犯过。作为辅导员，要把握“治病救人，惩前毖后”的原则，要在学生管理中采用合适的对待方式，给予学生成长的机会，更不能因学生的一时冲撞、无心顶撞“耿耿于怀”。辅导员要抓住教育机会，要言不烦、字字珠玑、落地有声地给予教育、引导，促使学生“顿悟”“吃一堑长一智”，并且懂得理解辅导员的良苦用心。

（四）仁爱就是要发展学生

“立德树人”，辅导员的工作是“育人”的工作。“灵魂工程师”的敬称指明了辅导员的工作方向，“知心朋友”和“人生导师”为辅导员提供了具体的工作路径。辅导员对学生的情结，那是绿叶对鲜花的情结。让学生坚定理想信念，锤炼意志品格，提升素质能力和成长成才是辅导员的工作目标。为此，倾注心血在人生方向上予以引导、在思想政治上予以指导、在素质能力上予以锻炼、在疑难困惑时予以点拨，就是辅导员的仁爱道义。

第五节　工作权力规范：公正

公正是伦理学的基本范畴，意为公平正直，没有偏私。以柯尔伯格为代表的公正伦理将“人”看作是超乎个体的、抽象的、一般的人，从理性的角度和客观的原则出发追求人与人之间的平等，并以此拷问社会的不公，希望人类遵守此原则以保障各自的权力、利益不受侵害而相安无事。公正而没有偏私是指依据一定的标准而言没有偏私。因而，公正是一种价值判断，内含有一定的价值标准，在常规情况下，这一标准便是当时的法律。公正在英文中为 justice，英文中的 jus 本身就有法的意思，公正以 jus 为词根演变而来也说明了这一点，任何一个社会都有自己的公正标准。所以，公正并不必然意味着“同样的”“平等的”。公正作为权力关系规范，其主旨在于权力关系主体相互之间遵循“论理”逻辑，处理问题时从普遍性原则或既定公正标准出发，经过逻辑推理和分析做出决定，即“以理服人”。

一、辅导员工作权力

工作权力是根据职能履行的需要赋予工作从业人员对社会资源获取及调配的权力。分析辅导员的工作权力，要从分析辅导员的工作性质、工作内容入手。首先，从工作性质而言，辅导员是中国共产党和国家的干部，是肩负思想政治教育事业的人民教师。辅导员要把“人民的根本利益”作为一切工作的出发点，做到“权为民所用”“情为民所系”“利为民所谋”。所以，“为了最广大人民的根本利益而奋斗”为辅导员的工作权力使用定下了“公正”的基调与准则。其次，从业务内容而言，辅导员的工作涉及教育、管理与服务。教育方面，包括对大学生进行思想辅导、心理健康教育、职业生涯指导、就业指导、安全教育、纪律教育、军事训练等；管理方面，包括对大学生进行奖助贷学金管理、学生社团管理、师生关系及学生之间关系调解等；服务方面，包括办理各种日常手续，如入学、在校和毕业相关手续，做好大学生从入学到毕业的流程化服务。最后，辅导员的工作还体现在以管理或服务的角色参与到整个学校的教育教学管理、科研育人、社会服务工作中，对于学校的建设与发展发挥重要的辅助作用。为了让大学生全面而平等地获得教育、享受服务，获取成长成才的资源，并且在这个过程中也学习体验并习得公正观念、规范意识，辅导员需要在各项工作中做到公正地决策、公正地调解、公正地承担责任、公正地分配资源。

二、公正使用权力

辅导员在工作中公正使用权力，要遵循的规范是公正处事、廉洁奉公、恪尽职守。辅导员要对工作的使命有神圣的敬畏感，要用好手中的权力，把它化为中国共产党促进青年大学生全面、健康成长成才的具体举措和实在力量。辅导员用好手中的工作权力，需要在以下方面遵循公正原则。

（一）制度公正

辅导员要主导或参与各项大学生管理条例的制定与修订；辅导员要按章办事，在遵循法律法规的前提下，按照学校规章管理条例开展工作。所以，制度公正是辅导员公正使用权力的重要体现和客观诉求。

制度作为公共的交往规范，作为一种公共产物，首先要保证个人的权利和自由，实现社会的平等。如此一来，公正就成为制度的首要伦理要求，成为制度伦理的首要价值。制度公正就是一种公正伦理。“公正伦理所要研究的主要问题就是社会主要制度的公正问题。社会主要制度的公正问题，表现为社会主要制度是否具有普遍合理性的问题。”①

制度公正作为制度的公正伦理要求，是对制度公正性的伦理拷问或价值诉求。如果制度是一个已经存在的客观事实，制度公正就是以社会公正的原则去分析制度及其运作

---

① 唐代兴. 公正伦理与制度道德［M］. 北京：人民出版社，2003：119.

是否符合社会公正的要求，这就是“拷问”制度的公正性；如果需要设计一项制度，制度的公正就是将公正的理念制度化，使设计的制度本身具有公正性，这就是制度的公正“诉求”。它们都是立足于公正的立场，前者着眼于分析已有的制度，称为“制度的公正”，强调制度本身应当是公正的；后者着眼于设计制度，称为“公正的制度化”，强调公正的理念应当具体化为制度。二者好像有差别，但根本上是合二为一的。

确保大学生日常工作的制度公正，首先，辅导员在参与制度设计、制度修订过程中要深刻认识制度建设的目的与方向，要确保制度通过激励与约束两方面为每个人提供与其相适切的教育，使个体得其应得，促进个体的个性化发展；其次，在制度建立过程中要充分调研、反复论证，要保持开放的心态，采用公开、透明的方式广泛征集意见，采用民主集中的方式进行调研、宣传、解释及决策；再次，在实践运用过程中要不断验证其制度目的合理性、制度安排可行性、制度落实可操作性，并不断地将实践经验进行总结；最后，在将实践经验吸纳进制度修订、完善的过程中，使得各项管理制度真正服务于促进人的自由全面发展。

（二）程序公正

程序公正，也叫操作公正，其实质是制度的运行公正。公正的制度只有通过执行和运作，才能使公正的理念转化为现实的力量。制度运行的公正，它要求制度平等地对待所有的公民，要求人们服从并遵守制度规范，杜绝个人的主观随意性，禁止个人或群体自行正义，做到制度面前人人平等，同时建立合理的监督约束机制，避免公共权力的滥用和对公共利益的损害。

辅导员是大学生日常规章制度的主要执行者，其在主持大学生综合测评工作、奖助学金评比及学习学术资源管理各项工作中的操作流程是否科学、合理，是否按照规章制度严谨地进行，决定了其是否确保了制度运行的公正。

要确保大学生日常制度的运作公正，辅导员需要做到以下两点：第一，确保大学生对制度的知情权。制度在适用之日起要确保适用大学生的知情权。提前公布、广泛宣传、集体或个体解释等工作是确保制度知情的重要方法。第二，确保制度操作的流程合理。任何一项制度，一旦建立即具有权威性、强制性、公共性，所以不能朝令夕改，也不能随任何个人主观意见随意地改动。这也决定了制度建立的严肃性。所以，制度运行要严格按照制度要求和规定本身严谨细致、一丝不苟地进行。如是否建立制度的解释机构、监督机构、仲裁组织等；制度涉及的适用对象是否均获得参与权利；制度运行的过程是否符合制度规定程序，如时间安排是否充分、环节是否全面、步骤衔接是否严谨、结果是否公开透明等。

（三）结果公正

结果公正，是制度公正与程序公正的结果，也是公正伦理所倡导“公正”这一价值诉求的具体化实现。除了制度操作层面上的结果公正，还有非制度操作层面上、日常价值判断或价值实践上的结果公正。

制度操作层面上的结果公正，首先要在制度公正、程序公正的基础上，对结果进行公开、公示，接受审议与监督，避免因各种主客观原因对情况的考察不周全而导致的结果不公正，从而获得当前结果的相对公正；其次，制度总是需要在发展中得到检验与验证，要保持“与时俱进”的开放心态，去审慎悦纳原先制度对现行情况或今后情况有所局限的反思性、建设性意见，从而为长远的结果公正做好铺垫。

非制度操作层面上、日常价值判断或价值实践上的结果公正，发生在各种学生具体化的事务中，这更加考验辅导员的公正观念及其在日常工作中对公正关系规范的运用。首先，辅导员要从全局考虑问题，对于学生的诉求要系统考察，而不能偏听偏信，也不能被煽情言论或个体化的诉求所“带走”；其次，辅导员要从客观原则出发，以理服人，让所做出的判断与裁决有据可靠、有章可循、有理可依，维护结果的公正。

思考讨论题：

1. 诚信原则在什么条件下才是合理的？
2. 如何适当体现教师对学生的仁爱情感？
3. 辅导员如何公正使用管理权力？
4. 辅导员与学生的平等关系体现在哪些方面？

【案例分析】

公正评优　以理服人

某日，大二学生根据国家和学校的文件通知，开始组织班级的学生进行一年一度奖学金评优工作。在评优过程中，A 班级的个别班委来到辅导员办公室，投诉评优不公正，损害了自己权益，要求辅导员合理公平公正地重新评选奖学金候选人。

学生告知班级在组织进行综合测评的时候，存在加分标准不一致的情况，个别班委为一己私利，将自己参加的活动加分更多，导致综合测评结果不公正，影响到了个人评优资格及评优名次。

经了解，A 班的综合测评在开学初，班长将个人综合测评表格统一收集上来后，将各班委分成几个小组，每个小组负责班级十几个学生的综合测评统计，由于事先没有做好培训，也没有明确规定相关活动的加分项，最终导致不同小组加分标准不一致，影响了最后综合测评的排名情况，致使奖学金评优出现不公正现象。

面对奖学金评优不公正现象的出现，辅导员首先是对个别班委反映的评优不公正情况进行了解，发现影响此次公正评优的主要因素是综合测评中加分标准的不一致。于是，马上重新召集了参与此次班级综合测评的班委成员和学生群众，具体了解学生综合测评的评选依据和标准，发现主要存在活动分类不清晰，活动加分标准不一致，活动重复加分等问题。其次，重新组建综合测评评议小组，在广泛征求班级学生意见的同时，规范活动加分项标准，以公开、公正、公平的方式，全员参与综合测评评审工作，将综合测评最终结果进行公示，对结果提出异议的学生，广泛征求意见，进行重新核算。再次，组织召开班级会议，由班委向全班同学阐述整个综合测评的过程和新的依据及标准，并将最终结果公示在班群里，综合测评评审过程最终落下帷幕。最后，对班级干部进行多次培训，旨在提升干部能力，培养综合素质，以使未来的评优工作更顺利进行。

【启示】

奖学金评选工作是学生评优工作的重中之重，只有不断规范奖学金评选流程和标准，让整个过程公平、公正、公开，才更有利于做好学生管理工作。

一、坚持以问题为导向，不断完善奖学金评选机制

学生奖学金评选制度应采用动态评审制度，结合学生的实际情况，采取以综合测评为主，课程成绩与实践活动为辅，班级民主评议，班委、辅导员综合打分，采取多渠道、多角度、多维度的激励方式，引导学生通过自身努力获得相应的奖学金。明确奖助育人，实行挂科、品行不端及被处分学生一票否决制，在奖学金评定细则中，加大课程成绩和省级获奖等实践成果分值，引导鼓励学生积极参与高级别竞赛，形成良好的学习氛围。制定科学合理的奖学金评价体系，针对不同年级不同专业的学生，不能以偏概全，应结合专业特色，对不同专业学生进行分类评价。奖学金的评定既要反映学生的综合素质，又不能完全唯综合测评论，除了课程学习外，还需将思想政治水平和社会实践纳入考核的重点部分。明确学生奖学金评定小组的职责，让学生、班委、辅导员、党支部书记、主任及院长等不同群体全面参与奖学金评选全过程，在广泛征求师生意见的基础上，奖学金评定小组负责制定当年奖学金评审细则，对系部奖学金评审结果进行审核汇总。

二、坚持以学生干部培养为抓手，不断加强干部队伍建设

奖学金评审工作最终的执行者和贯彻者是班委和辅导员，在评选机制完善的条件下，学生干部在评选奖学金过程中发挥着主力担当的作用，明确自己的职责和定位，做好服务工作，关键是要培养好学生干部，提升学生干部的素质和能力，不断加强干部队伍建设，打造一支专业素质好、业务能力强的团队。奖学金评审工作涉及到众多数据的统计、核算和汇总，需要具有专业素养的学生团队，以培养学生干部为主要抓手，做好学生干部培训和管理工作。

三、坚定以价值观念为引导，教育学生正确看待奖学金评审工作

奖学金对学生而言不仅仅是物质上的奖励，更是精神上的奖励，以正能量为导向，积极引导学生正确看待奖学金评选工作，勿将奖学金评优工作物质化，发挥奖学金获得者的积极榜样示范作用，起到带头激励普通学生向优秀看齐。评审奖学金的过程，是引导学生自我回顾、自我评价、发现自身不足，也是自我总结的过程，我们应该加以引导，使学生在思想道德、学习态度、生活秩序等方面得到进一步提高和完善，可以进行自我管理、自我教育和自我服务。通过奖学金评优等外在因素的刺激，鼓励调动学生内在积极因素，发挥内驱力作用，对获奖者的肯定和奖励以及对优秀事迹的宣传，达到鼓励先进、鞭策后进的目的，需要引导学生要有正确的价值观看待奖学金评审工作。

第五章 同事关系规范：友爱

辅导员的工作要顺利开展，离不开同事们的支持与配合，更离不开各有关部门的合作与共享。这是因为学生工作具有多样性与复杂性，涉及学院与学校多个部门。因此，辅导员处理好与同事之间的关系十分重要。同时辅导员科学遵循同事职业关系规则，与同事之间相互尊重、理解、协作，会使学生工作达到事半功倍的效果。相反，在工作中，辅导员如果离开了同事的支持和各部门的协作，就像大海中的孤岛，能力再强也无处发挥。

第一节　岗位工作行为规范：沟通与协作

人是一切社会关系的总和。这说明在社会实践过程中，人们离不开彼此间的沟通与协作。辅导员岗位工作更是如此。辅导员岗位职能也决定其必然要与多个部门的众多同事沟通问题、协同合作，以此推进学生工作。因此，维持良好的工作关系就显得尤为重要。这就需要辅导员多注意工作的方式方法，多注重沟通与协作的行为规范，维系好同事关系，为顺利开展工作创造有利条件。

一、辅导员工作形成的同事关系

辅导员同事关系与学生工作的多样性相对应，学生工作涉及的对应部门工作人员，就会成为辅导员工作上的同事。辅导员要处理好与同事之间的关系，就要了解辅导员同事关系的内涵、分类与处理好同事关系的艺术。

（一）同事关系内涵

辅导员的同事关系是指与辅导员在同一单位共同工作的职业关系。辅导员的同事职业关系规则既要求辅导员遵循高校教师职业道德标准，又要求辅导员遵守《普通高等学校辅导员队伍建设规定》（中华人民共和国教育部令第 43 号）提出的辅导员岗位工作职责要求，在日常工作中尊重同事、主动沟通与协作，与同事间形成合作共赢、共同促进工作的良好关系。辅导员同事关系有三个层面的含义。

一是相互平等。在平等的话语环境下沟通磋商，达成的共识和凝聚的力量就是最大化的。辅导员同事团队要想走得更远，内部平等便是一个首要条件。

二是目标一致。辅导员同事之间会有各种不同的个性、不同的工作方法、不同的生活与学习背景，但是都有一个共同的奋斗目标，都是为了整体效益在努力、在用劲。只有如此，才能共享果实，实现各自不同的多元理想。

三是协作奋进。协作是为了更好地奋进，更好地维护整体的利益。没有协作，整个组织就无法发挥应有的作为和潜力，一切美好的愿景就会成为纸上谈兵。从这方面来说，同事需要务实协作，共同奋进。

（二）辅导员同事关系分类

辅导员同事关系按其人事关系所属，分为院内同事关系与院外同事关系；按其工作关系，分为辅导员与本院其他辅导员之间的关系、辅导员与本院其他办公室人员之间的关系、辅导员与班主任之间的关系、辅导员与其他学院辅导员之间的关系等。因此，辅导员的同事关系是多元与多样的。

正因为辅导员同事关系的多元性和多样性，辅导员只有在日常工作中科学与艺术地处理好与同事间的关系，才能获得最大的支持与最高的工作效率。

1. 辅导员与本院其他辅导员之间的关系

辅导员与本院其他辅导员之间的关系是同事式的，也是同志式的。说是同事式，是因为彼此都做着与学生工作相关的事情；说是同志式，是因为大家的最终目的都是要把学生工作做好，就工作目标而言是志同道合的。和谐、健康的同事关系是做好学生工作的催化剂，也是辅导员工作顺利、快乐的重要指标。不信任、不合作、不沟通的工作氛围必将削弱整个辅导员团队的“战斗力”，甚至会对整个学院的学生工作造成不可估量的损害。作为一个工作团队，辅导员彼此之间应该学会合作、竞争和交流。学院学生工作总体目标的实现需要每一名辅导员的努力和付出，只有辅导员之间合作好，学院学生工作才能做得更好。在工作过程中，辅导员之间的竞争在所难免，但竞争也有积极的意义：一方面，竞争可以激发辅导员的进取心；另一方面，也有助于辅导员之间取长补短，不断超越自我。因此，合理、良性的竞争也是辅导员做好学生工作所必需的条件，但辅导员之间一定要防止和杜绝恶性竞争，要相互学习与交流，增进沟通，消除隔阂。工作中有矛盾和分歧都是正常的，但一定要学会如何控制和解决。

2. 辅导员与本院其他办公室人员之间的关系

辅导员的工作并不纯粹是面对学生，因为很多学生工作的开展需要本院其他部门的支持与配合。辅导员会经常跟本院综合办公室和教务办公室打交道。作为辅导员，应该充分认识到自己的工作与这些办公室之间的密切关联，应妥善处理好与这些办公室人员之间的人际关系。辅导员的日常办公用品大部分是由本院综合办公室提供的，辅导员上交学校各部门的材料大部分需要加盖本院公章，学生工作很多时候需要复印资料，这时难免就需要综合办公室教师的帮助。辅导员在做评奖评优工作时，需要知道学生的考试成绩，因开展活动需要了解学生的课表安排时，就需要教务办公室教师的帮忙。从某种程度上讲，辅导员的不少工作都跟这些部门有很大的关联。辅导员与这些办公室人员关系的好坏能直接影响到工作的效率。关系好，有时一个电话就可以事半功倍；关系不好，工作效率就会低下，甚至是大打折扣。因此，辅导员认真、妥善地处理好与这些办公室人员之间的关系，是做好本职工作的必要条件。

3. 辅导员与班主任之间的关系

除了辅导员直接与学生管理发生联系，班主任也直接与学生事务发生联系。班主任是班级的直接领导，是学生的主心骨，是班级的第一责任人，负有对班级进行组织和管理的责任。班主任就是班级这个大家庭的家长，有义务去关心和爱护本班的学生，并对本班学生的学习和成长负有监督责任。因此，班主任在学生工作中起到非常重要的作用。辅导员面对的是全院的学生，如果事事亲力亲为，必然应接不暇，而班主任则起到了沟通学生与辅导员的桥梁和纽带作用。学生的很多情况需要班主任去了解，辅导员可以从班主任那里得到比较准确的学生信息，这些准确的信息有助于辅导员把学生工作做得更顺利，更令人满意。所以，辅导员应该清楚地认识到班主任在学生工作中举足轻重的作用，要让班主任发挥信息员的作用，与班主任保持好联络。辅导员处理好与班主任的关系是高质量、高效率地完成学生工作的重要保证。

4. 辅导员与其他学院辅导员之间的关系

琐碎的学生工作中同样存在困难和奥妙，会遇到一些意想不到的问题和麻烦，如果解决不当，往往会招致更多问题；如果解决得当，往往会有很大收获。当遇到麻烦时，辅导员既要自己认真探索和发掘学生工作的一些方法和技巧，又要经常性地向其他学院辅导员请教并交流经验。辅导员与其他学院的辅导员之间没有任何利害冲突，可以与他们结为良师益友，并向他们借鉴经验和寻求指导意见。同时，因为学生工作的差异性，辅导员可以更好地了解其他学院辅导员所开展的学生工作，以弥补自身工作中的不足。辅导员工作是一项烦琐而多层面的工作，辅导员难免会不同程度地出现压力感和厌烦情绪，甚至还会出现职业瓶颈问题。然而，工作之余经常与其他学院的辅导员保持联系，并交几个趣味相投的朋友，能较好地缓解工作压力、保持生活乐趣与解决职业发展困境的力量源泉。

二、工作关系规范：沟通与协作

辅导员与同事共同面对工作与服务的对象——学生，均遵循以生为本的工作原则，所以辅导员更应该主动与同事沟通与协作，携手形成合力，增强团队的内聚力。辅导员要想获得工作的成功，必须依靠集体的力量，没有同事之间的沟通理解与协作支持，学生工作就很难顺利开展与获得好的工作效果。辅导员与同事之间是共生、共享、共赢的协作关系。学生工作的复杂性与多样性决定了辅导员的工作必然离不开同事之间的共同合作；同时，辅导员与同事之间又能共同享有各自的优势资源，顺畅的沟通与协作必然达成两者之间的工作共赢，实现工作效率的最大化。

（一）善意沟通

根据辅导员的工作关系圈，辅导员的沟通可以分为三个层面：一是与学生的沟通（下行沟通），二是与同事的沟通（平行沟通），三是与领导的沟通（上行沟通）。

1. 与学生的沟通

辅导员是在高校院系一线直接面对大学生专职从事思想政治教育工作的人，辅导员

开展的各项工作都离不开沟通——无论是形而上的思想政治品德教育，还是形而下的具体事务，都需要辅导员事先设定一个沟通目标，然后将这些工作背后的思想、情感、要求、价值、意义等信息，以语言、文字、图片、视频等载体，通过面谈、电话、短信、电子邮件、QQ、微信等多种方式发送给学生，并与学生互动，接受学生的反馈，最终达成一致协议，为执行任务、实施教育措施奠定良好基础。可见，学习一定的沟通知识、掌握一定的沟通技巧对于改善工作关系及提高工作效率非常重要。

2. 与同事的沟通

所谓同事关系，是指同一组织内部处于同一层级的员工之间存在的一种横向人际关系。同事之间既是天然的合作者，又是潜在的竞争者，是一种微妙的人际关系。虽然同事关系受价值观、气质、性格这些因素的影响且难以改变，但在技术层面上，同事关系可以通过经营加以改善和维持。沟通便是一个重要抓手，有效沟通是维系良好同事关系的关键。“同在一个屋檐下，低头不见抬头见”，辅导员每天都身处同事关系之中，工作时的情绪、状态、效能都受到同事关系的影响或制约。辅导员的同事关系包括与同办公室同事的关系。其中，与同院系其他办公室同事的关系及与其他学生工作部门同事的关系，与同办公室同事的关系是辅导员同事关系的主要内容。

辅导员与同事沟通的基本原则是：①尊重。尊重同事的平等地位和人格尊严，重视同事的意见，在分歧面前给同事留面子、留余地，说话平和客气，承认同事的劳动和成绩，看到同事的优点。②真诚。与同事真心实意、坦诚相待。③包容。理解、接纳同事的个性和不足。

与同事沟通的基本方法包括相互尊重，主动交流沟通，保持适当距离，重视团队合作，以大局为重，多补台少拆台，在分歧面前求大同存小异，出现矛盾时主动开展自我批评，不吝赞美，以和为贵。同时，要注意与同事沟通的禁忌，譬如不谈论私事；不传播小道消息；不当众炫耀；不随便打断或否定同事的话；遇到不同意见，就事论事；坦诚相见，讨论而不争论等。

3. 与领导的沟通

在日常工作中，除了面对学生，辅导员还不可避免地要跟各级领导打交道。领导所处的位置与同事迥然不同，因此与领导的沟通不同于与同事的沟通，其难度和影响更大，要求也更高。

原则上，辅导员在与领导沟通时，要注意尊重而不吹捧，请示而不依赖，主动而不越权。具体而言，要注意以下三个方面的技巧。

一是在接受领导的指示时，要仔细倾听，并及时将要点记录下来，在领导下达命令以后对内容简单复述一遍，对不明白之处进行恰当的反馈、澄清，即使有不同意见也要避免当面争论。

二是在推进工作的过程中，要依据工作汇报的原则和程序，把一些关键的或重要的信息和结果及时向领导汇报，以便让领导掌握自己的工作进度，了解实施效果及碰到的问题，请求领导的指导和建议，确保事态发展处于领导的掌控之下。切忌报喜不报忧，避免问题积压或恶化。汇报的用词用语尽量准确客观，避免突出个人、夸夸其谈。切忌越级汇报。

三是在给领导提建议时，内容要清晰明确、简明扼要、重点突出，不拖泥带水，不泛泛而谈，不形成辩论，不强加于人。在面对领导的批评时，辅导员要表现出虚心接受的态度，不当场争辩，避免给领导“顶嘴”“狡辩”的感觉。确需解释的，另择合适时机，在气氛轻松的情况下进行，并且要提供充分的事实或数据支撑，对领导可能提出的各种质疑有应对预案，顾全领导面子，不让对方难堪。

（二）全面协作

协作是指在目标实施过程中，部门与部门之间、个人与个人之间的协调与配合。新形势下，新情况、新问题、新思想层出不穷，单靠个人能力已很难圆满处理各种错综复杂的问题并采取切实高效的行动。辅导员的工作具有琐碎、繁杂、重复的特点，加之工作对象数量庞大且普遍观念开放、思想活跃、个性突出、独立自主意识强等，这些都决定了辅导员要做好思想政治教育工作，需要付出大量的时间和精力的事实，这就需要辅导员学会协作，发挥1+1>2的协同效应，否则难免分身乏术，独力难支。

1. 辅导员与同办公室其他辅导员之间的协作

虽然同一个办公室的辅导员之间有分工，但分工不分家，在整体上属于一个学院学生工作的有机组成部分，服从学院的统一领导，服务于整个学院学生工作团队的整体目标。如果各自为政、壁垒森严，不仅会恶化同事关系和工作氛围，而且降低个人和团队的工作绩效，削弱团队的战斗力。具体来说，一个学院的辅导员之间要实现良好协作，需要达到以下三个方面的要求。

首先，分工明确且均衡，这是协作的外部前提和基础。如果分工不明晰，则各人职责边界不清晰，容易出现有的事情几个人管、有的事情没人管的局面，辅导员在责任面前往往会相会推诿，这样就谈不上协作了；如果分工不均衡，出现有人轻、有人重的局面，则同事之间就会出现比较，分工重的人会不堪重负，心理失衡，丧失协作的动力。因此，为了促使辅导员之间达成协作，负责分工的领导首先要实现分工的明确和均衡，为后续的协作奠定坚实的基础。

其次，辅导员之间应相互尊重、相互信任，这是协作的内部前提和基础。如果同学院的辅导员之间不尊重、不信任，那么协作就变成无本之木、无源之水。这意味着辅导员之间要相互尊重对方的人格，尊重对方的差异，尊重对方的隐私，平等看待对方，看到同事的优点，认可对方的成绩，相互鼓励、相互欣赏、同心协力、共同进步。

最后，相互补台而不是相互拆台。几个辅导员能够在一起共事，在一条“战壕”里面摸爬滚打，是一种值得珍惜的缘分。加上辅导员身居院系基层，工作事务多、压力大、责任大，更应该同甘共苦、同舟共济。钩心斗角、相互拆台不仅会恶化办公室生存环境，而且会减损工作的成就感、幸福感，最终谁也不能独善其身，从而两败俱伤。

2. 辅导员与本学院其他办公室人员之间的协作

学生工作包罗万象，辅导员的日常工作不仅牵涉到本学院其他办公室（譬如教务办公室、学院办公室、研究生办公室），而且牵涉到学校其他部门（譬如学生处、团委、招生就业处、学校党委宣传部、组织部等），这就让辅导员不可避免地要与其他办公室工作人员之间发生联系。辅导员和他们之间协作的基础在于都是为学生成长成才服务，实

现协作的关键在于相互理解、良好沟通。辅导员与本学院其他办公室同事之间是平行关系，互不隶属，要实现协作，需要学院领导层面的协调达成共识，建立协作和共享的长效机制。辅导员与学校其他部门工作人员的协作须本着理解、友好、互助的精神，以具体文件为依据，以具体事务为抓手，明确主次，落实责任，各司其职，协调推进。

3. 辅导员与本学院班主任之间的协作

在中共中央、教育部历次发布的加强和改进大学生思想政治教育工作的规范性文件中，班主任都是和辅导员相提并论的一支队伍。班主任是辅导员开展思想政治教育的天然同盟和有力帮手，辅导员要通过与班主任的紧密协作，充分发挥他们的辅助作用。实际工作中，由于班主任都是兼职，他们花在班级管理上面的时间精力并不多；有些班主任责任心不强，对班级疏于管理，对班上发生的事和需要重点关注的个体并不知情。这就需要辅导员加强与班主任的联系和沟通，推动他们抽出时间关心自己所带班级，通过信息共享、行为互动、工作互补，实现班级管理与年级管理的相辅相成。

4. 不同学院辅导员之间的协作

不同学院辅导员之间的协作主要体现为互通有无、取长补短、相互学习、共同提高。可尝试通过联合举办校园文化体育活动或联合申报课外学术科技创新项目，促进相互之间的友谊，实现优势互补或强强联合，探索思想政治教育工作的新形式。

【案例分析】

案例一

和谐同事关系，促进学生工作成效

谢老师已从事辅导员工作五年，开始时在文科学院做辅导员，后来因为某理工科学院学生工作办公室两名辅导员同时被调动到学校机关工作，急需补充辅导员到位，就被调到了该理工科学院。与谢老师一起被调动到该学院的还有一名刚工作一年多的新辅导员。由于理工科学院原有的一名老辅导员在家休产假，因此，学生工作办公室的工作强度很大，虽然当时谢老师也没有被正式任命为学生工作办公室主任，但需要暂时负责学生工作办公室的日常管理工作。这样一来，近 1 200 名学生的学院只有两名辅导员在岗，且均为新进入学院的，又适逢学院 4 个专业启动评估，需要收集与整理大量有关学生工作的评估材料，工作强度与难度十分大。

为了尽快适应工作，谢老师主动与另外一名辅导员沟通，根据两人的特长与学院的实际情况，把学生工作进行了合理分工，并争取了主管领导的支持，选拔了优秀的研究生担任兼职辅导员，分担了一部分学生事务性工作。坚持了半年，终于又多了一名新入职的辅导员加入学院学生工作办公室团队。作为团队中工作时间最长的辅导员，谢老师主动与另外两位年轻辅导员每天沟通、商量工作，并做到分工不分家，大型学生活动大家一起参与。有时其他辅导员因个人事情请假，谢老师都会主动帮助请假的辅导员处理其本应负责的工作。在工作之余，谢老师也能与辅导员同事分享自己原来的工作体会与经验，并把辅导员的困难与诉求及时反馈给主管领导。面对一个全新的辅导员团队，谢老师与其他辅导员和谐相处、工作中分工合作，主动承担，分工不分家，并及时沟通、

相互帮助，使整个辅导员团队形成合力。正因为谢老师能科学与艺术地处理好辅导员之间的关系，这个全新的辅导员团队在不到一年的时间就创建了全校唯一的团支部并取得入选2017年全国高校“活力团支部”的成绩。谢老师也通过自身出色的表现，获得了学院领导、同事、学生们的一致好评，并通过学院党政联席会讨论，正式被任命为学生工作办公室主任。

在日常工作中，谢老师也十分注重与综合办公室和教务办公室教师的沟通与协作。综合办公室与教务办公室有些任务需要学生工作办公室支持的，谢老师也会主动承担并高效完成，特别是专业评估上交材料，主管教学的副院长与教务办公室主任也经常表扬学生工作办公室评估材料交得最早与最认真。综合办公室教师经常要找学生帮忙，谢老师也会提前安排好，动员学生积极配合好相关工作。在谢老师身体力行的带动下，其他两名辅导员也会主动协助好其他办公室的工作。因此，学生工作办公室在师生中的口碑较好，有时其他办公室的教师也会主动为学生工作办公室的辅导员争取更多的可用资源。整个学院的行政人员氛围十分和谐，谢老师在其中发挥发了较大的推动作用。

由于休产假的老辅导员回校后就调动到学校机关工作了，原本可以配齐四名辅导员的学生工作团队只能维持三人的状态，谢老师就更重视发挥班主任的作用了。在主管领导的支持下，谢老师制定了学院班主任管理与考核条例，积极举办班主任培训活动并定期与班主任沟通学生班级情况。由于与班主任相互沟通与合作顺畅，很多学生问题能提前预防与较好解决。

为了打开工作思路，谢老师还经常与其他学院的辅导员保持沟通与联系，特别是和原来工作的文科学院，仍保持信息往来。因此，她能整合资源，与其他学院在学生工作上友好合作，共同举办了不少院际间的联合活动，并以此带动两名新辅导员多认识其他学院的辅导员，给整个团队带来了活力与更多的合作机会。

【启示】

高校辅导员，不仅需要具备深厚的思想政治教育工作专业理论知识，而且需要具备较强的工作实践能力与人际交往能力，善于处理各方面复杂的人际关系。高校的思想政治教育工作，不是简单地对学生进行理论灌输，而是要求辅导员晓之以理，动之以情，注重以身示范。辅导员有能力处理好各方面的同事关系，既表明了辅导员自身的人际交往能力，又是辅导员综合素质的具体体现，更为做好学生的思想政治教育工作奠定了基础、创造了条件。

第一，发挥优势，整合资源。从本案例可以看到，谢老师很好地处理了辅导员各类型同事职业关系，并能发挥同事职业关系的优势，整合资源与获得更大限度的支持，让辅导员工作更顺利、更成功，在成就了学生的同时也成就了自己，并促进了学院辅导员团队的创新建设。

第二，共同面对，合作共赢。面对理工科学院全新的同事职业关系与全新的辅导员团队建设问题，以及原本工作强度与难度很大的局面，谢老师通过科学与艺术地处理好各类同事职业关系，使良好的同事职业关系成了助推辅导员工作能力提升与做好学生工作成绩的润滑剂与催化剂。对于辅导员而言，良好的同事职业关系使其获得更多有用信

息和资源。

第三，整合团队，形成合力。辅导员的同事职业关系，通过正确认识、科学分析、艺术处理，可以转化为促进辅导员工作的优势资源。学生工作是一个系统工作，需要整合学院辅导员团队、其他办公室团队、班主任团队、其他学院辅导员团队的力量，同时这些团队力量也是辅导员同事职业关系中的重要组成部分。从谢老师的案例中，我们看到了同事职业关系的正能量与正向促进效应，当然在实际工作中，辅导员同事职业关系中需要遵循的职业道德与职业关系规则，仍需我们不断探讨与梳理，期待挖掘更多辅导员同事职业关系的共生、共享、共赢之道。

案例二

面对冷言，大局为重

新学期开始了，补考临近，某学院教务办公室公示了参加某门课程重补考学生名单，有3名需要参加重补考的学生发现自己不在名单内。于是，他们一起去找教务办公室主管此事的老师L并就此事询问该老师。当被告知因他们在上学期末未提出参加下学期重补考申请，故不在名单内时，学生坚称他们在上学期末提出过申请，可是，L也坚称她没有在规定时间内收到他们的申请。学生希望通融一下，允许他们补报，但教务办公室教师以逾期、无法安排为由拒绝了。由于上学期末申报重补考的通知是教务办公室通过学生会学习部下发的，后来几个学生找到当时负责此事的学生干部，要求她出面和教务办公室沟通。应他们的要求，该学生干部也去找了教务办公室，经过核实，问题出在学习部与教务办公室的信息衔接上。基于事情的严重性，那个学习部的学生干部也请求教务办公室网开一面，但同样被拒绝。最后，该学生干部向主管辅导员求助，希望她出面，帮助他们解决难题。

面对学生的求助，辅导员觉得有必要介入，便去教务办公室了解情况。辅导员心平气和地问教务办公室负责人："请问哪位老师负责补考管理？"教务办公室负责人："唐×老师。"辅导员："唐老师去哪儿了？"教务办公室负责人："休产假了。"辅导员："有几个学生向我反映，他们不能参加下周的重补考，我想了解一下是怎么回事，你知道吗？"教务办公室负责人："我不知道，你去问唐×。"辅导员："她休了产假，我没法问，你们没有工作交接吗？"教务办公室负责人："麻烦你先回去问清楚自己的宝贝再来找我们！"碰一鼻子灰以后，辅导员马上离开了教务办公室。大概半小时以后，辅导员再次试图通过QQ与教务办公室负责人沟通。辅导员："我不是要质问你，而是想先弄清楚情况，好给学生一个答复。"教务办公室负责人："你去问你的宝贝们！"辅导员："他们是我的宝贝，同时也是你的宝贝，是整个学院的宝贝。学生是我们的工作之本，如果没有他们，你我马上失业。"教务办公室负责人："我巴不得失业呢！"辅导员无语，谈话终止。为了不进一步刺激对方，辅导员终止了交谈。半小时以后，另一个办公室的同事Z通过QQ给辅导员发来一条消息："那个人是你吗？"然后是一张截图。辅导员十分意外，点开截图一看，正是刚才跟教务办公室负责人的聊天记录。辅导员好奇地问："这截图是从哪儿来的？"Z说："教务办公室负责人发在学院群里的。"辅导员："她还说了别的什么吗？"Z说："她还说教务办公室的办公时间是……以后请辅导员们交代自己的宝贝在非办公时间不要打她们的电话。”通过聊天记录，辅导员和教务办公室负责人两人沟通时的修养高低立判，但对方把聊天记录发在群里，不知是何居心，让该辅导员匪夷所思。后来，辅导员将此事以书面形式向学院领导报告。学院领导阅读材料、查清事件经过以后，对教务办公室负责人做出了口头批评，并通过与学校教务处的沟通，解决了3名学生的重补考问题。

【启示】

面对这样一个难以沟通的同事，该辅导员为了维护良好的同事关系，为解决学生面临的实际问题，表现出了沟通的最大诚意，两次沟通无果以后，为避免发生直接冲突，采取迂回战术，使问题得到了圆满解决，体现出了沟通的良好技巧。

补考的组织本不属于辅导员职责，但面对学生的求助，该辅导员义无反顾地介入事件的处理，希望给学生一个交代，体现了一名辅导员的责任和担当；面对同事的不友好，始终保持克制，避免在交锋中激化矛盾；面谈未果以后，换一种方式继续沟通，希望在对方平复情绪后，查清事实真相，寻求补救办法；在QQ沟通过程中，面对对方咄咄逼人、不依不饶的态度，不急不躁，不愠不火，以大局为重，仍然试图动之以情、晓之以理，希望妥善解决问题；面对对方的讥讽、刁难，辅导员回避纠缠，将事情报告领导，让事件的解决出现转机。这些都体现了该辅导员的胸怀和修养。

教务办公室负责人沟通时的傲慢无礼导致辅导员主动发起的沟通归于失败，并造成了同事关系紧张；辅导员对与该同事关系的处理，体现出了沟通上的诚意和风度。面对不同类型的同事，辅导员只有不急不躁、能屈能伸，不断提升与不同类型同事打交道的能力，才能从容面对、巧妙应对，避免硬碰硬而使简单的问题复杂化。辅导员只有不断提高自己的修养、开阔自己的胸怀、增长自己的技能，才能在纷繁复杂的学生工作中处变不惊、游刃有余。

第二节　同事交往行为规范：尊重、宽容和关怀

辅导员因为职业原因而形成同事关系，在职业活动之外，他们往往由于兴趣爱好、共同目标，以及朝夕相处自愿拓展原有的职业公共关系，结成更为亲密的类似于朋友式的私密性日常交往关系。在这种日常交往关系中，如能遵守一定的交往规则，则能促进职业关系的良性发展；反之，则阻碍或破坏正常职业关系的建立。

辅导员之间的这种交往关系虽源于工作关系，但其交往是自愿性质的，具有接近朋友关系的私密性和亲密性。同时，又因其是在基于职业关系的基础上建立，这种交往关系的私密性和亲密性又染上一定公共性的色彩。因此，这种关系与朋友关系类似，又区别于朋友关系，我们暂且称之为基于公共关系的同事友爱。

一、同事友爱的内涵及要素

同事友爱是良好的职业关系必须具备的一种德性，是职场生活所必需的东西。同时，它又是一种现实活动，是两个相互了解、相互吸引的同事，在共同的职业关系及私人生活中，对自身及对方的工作、生活、成长充分肯定，分享快乐和忧伤，共享欢愉并相互分担痛苦。同事友爱是由毫不掩饰的双方逐渐发展而成一种亲密的情感，在此基础上沉淀而成的人的德性。同事友爱应当包含尊重、宽容及关怀等核心要素。

（一）尊重

尊重是道德人格的起点和基础。① 何谓尊重？柏拉图认为“一般的尊敬（respest）无非就是对所有处于权威地位的人所尽的义务”②；康德把尊重视为一种特殊的情感，即“意志直接为法则所规定以及对此的意识”③；罗尔斯则认为尊重（respect）意味着“我愿意从别人的观点或别人的观念来理解他们的处境；每当我们的行为实际上影响了其他人的利益时，我们准备提出一些能解释自己行为的理由”④。弗罗姆提出：“尊敬（respest），意指能客观地观察一个人并能意识到这个人的独特个性。尊敬还意味着让对方任其天性地自由成长和顺利发展以及关心对方的成长和发展。”⑤ 把上述观点归纳起来，尊重是道德人格的起点，是我们在对自己肯定与认可的基础上，对他人处境的理解，自由、个性的宽容，成长与发展的支持。

为什么说同事友爱包含的首个因素就是尊重？康德在其论著中指出，“每一个人都有一种受到其同伴尊重的正当要求，同时，他反过来也必须尊重其他的每一个人。人性本身是一种尊严；因为人不能被任何人（无论其他人还是他自己）仅仅用作一个手段，任何时候都必须同时也被当作一个目的。……他（每一个人）有责任通过实践的方式承认其他任何人的人性尊严。由此可见，他承担着一种必须向其他每一个人表示出来的尊重之义务。”⑥ 康德的阐述非常明确地给我们提出了作为人而应受到尊重和尊重他人的道德义务。因为人性本身就是一种尊严，我们必须把人作为目的自身来对待。约翰·罗尔斯在《正义论》中也提出，人际的互相尊重是一种自然义务。⑦尊重除了是一种人的义务外，它还“是每个人不可侵犯、不可剥夺的权利”⑧。可见，尊重与被尊重是一种我们与生俱来的义务和权利，是进入对方世界的钥匙，没有尊重，就谈不上对对方的进一步关

---

① 周治华．伦理学视域中的尊重［M］．上海：上海世纪出版集团，2009.

② 柏拉图．柏拉图全集：第三卷［M］．王晓朝，译．北京：人民出版社，2003：683.

③ 李秋零．康德著作全集：第4卷［M］．北京：中国人民大学出版社，2005：408.

④⑦ 罗尔斯．正义论［M］．何怀宏，何包钢，廖申白，译．北京：中国社会科学出版社，1988：337.

⑤ 弗罗姆．爱的艺术［M］．康革尔，译．北京：华夏出版社，1987：24.

⑥ 原文出自康德的 *Practical Philosophy*，转引自：周治华．伦理学视域中的尊重［M］．上海：上海世纪出版集团，2009.

⑧ 王宏维．加强道德建设　构建和谐社会的人际和谐关系［J］．广东社会科学，2005（6）：17－22.

心和爱护。因此，尊重成为同事友爱的核心要素。

（二）宽容

宽容“这个词最初的含义比较狭窄，意味着对异己信仰的容忍”[①]。当今人们使用这个词“通常包含两方面的意思，既指赋予人们权利的法律秩序，又指与他人交往时保持宽容的政治美德”[②]。本文所指倾向于后者，但又不仅仅是一种政治美德，而是人际交往中的价值取向、性格态度和精神气质。友爱作为一种德性、品质，为何含有宽容精神？首先，宽容是对他者的接受、尊重，是我们身上的美德、能力。再者，我们处在一个多元化的现代社会，意味着自由、个性、权利、差异等多种形态的生活方式及价值观的共存与碰撞。在这样的生活境域中，“不但世界观的多元化呼唤宽容，具有强烈同一性特征的语言和文化生活形式，如果它们在其总体信念的基础上，不仅在生存意义的视角下，而且在真实性和正确性的有效性层面上必须做出判断的话，同样需要宽容并必须表现出宽容”[③]。只有理性地对待分歧并超越分歧，才能化解复杂多变的社会环境生成的巨大压力，以从容淡定的态势自足生长。因此，宽容成为化解现代生活世界各种激荡的社会矛盾和个体矛盾的必需品，正逐渐发展为人们的心态、性格和精神气质。而在同事友爱的双方关系中，因为比普通的人际多了共同的工作人际关系、职业目标、善意等因素在里面，因而更应用宽容的态度看待双方的分歧或矛盾，抛弃分歧，寻找共性。唯其如此，友爱情感才能历久常新，我们才能品尝友爱的甘甜。因此，宽容是同事友爱的题中之义。

（三）关怀

关怀是同事友爱之情最核心的要素。关怀是一种心理品质，也是一种道德品质。它是以爱的情感为基础而表现出对人和事物的关心、在意、爱护等稳定的态度和行为倾向。它跟儒家的“仁者爱人”“老吾老，以及人之老；幼吾幼，以及人之幼”这种把爱的情感推己及人的情怀相类似。马丁·海德格尔把关心（caring，亦译作关怀）描述为人类的一种存在形式。他认为：“关心既是人对其他生命所表现的同情态度，也是人之做任何事情时严肃的考虑。关心是最深刻的渴望，关心是一瞬间的怜悯，关心是人世间所有的担心、忧患和苦痛。我们每时每刻都生活在关心之中，它是生命最真实的存在。”[④] 关怀伦理学家内尔·诺丁斯则认为：“关心是一种两个人之间接受关心、付出关心的一种关系。同时，关心也可以代表某些能力。”[⑤] 它主要包括两个方面的内容：一是承担，即为某事、某问题、某人（群体）操心、担忧或烦恼；二是关注，即对被关怀对象的感受、想法和利益等非常在意。由于“爱的本质是要为某种东西付出‘劳动’以及使某种东西成

①② 哈贝马斯，章国锋．我们何时应该宽容：关于世界观、价值和理论的竞争［J］．马克思主义与现实，2003（1）：107－112.

③ 哈贝马斯，章国锋．我们何时应该宽容：关于世界观、价值和理论的竞争［J］．马克思主义与现实，2003（1）：107－112.

④⑤ 诺丁斯．学会关心：教育的另一种模式［M］．于天龙，译．2版．北京：教育科学出版社，2011：30－33.

长”①，作为同事兼朋友的辅导员之间，理所当然地必然要求主动关注对方在交往过程中关涉到的情感、物质利益等，能因对方的幸福而快乐，因其所处困境而担忧。

二、相互尊重、宽容与关怀的实现方式

尊重、宽容与关怀固然是辅导员在日常交往关系中应该秉持的原则，但因为辅导员的同事友爱涉及职业公共关系和私密关系这两个领域，不同于纯粹的职业关系或私密的朋友关系，其在表达尊重、宽容与关怀这些情感和行为时须掌握一定的度和技巧。

（一）尊重

以尊重为钥匙进入对方世界。在辅导员的日常交往生活中，尊重是所有交往关系的起点，具有重要意义，具体要做到以下四点。

1. 尊重对方的人格，平等看待他人

高校里的辅导员虽然在入职要求上每所学校基本上是统一的，但这个群体在年龄、社会阅历、家庭背景、学历、知识结构、工作能力和水平、性格特征等诸方面还是存在很大差异的。辅导员要认识到，人与人之间是平等的，尊重他人是形成和谐人际关系的前提和基础，只有尊重对方，才能赢得对方的尊重。而作为同一单位甚至同一办公室的同事，每天面对面的时间比家人还长，唯有相互尊重，才能愉快共事，共同进步，一起成长。因此，资历较深或自身条件较好的辅导员应该摒弃诸多差异可能带来的歧视或偏见，平等看待其他辅导员，不因其家庭背景实力雄厚或获誉而阿谀逢迎之，不因其工作能力较低而轻视之，与同事平等地进行对话及情感交流，建立和谐的工作环境。

2. 尊重对方的成绩，吸取他人的经验

如前所述，辅导员之间存在着诸多差异，而且分工不同，有的负责学生的思想政治教育，有的负责勤工助学，有的负责团委、学生会工作；有的擅长组织管理，有的擅长思想教育及心理疏导；有的学生工作实践经验丰富，有的刚入职缺乏工作经验；有的擅长口语的表达，有的擅长文字写作；等等。因这些差异，他们在工作中取得的阶段性成果肯定不一样，甚至差异很大。同一个办公室的同事，有的可能已经获得学校、全省乃至全国的“十佳辅导员”或“辅导员年度人物”等殊荣，而有的则默默无闻，工作十几年一直没有获得很高的奖项；有的辅导员因为负责团委、学生会工作而有很多机会获得省、市乃至全国的优秀共青团干部等称号，而有的则因为负责勤工助学和毕业生工作很难有机会获得省、市的奖项和荣誉。这些工作成绩上的差异，辅导员应该理性看待，要积极肯定其他同事取得的成绩，为他们取得的进步和荣誉感到由衷的高兴，开心地为他们送去友善的掌声和祝福，同时勉励自己，只要兢兢业业，坚持不懈，与优秀的同事多交流多沟通请教，学习他们的经验和长处，弥补自己的不足，自己也会取得进步和荣誉。反之，如果辅导员只看到分工不同导致获奖机会上的不平等，忽视他人在工作上付出的努力和汗水，一味地抱怨、诋毁、嫉妒甚至想方设法造谣和排挤他们，则会造成恶劣的人际环境。同时，因为狭隘心理，不懂得欣赏优秀同事的经验和长处，他也就失去了通

① 弗罗姆. 爱的艺术［M］. 康革尔，译. 北京：华夏出版社，1987：23.

过向优秀者学习和交流提升自己素质和工作能力的机会，从而也阻碍和限制了自己的进步和成长。

3. 尊重对方的差异，欣赏他人的优点

如前所述，辅导员这个群体差异性很大，他们在教育背景、专业知识、家庭背景、性格特征等诸方面的差异导致他们在工作方式和生活方式上都存在很大分歧。例如，在某个院系的辅导员例会上，主管学生工作的副书记提出一个学生工作的问题让辅导员各抒己见，他们往往因各自的生活阅历和工作经验不同而提出不同的处理意见，有时候先后提出的这些意见可能还会相互冲突和矛盾。这个时候辅导员之间应该形成一种在对对方了解的基础上的工作默契，即对方不是因为主观上反对你而提出不一样甚至相反的意见，而是因为他的阅历或经验等因素而提出与你不一样的方案。这是对事不对人，应予以理解和尊重。反之，如果只看到差异并把其归咎于对方对自己的不尊重，那么，则会把同事关系恶化，导致无法共事，对自己和他人都不利。

辅导员不但要学会尊重同事的差异，更要学会欣赏同事的优点。例如，有的辅导员性格柔韧，擅长处理人际关系；有的辅导员则性格直爽，心直口快并因此导致人际关系不太好。这时，后者则应该在与身边同事日日相处的过程中，发现自身与同事的差距，并认可和欣赏他的优点，学习他的长处来弥补自身在人际关系处理技巧上的不足。在这个学习的过程中，通过双方的交流和沟通，不但能促进自身素质和能力的提升，更能营造一种和谐的人际关系，因为被学习者感受到一种被尊重与肯定的价值，从而形成两者间的默契和友善氛围。

4. 尊重对方的隐私，不干涉他人的生活

每个人都有隐私，都有不愿他人知道或不便他人知道的个人信息，不愿他人干涉或不便他人干涉的个人私事，以及不愿他人侵入或不便他人侵入的个人领域。辅导员之间在日常交往中多多少少会直接或间接接收到他人隐私的信息，例如，婚恋、财产状况、社会交往、健康状况等。如果双方关系较好，那么会直接从交往中得到；如果关系一般，有时也会从他人的言谈中得知一二。不管是从何种渠道得知同事的隐私，辅导员都应该予以保密，一是因为我国公民依法享有不愿公开或不愿让他人（一定范围之外的人）知悉的不危害社会的个人秘密的权利，即不危害社会的个人隐私是个人的自然权利，隐私之于社会公众而言是不可剥夺的，受到法律的保护。另一个更重要的原因是出于对同事的尊重和爱护之情，为他们保守秘密，不打听，不散播，更不谣传，以免影响到同事正常的生活、工作和学习。如果同事因为对你的信任而向你求助，则应以自己的最大能力去帮助他解决困难。唯其如此，才能建立健康的工作环境，同事们一起在身心愉快的工作环境中互相鼓励、互相帮助，共同进步。

（二）宽容

以宽容的精神气质超越分歧和矛盾。辅导员用宽容的态度看待同事之间的差异，处理日常交往中的分歧或矛盾，对于建立良好的职业关系具有重要意义。

1. 以宽容的精神气质理性看待分歧和矛盾，超越分歧和矛盾

辅导员之间因为工作上的沟通和合作需要，交往比较密切，又因为各自的个性、认

知、价值观、工作经验等方面的差异，在交往中不可避免地出现一些矛盾或冲突。在这些矛盾和冲突的面前，辅导员应该本着宽容的态度，主动去了解对方与自己产生分歧和矛盾的根本原因，并在理解分歧和矛盾的原因后，积极寻找双方可能的共性。例如，在评奖评优的环节上，存在着竞争甚至残酷的淘汰，辅导员在职业生涯中难免会面对同事的胜出和自己的失败这样的局面。这时就要理性看待和处理同事之间的利益矛盾，认识到对方获得荣誉是付出努力和汗水的回报，对方的胜出是客观原因，不是自己一时的述职失误，更不是领导主观偏心造成的，明白同事的荣誉也是自己进步的动力，只要自己坚持不懈，虚心学习优秀同事的经验，在工作上加倍努力，总会得到肯定。只有这样，才能摒弃分歧和矛盾，扭转对峙的难堪局面，走向共赢。

2. 以宽容的精神气质理性看待同事的缺点，原谅其过错

辅导员之间因为工作关系，朝夕相对，自然也会了解一些对方身上的缺点及在工作或生活中曾经犯下的错误，这些缺点或错误可能在过往的日常交往中对自己造成过伤害，也可能与自己关系不大。对于同事身上的缺点，我们应该认识到人人都有缺点，我们对待别人，既要看到其短处，更应看到其长处，要从大处着眼，常抱一颗体谅之心。对于同事的过错，错误既已成过去，只要这些错误的程度不是很严重，而且对方不再继续犯错，就应该多站在他的角度考虑，以宽容的态度对待之，给他机会改正错误。子曰：“成事不说，遂事不谏，既往不咎。”（《论语·八佾》）辅导员若以此人生智慧和职场智慧处理同事的错误，本着对同事的尊重和爱护，不计较，不追究，既体现了个人的高尚德性，更能赢得对方的尊重、敬重，共同营造和谐愉悦的工作环境，更快地推动双方职业目标的实现。

（三）关怀

以关怀之心引导职业共同体的建构。关怀是同事友爱之情最核心的要义，对于建立和谐的职业关系至关重要，要求辅导员在日常交往中做到以下两点。

1. 关心同事的困难和痛苦，必要时施以援手

其一，关心求助的同事，热情大方地解答对方的业务咨询或生活上的疑问。辅导员队伍里的差异性很大，有的工作经验丰富，工作能力强，有的则刚入职，对工作尚未熟悉。这时欠缺经验的辅导员往往会向经验丰富的同事咨询或求助。经验丰富的辅导员面对求助，应该热情大方地解答并予以指导，鼓舞其信心。有的辅导员年龄稍长，生活经验丰富，在婚恋、育儿或购置住房等方面比较有心得，如果有年纪较轻的同事在这些方面有疑问，也应以大哥哥/大姐姐的角色耐心解答，并提供自己力所能及的指引或帮助。其二，关心因面临困难或痛苦而情绪低落或神情沮丧的同事，主动问候，真诚帮助。高校里同一院系的辅导员往往在同一个办公室办公，不同院系的辅导员也经常因为团委工作、学生资助工作、毕业生就业工作等校内会议而碰面，因而总有机会看到同事的喜怒哀乐。当观察到同事总是一脸愁容或神情沮丧时，则应主动问候，因为有的人比较内向，不太愿意主动向他人求助。如果对方在你的问候下打开心扉，向你坦陈困难，倾诉苦闷，则应做思想或心理疏导，同时提供自己力所能及的帮助。如果对方不愿意告知，则应予以理解并表达善意，告知对方有需要可以随时找你帮忙。虽然你没有提供实质上的帮助，

但对方已经感受到你的善意和温暖，双方已经形成一种朋友式的温暖氛围和友爱关系。

2. 关心同事的职业发展，互相勉励，共同进步

在入职前后，辅导员群体中的大多数人会做职业生涯规划，他们因为是双重身份，既是教师又是干部，因此可以选择教师职称评定和行政职务晋升两条道路。辅导员一般情况下会根据自身的特长和意愿，有的选择职称评定，有的选择行政职务晋升，有的则两者兼之，“两条腿走路”。由于很多高校辅导员的职称评定还没有实施单列单评，与全校思想政治教育专业的专任教师竞争，在学术水平上处于劣势，很多辅导员虽然具有丰富的学生工作教育管理实践经验，却没有学术能力把经验提炼升华为理论，因而缺少研究成果，在职称评聘上往往在讲师的职称上多年停滞不前。而选择走行政干部晋升道路的辅导员也因为学校行政副处长职务不多，参与竞争的科级干部很多，“僧多粥少”，自然竞争激烈，多次竞岗失败，在本岗位上十几二十年仍然默默无闻，因而不免迷茫乃至产生职业倦怠。面对同事的这些职业发展上的困难和挫折，辅导员不应该一味附和，声讨制度或人事，而应做好思想及心理疏导，引导其理性看待职称及职务上的晋升，以“莫为浮云遮望眼”“风物长宜放眼量”的精神勉励对方，鼓励其重振信心，投入工作，坚持不懈，努力拼搏，总能达成自己的职业目标。辅导员从挫折中走出来的同时增加了阅历，处理事务的能力增强了，反过来又能勉励其他有困难的辅导员，这样就逐渐形成一个积极向上、互相帮助、共同进步的职业共同体。

【案例分析】

案例一

缺乏相互关心和帮助，同事友爱之花亦枯萎

A 与 B 是某大学辅导员，两人一起共事已有十年左右，形成了一种比较稳定的合作关系，虽然工作中也有一些分歧和矛盾，但也算能和谐相处。例如，A 参加辅导员职业能力大赛，希望能打扮得精神爽利地上台参加演讲和答辩，因而需要购买参赛用的服装。因为 B 平时打扮比较时尚大方，在穿着方面较有品位，所以 A 请 B 利用下班时间帮忙去商场挑选合适的服装。虽然 B 家里有小孩要照顾，但也爽快答应并且很快帮 A 挑选了合适的服装，并在 A 参赛的当天，用自己的化妆品帮 A 化了妆，以便 A 能以最好的精神面貌参加比赛。

导致两人出现明显矛盾的事件是工作上的分工与相互帮助的问题。B 怀上二胎了，这是一件难得的喜事。B 也很坚强，从发现怀孕到休产假之前的这段时间，除了因一些必须的产检请了假外，其他时间都坚持上班。在 B 怀孕 9 个月左右的时候，学校部署某学生专项工作年度检查和评比，要求各学院负责该专项工作的人员、学生工作办公室主任或主管学生工作的学院党委副书记参加汇报讲演。B 考虑到自己怀孕挺着大肚子的形象及压力过大可能导致孕期不安全等原因，不想参加这个汇报，于是向主管学生工作的学院领导提出请求，由她写好汇报的 PPT，希望 A 能代替她做汇报讲演，该学院领导当时也同意了，于是她顿时感到轻松了。但是，第二天上班时间，她被叫去领导办公室谈话。该学院领导告知她，A 不同意代替她做该学生工作的汇报讲演，原因是她不熟悉该

项工作，而且她当时要准备学校的岗位竞聘事宜。B 立刻提出疑问，一是 A 作为学生工作办公室主任，一直有跟进该项工作，不存在不熟悉的情况，而且她还会给她准备好汇报用的 PPT；二是学校还没公布竞岗工作的方案，通知也没有发，所以现在准备为时过早。但该学院领导最后坚持原来的决定，请 B 放松心情对待该项工作，克服困难，准备参加该项工作的汇报讲演。

B 从学院领导办公室出来后，感觉很委屈，伤心难过，忍不住在办公室哭了，怕被其他同事看见不好，走到办公室外面没人的地方站立望着远方静静地流泪。同一办公室的辅导员 C 看见了走过去安慰并了解原因后，提出由她代替 B 参加汇报讲演。B 感谢她的好意后拒绝了，说自己服从领导的工作安排。从这个事件以后，A 和 B 虽然没有面对面吵过架，但相互的关系就变得没有以前和谐了。B 曾在私底下跟 C 表示对 A 很失望，不再愿意跟 A 共事了。果然，她在休完产假回学校上班后就调离了原来的工作岗位，令人唏嘘和遗憾。

【启示】

这是一个典型的辅导员在工作和日常交往中缺乏相互关心和相互帮助，最后导致同事关系破裂的反面案例。从社会学的角度看，同事关系只是次级关系，是非私人、正式的或偶然的、不亲密的社会关系。但有的同事一起共事十多年或几十年，他们之间因为工作原因日日相对，经过深层的沟通和交流产生友爱的情感，从而跨越次级关系，形成朋友式的亲密性特征而变成初级关系。案例中的 A 和 B 在发生该事件前虽不算好朋友，但十年的同事关系尚算得上和谐。导致矛盾剧烈化的主要原因是 A，但 B 在求助的过程中也存在一定问题。

其一，A 缺乏对同事应有的关心和帮助。A 在自己参加辅导员职业能力大赛时因为挑选参赛服装有困难向 B 求助，B 爽快答应并主动提出帮 A 在参赛前化妆，A 应该能体会到 B 对自己的关心和爱护之情。但友爱不是单方面的，是两个人之间的善意往来。A 收到 B 通过学院领导传达给她的求助后，没有深刻体谅 B 作为一个高龄孕妇在孕期接近生产时候面对汇报讲演时的难处和因压力可能导致的孕期不安全，拒绝了 B 的求助，导致 B 觉得 A 对一个高龄孕妇在这么困难的时候提出的求助都予以拒绝，没有一点人与人之间的同情之心，何况自己以前还帮助过 A，A 绝情地拒绝实在是辜负了自己以前对她的关心和帮助，因而觉得委屈，伤心难过。同事关系也就因此破裂。

其二，A 没有与同事坦诚沟通自己拒绝帮助的原因。B 虽然只是通过学院领导的传达向其求助，但 A 在学院领导告知后，假如真的是因为自身原因不能予以帮助，不应通过学院领导传达拒绝的理由，而应当面跟 B 坦诚地沟通，寻求一个大家都能愉快接受的解决方法。

其三，B 向同事求助的方式不正确。B 因为自己的身体原因固然应该向同事求助，但不应该通过领导施压让 A 代替自己工作，而应首先坦诚地与 A 沟通，把自己的困难与不便一一跟 A 道来，让 A 感觉到两人之间的信任及自己对同事负有的责任。如果 A 实在是有客观原因不能予以帮助，再向学院领导汇报，寻求更好的解决办法。

案例中 A 和 B 同事关系的破裂让人唏嘘，但再一次警醒辅导员之间相互关心和帮助对于建立和维持和谐的同事关系的重要性。对于类似的问题，解决办法如下。

一是同事之间要有关怀之情，互助之行。辅导员这个群体往往年龄相近，专业相同，虽有分工，但强调合作。因为面对的是相同的教育对象，同事之间如果没有建立起一种和谐的关系，不能互相体谅，相互关心帮助，处处斤斤计较，相互推诿，则无法合作，会导致工作效率低下，影响双方职业目标的实现，更对学生产生不良影响，破坏辅导员在大学生心中的形象，降低辅导员在大学生思想政治工作中的权威性。

二是同事之间须坦诚沟通，营造和谐的工作环境。辅导员之间合作的机会很多，总有遇到需要向同事求助的时候。这时就不能希望通过上级领导施压让对方接受工作任务，而应主动地、坦诚地把自己的困难告知对方，诚恳地提出自己的请求。对方感受到诚意后，当然也会尽力帮助；假如有困难不能予以帮助，也会坦诚地表达自己的客观原因，从而得到你的体谅。可见，唯有坦诚相待和沟通，才能得到对方的理解、支持和帮助，从而解决困难，提高工作效率，也收获同事的友爱之情。

案例二

以柔克刚，以和为贵

某辅导员兼任教工行政党支部组织委员，职责之一是收缴党费。在党费收缴过程中，一直面临一个难题——少数党员总是不按时交党费，需要组织委员催交，缺乏交党费的自觉性、主动性。为了解决这个难题，行政党支部召开了支委会，通过专门讨论，制定了一份支部缴纳党费规则，报党委审批后通过 OA[①] 系统下发给各党员讨论，征求意见。党支部某党员 Y 对该规则公开提出了以下质疑。

"'每日 10 号以后，除非有特殊或正当理由，不再接收'是否意味着永远都不用交该月党费？一次性交半年不符合有关规定，算不算是本支部的原创？每月 10 号以后不收党费，谁给组织委员的权利？一收收半年，本党员觉得组织委员有偷懒的嫌疑。党员应当主动按月交纳党费，但没有规定组织委员必须要坐等党员来向他交党费啊！如果连到隔壁办公室收党费的奉献精神都没有，这样的人，本党员觉得他连党员的基本觉悟都没有，还配当组织委员吗？事实上，在××学院时代，本人作为机关党支部的组织委员，每个季度都是亲自上门收党费的。自××学院成立后，印象中不是自己跑去交就是学生来收，都快不知道组织委员是何人了！在为自己点赞的同时也替现任的组织委员汗颜！如果本党员去交党费时，组织委员不在，事后组织委员会屈尊降贵前来收党费吗？为了让组织委员妥妥地坐等党员上门交党费而绞尽脑汁炮制出这个规定，呵呵……"

Y 罔顾事实，带着恶意和偏见对该辅导员进行污蔑、攻击。Y 的行径令该辅导员义愤填膺，准备去找 Y 理论，但后来冷静一想，对方为人处世历来狭隘乖张，与院内多人不和，口碑低下众所周知，当面争吵不仅无助于问题解决，反而可能脱离沟通的本来目的，使问题复杂化。于是他决定回避面对面的冲突，而是针对她的质问逐条在 OA 回复。书面回复写好以后，学院领导获悉此事，并介入处理。出于维护学院良好工作氛围的善意和对学院领导的信任，辅导员将 Y 的回复截图，连同自己的声明一并交给了领导，希

① OA：指办公自动化，英文全称 office automation。

望学院领导公正处理。最后，学院党委支持行政党支部关于党费收缴的规定，并责令 Y 做出反思。

【启示】

本来，担任党支部组织委员并非辅导员的本职工作，收党费是为支部党员服务，是职务行为，出台党费收缴规则是为了降低沟通成本、提高工作效率。这个党费收缴规则类似于一个内部约定，而且只是一个草案，面向支部党员征求意见，各位党员有权利对规定发表意见或提出建议。但是，党员 Y 的回复大大超越了意见和建议的范畴，火力全开，异化为尖酸刻薄的找茬、指责和讥讽，并且将矛头直指负责收党费的组织委员，抓住机会进行人身攻击。“海纳百川，有容乃大；壁立千仞，无欲则刚。”面对同事的抹黑，该辅导员没有以暴制暴，在事件中表现出了极大的诚意和宽容，使工作中的分歧得以妥善解决。

“千里修书只为墙，让他三尺又何妨；万里长城今犹在，不见当年秦始皇。”遭遇他人的误解、污蔑时最考验一个人的沟通智慧。每个单位都不乏难以沟通之人，他们的特点是以自我为中心，说话很冲，不留情面，缺乏尊重他人的意识。与这种人沟通时要保持一定距离，讲究沟通策略，随机应变；确实因为工作需要接触时，既不要诚惶诚恐，也不要以傲抗傲，只需长话短说直奔主题，把需要传递的意思简明扼要表达清楚即可，不给他借题发挥的机会。对于恶语相向的行为，既不能忍气吞声也不能以暴制暴，应有理有据有节地给予解释，对出格的言行则做冷处理，避免硬碰硬而使情势恶化，必要时请第三方出面处理。

通过该案例，辅导员应该吸取的经验教训是：“良言一句三冬暖，恶语伤人六月寒。”跟同事沟通时要注意说话的语气和用语，把握好分寸，己所不欲勿施于人，不因意见分歧而恶语相向，伤害同事关系；在工作中要尊重同事的面子、情感，尊重同事的劳动成果；平和、冷静地面对工作中出现的问题，就事论事，不上纲上线，在友好的氛围中通过沟通协作妥善解决问题。

思考讨论题：

1. 辅导员工作中的同事关系行为规范是什么？
2. 辅导员之间的交往行为规范是什么？如何做到相互尊重、宽容和关怀？
3. 同事关系的友爱规则与职业竞争是什么关系？

第六章
家校工作关系规范

对学生的教育和关怀从来不仅仅是学校一方的事情。尽管进入高校后，大学生的独立性增强，对家庭的依赖性逐渐减弱，但是，这并不意味着家庭教育在此阶段的缺场，学生家庭仍然要担负起应有的教育责任。辅导员在对学生进行教育指导过程中，难免会遇到要与学生家长相互交流、相互配合和相互协作的时候。究其原因，这也是因为家庭教育和学校教育都是学生成长成才所不可或缺的组成部分。对此，辅导员要与学生家长达成共识，建立良性的沟通模式，与学生家长协同育人，以家校合力共同促成学生的成长成才。

第一节　教育行为规范：协同

家庭和学校是学生成长、成人和成才的两个最重要的场所，对学生的成长影响最大，也最为直接。学校和家庭只有相互配合、相互支持、团结协作、一致行动，建立合作、共享、共育、共赢的家校合作体系，才能共同营造和谐的校园氛围，优化育人环境，促进大学生健康成长和全面发展。

《国家教育事业发展“十三五”规划》对协同营造良好育人生态有着明确的指南：“建立政府、学校、社会、家庭全面参与的协同育人工作机制”，“明确家庭教育责任，强化家长教育，普及家庭教育常识，引导父母做好学生的第一任老师，促进青少年人格养成、心理健康成长”。由此，也决定了高校与学生家长之间具有相应的密不可分的互动关系。家庭教育是基础，学校教育为主导，两者必须相互配合，和谐共进，以加强教育的效果。此外，随着全民学习、终身学习概念的提出，学校的教育功能也发生了变化，它不再是终结性的教育，也不是教育的唯一形式，更不是教育的唯一场所。学生除了在学校接受教育以外，其余时间都主要在家庭和社会中接受教育和熏陶，高校要取得最佳的人才培养效果，就要树立现代大教育观，充分发挥社会、家庭的教育作用，正确处理高校与学生家长的关系，打造家校共同体，构建家校协同育人机制，形成教育合力。

一、辅导员与学生家长的教育义务

辅导员是高校教育队伍的重要组成部分，促进高校辅导员和家长“教育共同体”建

设，加强辅导员和学生家长之间的协同配合，是实现校内、校外，课上、课下全方位、全过程教书育人的必要手段，这种方法对于实现当代大学生全面发展具有至关重要的作用。要实现辅导员和家长协同育人，要求辅导员和学生家长双方都能切实履行各自的教育义务。

（一）辅导员的教育义务

2017 年 9 月颁布的《普通高等学校辅导员队伍建设规定》（中华人民共和国教育部令第 43 号）指出：“辅导员是开展大学生思想政治教育的骨干力量，是高等学校学生日常思想政治教育和管理工作的组织者、实施者、指导者。辅导员应当努力成为学生成长成才的人生导师和健康生活的知心朋友。”根据《高等学校辅导员职业能力标准（暂行）》和《普通高等学校辅导员队伍建设规定》（中华人民共和国教育部令第 43 号）中对辅导员工作要求和工作职责的规定，新时期辅导员的教育义务概括起来主要包括三个方面：思想政治教育义务、管理义务和服务义务。

1. 思想政治教育义务

对大学生进行思想政治教育是高校辅导员的首要责任和义务。辅导员应该利用自己的职位优势，在遵循思想政治教育规律、大学生成长发展规律的基础上，引导学生深入学习习近平新时代中国特色社会主义思想和习近平治国理政新理念、新思想、新战略，深入开展中国特色社会主义和“中国梦”宣传教育以及社会主义核心价值观教育，帮助学生不断坚定中国特色社会主义道路自信、理论自信、制度自信、文化自信，牢固树立正确的世界观、人生观和价值观。同时要了解并掌握学生思想行为特点及思想政治状况，有针对性地帮助学生处理好思想认识、价值取向、学习生活、择业交友等方面的具体问题。

2. 管理义务

大学生行为的规范化管理是高校辅导员工作的主要任务。辅导员处于学校与学生联系的第一线，学校的各项要求和活动安排都通过辅导员传达并落实到学生中，对执行学校纪律的检查监督，对学生活动的组织管理，包括学生的作息制度、宿舍卫生、文明行为要求、评优评先、奖助贷勤补免等，都是辅导员的工作范畴。这不仅是高校学生管理的基础性工作，而且也是培养大学生良好学风、文明行为和正确价值观取向的重要工作。辅导员的组织管理工作直接关系到学校的教学秩序、教学质量和教学效果，同时对于高校学生的健康成长亦起着不容忽视的作用。同时，面对管理对象不断出现的新变化、新情况、新问题，高校辅导员的日常管理内容应紧紧根据学生特点的变化而变化，同时实施精细化管理，坚持“教育无小事，事事有教育”的原则，对学生的管理既要遵守法律法规、校纪校规，又要坚持以人为本、具体问题具体分析，使教育管理工作“因事而化、因时而进、因势而新”。总体而言，高校辅导员的管理任务主要包括：抓好学生党团、社团组织和班级的建设，以及抓好学生管理的相关制度建设等。

3. 服务义务

随着高等教育体制改革的不断深化，服务工作不仅是培养学生爱校情结的重要手段，

而且是高校育人的基本任务。辅导员工作从工作性质来看，属于服务范畴，高校辅导员工作的根本属性和本质就是服务，为学生服务，为培养人才服务。习近平总书记在全国高校思想政治工作会议上的讲话指出：“思想政治工作从根本上说是做人的工作，必须围绕学生、关照学生、服务学生。”辅导员工作要增强服务意识，牢固树立服务育人的理念，以满足大学生正当、合理的成长成才需要为出发点，努力解决大学生的实际问题，在解决实际问题中解决大学生的思想问题，在办实事好事中不断增强思想政治教育的效果。

（二）学生家长的教育义务

一个人的成长所要接受的教育来自家庭、学校与社会。苏联著名教育学家苏霍姆林斯基曾把儿童比作一块大理石。他说，把这块大理石塑造成一座雕像需要六位雕塑家：家庭、学校、儿童所在的集体、儿童本人、书籍、偶然出现的因素。由此可见，家庭教育、学校教育和社会教育是影响儿童健康成长的三个关键因素，而在这三个关键因素中，家庭教育对学生的成长与成才将带来最直接、最深刻的影响。家庭教育是一种建立在亲情基础上，通过家庭成员的亲身示范、情感交流和家庭氛围的影响，以潜移默化、润物无声的方式进行的教育，是一切教育的起点和基础，具有长期性、持久性和感染性。家庭教育的好坏决定着一个人能否健康成长，人格能否完善发展，对高校思想政治教育中的价值观教育、学业教育、人格素质修养教育和情感教育有着很大的影响和制约作用。

1. 做合格的家庭教师

家庭成员要严格要求自己，加强自身的思想道德修养，用先进的、科学的教育理念和教育方法教育孩子。家庭成员要做到严格要求自己，立场坚定、以身作则、言传身教，切实做到以自己的实际行动影响孩子，处处做到表率作用，对于自身存在的不足和缺点，要敢于面对现实和承认错误，在孩子面前树立正面形象。同时，作为家长还要不断更新自己的教育理念，讲究科学的教育方法，经常与孩子沟通，了解孩子的思想、学习和心理状况，做孩子的知心朋友，真正做到严中有爱、爱中有严，把关心和爱护孩子与严格要求孩子结合起来。因此，提高家庭成员的自身素质，对孩子实施积极的思想道德教育，教育孩子如何做人，让孩子成长为合格的公民，是当前家庭教育的核心问题，也是促使孩子健康成长的关键。

2. 营造和谐家风

家风一词是中华民族历史长河中的一种文化积淀，是中华文明家庭文化的一种独特的话语表达，彰显着中华优秀传统文化所特有的一种厚重感，闪烁着文明的印记与时代的光辉。和谐的家风对于大学生的健康成长和全面发展具有重要作用，因此，父母等家庭成员要通过家训、家规和家教等方面培育和谐家风，为学生的成长发展营造良好家庭环境。

二、协同育人

协同育人是学校与家庭相互协作共同育人的教育合作模式。就教育的整体性而言，

学校教育与家庭教育具有各自不同的优势，可以在教育过程中分担起各自不同的责任，且二者又因教育实践场域的不同而体现出较为明显的边界性。由此，二者区别于彼此间的差异性特征正好表征了其在教育实践上的互补性所在。这种互补性的实现，需要二者在教育实践的过程中通力协作，以共同的教育目标为核心，通过不同的教育侧重、方式和场域来实现教育活动的整体性和系统性。对辅导员而言，要看到协同育人的可行性与重要性，在思想上，积累学习协同育人的思维与方法；在工作中，积极取得家长的理解和支持，与家长共同努力，合力打造一条培育学生的成长成才之路。

（一）协同育人的必要性

实现学校教育和家庭教育的优势互补。学校教育和家庭教育的地位、功能不同，发挥作用的方式也不一样，两者具有较强的互补性。学校教育的阶段性和家庭教育的终身性是互补的，学校教育的专业性和家庭教育的全面性是互补的，学校教育的模式性和家庭教育的灵活性是互补的。在促进学生的成长和发展过程中，学校教育和家庭教育目标的一致性，是二者结合的根基。求共生是家校合作的最低要求，求共赢是家校合作的最高目标。

1. 发挥人才教育功能和实现人才培养目标

当代大学生思想变化明显，心理成熟度不高，“三观”（世界观、人生观和价值观）并未完全确立；并且，由于大学生个人家庭背景、心理素质和个人品质等因素存在着差异，导致大学生在世界观、人生观、价值观和自我管理等方面差别显著。这些差别，给高校教育管理带来压力，需要强有力的思想政治教育来缓解。构建家校协同育人机制，密切和谐家校关系，可以促进高校思想政治教育工作者与学生家庭的双向沟通（或者说高校与学生家庭的双向沟通），及时准确掌握当代大学生的思想状况和心理健康水平，增强大学生教育与管理工作针对性，真正做到以人为本、因材施教，从而更好地发挥人才教育功能，实现人才培养目标。此外，高校在制定育人目标上也存在一些问题，如“高校本位”思想导致高校过多地从高校自身发展而非学生发展的角度出发制定育人目标；“权威决定”思想导致过度依赖教育专家的权威言论来决定育人目标，对于家庭和学生的呼声关注很少；“一刀切”思想导致育人目标宏观上明确而微观上却难实现。构建家校协同育人模式，建设家校育人共同体，有助于调节育人目标偏差，促使高校教育活动紧紧围绕学生成人成才展开。

2. 密切高校与家长的关系

一方面，在实际工作中，高校建立的大学生思想政治教育机制缺乏与学生家庭和社会的互动，而社会大环境和家庭小环境正越来越多地影响着大学生。另一方面，社会上的一些不正之风在一定程度上抵消了高校思想政治教育的成果，而且大学生思想政治教育与管理尚有漏洞和盲点。这些问题的化解，可以通过高校与学生家庭之间形成有效的信息交流方式、合作沟通机制，协调构建起切合实际的教育培养模式等途径实施。家庭教育是学校教育的有益补充，密切高校与家长的关系，构建和谐的家校关系，已成为高校教育与家庭教育形成合力和切实提高大学生思想政治教育的十分迫切的要求。

3. 减少高校与学生家长的冲突

受学习环境的变化、个人全面发展的需要及学生未来发展方向定位等因素的影响，当代大学生面临着学习、生活、就业、人际交往等方面的压力。这些压力如果长期积累而得不到及时解决，学生就容易出现一系列问题，进一步变为引发家校矛盾或冲突的重要诱因。形成和谐的家校关系，一是能对学生提供情感上的支持，让学生感受到学校和学生家庭双方的关心与爱护、理解与帮助，缓解大学生面临的种种压力；二是能使家长意识到家庭教育的重要性，正确对待家庭教育；三是能使家长和学校更全面地掌握大学生的心理情况和思想动态，并及时发现和纠正大学生在心理上的误区、思想上的错误和行动上的盲点，解决大学生面临的问题，及时消除人才培养教育问题上家校之间的分歧，减少和避免不必要的家校矛盾或冲突。

（二）家校协同育人的理论支撑

1. 系统论理论支撑

系统工程就是从系统的认识出发，设计和实施一个整体，以求达到我们所希望的效果。系统中的各个子系统要有机联系、互相配合，形成一个完备的整体，才能最大限度发挥它的效能。教育系统是社会大系统中的一部分，而教育系统作为一个整体，其内部又有许多子系统。构建高校和家庭协同育人机制，加强学校教育与家庭教育的有效沟通联系，是教育系统的内在要求。只有教育系统内各子系统相互作用与协调，形成合力，才能使教育的社会功能发挥最大效能。这就要求我们在培养教育大学生的过程中，要注重学校教育和家庭教育两个子系统的相互沟通和互动，从教育系统的整体性特点出发，优化教育系统内各部分的组合形式，使大学生在和谐、统一、健康的教育环境中成长成才，实现全面发展，以取得良好的人才培养教育效果。

2. 教育学理论支撑

教育作为一项有意识的，以传递社会经验、影响人的身心发展为直接目标的社会活动，不是一种孤立存在的社会现象，而是一种复杂的、综合性的社会生活现象，它全面反映社会生活中的物质生活与精神生活的需求，传递社会生活实践的历史与现实的经验，培养与促进一定社会生产方式所需求的人并使其个性充分发展。教育具有的社会属性是构建家校协同育人机制的理论支撑之一。教育以其社会属性向我们说明，作为上层建筑的范畴，教育不仅受社会的政治、经济、文化影响，而且社会整体的细胞——家庭也深刻地影响着教育活动进行，如家风、家训等。家校之间形成良好的关系，有利于加强家校之间相互沟通，以便学校和学生家庭形成教育合力，协调一致地对学生进行教育。将学生培养成为具有良好社会适应能力的、全面发展的、个性鲜明的创造性人才，是学校和家庭的共同目标，也是构建良好家校协同育人机制的原动力。

3. 管理学理论支撑

高校人才培养教育过程也是教育教学的管理过程。管理学的“责权一致”原则表明，权力与职责在管理活动中是密切联系的，权力即责任。从这个意义上说，高校在行使培养高素质人才权力的同时，必须履行对影响学生成长的各方面进行统筹协调的职责，

重视学生家长参与学校教育的力量，并帮助学生家长增强参与高校教育与管理的责任感和主人翁意识。家长比任何人都了解其子女，也比任何人都渴望子女成才。因此，在高校管理过程中，为了更好地坚持“以人为本”原则，就要让学生家长参与到高校管理决策中来，委以权责，使家长与高校教育工作者相互配合，一起探讨大学生成长过程中的各种教育问题，进而实现高校和学生家长期待的共同教育目标。

（三）辅导员和学生家长协同育人

一般来说，家庭教育是基础，学校教育是主导，社会教育是补充和延续，三者必须相互配合，达成和谐，以加强教育的效果。然而，无论是高校（包括高校教育者）还是学生及其家长，对目前我国家校合作的现状都不满意，认为教师与家长之间的交往并不密切，合作流于形式，形成相互疏离的人际关系。辅导员通常是在学生出现问题时以“传唤”的形式要求家长介入学校教育，家长也仅仅是在孩子出现问题时才与辅导员结成“战时”联盟。辅导员与家长只对眼前的事情做出反应：即针对学生的当前问题进行偶发的、随意的、即时的、有所偏向的联系。现代教育强调教师与家长之间的互动，随着全民学习、终身学习概念的提出，学校的教育功能也发生了变化，它不再是终结性的教育，也不是教育的唯一形式，更不是教育的唯一场所。学生除在学校接受教育外，其余时间主要在家庭中接受教育和熏陶。辅导员与家长的互动有利于教育影响的一致性。因而，辅导员与家长的互动就显得比以往任何时候都更加迫切。

高校辅导员是高校教师的重要组成部分，同样肩负着教书育人的使命，高校辅导员和学生家长之间的密切配合、协同育人，效果非常明显、作用十分重要。构建高校辅导员和学生家长共同育人平台，是学校资源和家庭资源的整合，不但能实现教育资源最优化、教育效率最大化，而且还为高校辅导员提供了新的教育方法。同时，协同育人平台的建立将强化家校协同育人，也为学生家长跟学生之间更为有效的沟通提供实实在在的便利条件，实现对大学生指导的全面提升，形成良性互动。高校辅导员和学生家长相互协同，将使高校大学生学风不断加强、综合素养水平不断提升。

高校辅导员和学生家长应该是相互协调、相互配合、相互促进的关系。高校辅导员和家长的和谐要在共建中共享，在共享中建构，促进辅导员与家长“教育共同体”的建设。

第二节　事件处置行为规范：合情、合理与合法

每一所高校都是一个结构完整的小社会，人口密集，活动内容丰富，事务繁多。在高校学生事务管理工作中，有一类工作属于日常事务管理，即按照法律规定、国家颁布的各种教育制度及学校教育制度规定，按部就班地开展各项工作。另一类工作属于“意外事件”，即广大师生都不愿意其发生，一旦发生后会牵扯到多方利益冲突、消耗很多教育资源的事件。对于各种意外事件的处理，需要辅导员具备专业知识和技能，对于辅导

员能力素养是个极大的考验。妥善处理各种意外事件，不仅需要辅导员具备相应的能力和技术，也需要辅导员在处理事件过程中遵循一定的道德规范。因为学生在学校发生的意外事件处置而形成的辅导员与家长之间的关系，称为事件处置关系，在事件处置关系中的行为规范，是高校辅导员必须遵守的基本道德规范。

一、事件处置关系形成

事件处置关系形成可以从以下三方面来理解。

（一）事件特点

所谓意外事件，总体特征就是“意外”，即意料之外。第一个特点是事件的非常态性和突发性。对于辅导员而言，无论是否做好了处置各种意外事件的准备，意外事件发生的时间、地点、事件影响范围及事件发展趋势，都不是辅导员能够预料到的，也不是辅导员工作计划之中需要处理的事务之一。此类事件并不是经常发生的，发生的时间、场合和当事人，具有不可预料的突发性，因此意外事件发生后，必然会引起辅导员及学校学生工作管理部门一定程度的紧张感，触发辅导员和学校对事件处理的“紧急应对机制”。第二个特点是事件的偶发性，即此类事件的发生虽然有必然的原因，但是对于辅导员来说，哪位辅导员会遇到该事件，该事件发生在哪些学生身上，该事件由哪些直接原因触动，都是偶然的，无法按照正常的逻辑思维去推理该事件的发生时间、地点、涉及的当事人及发展趋势。而且，此类事件很可能是由某种看起来很不起眼的原因直接触发，或者由某个事件引发的连锁反应所致。第三个特点是此类事件涉及的当事人，是辅导员所负责的班级的学生，涉事学生以个体身份参与该事件，事件涉及的权利与义务纠纷，与学生个体直接相关，而不是与某个法人或机构直接相关。第四个特点是此类事件利益关系的多方性，即此类事件一旦发生，利益关系纠葛所涉及的，主要是学生个人、学生家长、辅导员、学生与辅导员所在学校及其他学生或家长。第五个特点是家校联动性，即此类事件必须学生家长出面，与辅导员和学校等涉事方妥善协商，或者走司法途径，才有可能得到妥善解决。

（二）事件类型及其发生原因

在高校发生的各种意外事件，如果按照事件发生给当事学生造成的直接后果来划分，大致可以分为以下三种类型。第一类是人身伤害事件。由于不可抗力的自然原因，或来自于他人的暴力侵害，或公共安全原因如食物中毒、传染性疾病暴发等，或者是学生突发疾病或个人行为失误等原因，给学生造成比较严重的人身伤害后果，且涉及经济赔偿等行为。第二类是财产纠纷事件。学生在参加某些经济交往活动中，由于经济利益关系矛盾而导致学生与其他当事人之间的财产纠纷。就概率而言，绝大多数大学生不具备经济独立能力，在经济利益受损或因为“校园贷”等原因而陷入经济利益纠纷时，必须家长出面才有可能妥善解决问题。第三类是心理健康事件。心理健康在大学生成长过程中必须得到重点关注，警惕个别学生由于心理健康隐患或者由于各种外在原因引发心理疾病。心理健康存在问题的学生，在生活自理与日常行为管理等方面，可能会出现各种危

险，需要家长和学校共同负责，及时确诊，通过合理的手段予以治疗，使其尽快康复，继续学业。

各种非常规事件发生的原因，主要有以下四种。一是就学生个体而言，非主观故意的身心疾病、存在主观过错的违规违纪或违法、个人行为失误或失常等，都可能引发各种意外事件；二是就客观因素而言，不可抗逆的自然灾害，如地震、台风等都有可能对学生造成伤害而引发意外事件；三是就管理而言，学校有关部门或辅导员管理失误有可能引发各种意外事件；四是就社会大环境而言，突发的公共安全事故也可能对学生身心造成伤害或产生各种财产损失及利益纠纷。此外，经济困难、情感挫折、学业成绩不佳等都可能引发各种意外事件。

（三）辅导员在事件处置关系中的角色定位

每个人的行为是否符合道德规范，是与他在某种关系中的角色定位密切相关的，各种社会关系中的不同角色，所享有的权利和必须承担的义务各不相同。由于学生身心健康或权益受损而产生的事件处置关系中，辅导员要明确自身定位，从而举止恰当，符合道德规范要求。

第一，辅导员要有身份意识和岗位意识。在事件处置关系中，他不是代表个人，而是代表学校赋予他的辅导员岗位职责来思考问题，确定立场，理清相关权利与义务关系，从而做出合理决策。第二，辅导员要有集体意识或单位意识。在事件处理中，辅导员作为任职单位的代表和学生家长进行沟通，因此必须站在学校立场思考问题的解决办法，以大局为重，以维护学校稳定和工作秩序为重。第三，辅导员要有换位思考意识，即站在学生和学生家长角度判断事实，思考学生与学生家长提出的各种诉求，否则，自己将彻底站在学生和学生家长的对立面，不仅不利于问题的解决，而且失去了教育应有的仁爱和正义。第四，辅导员要有中立意识，即辅导员要能够跳出眼前的事件处置关系，以中立的立场客观分析问题。所谓“当局者迷，旁观者清”，辅导员暂时跳出来，站在旁观者角度，以中立身份在学校、学生和学生家长之间进行信息沟通，传递各种有价值的信息，协调各方立场，更有利于事件的妥善处理。

二、辅导员与学生家长之间的事务关系规范：合情、合理与合法

在学生的教育和管理工作中，辅导员不可避免地要与学生家长“打交道”，辅导员和学生家长之间也会形成不同类型的事务关系。为有效解决问题，实现协同育人目标，辅导员在和学生家长处理学生事务的过程中要坚持合情、合理和合法原则，完成工作，以得到学生家长的信任和配合。

（一）合情

合情，即为合乎人情。辅导员作为学生思想政治教育的主力军，要想取得良好的思想政治教育效果，在日常的教育、管理和服务工作中，一方面，对于学生要坚持“一切为了学生、为了一切学生、为了学生一切”的理念，坚持“感人心者，莫先乎情”；另一方面，在与学生家长的交流与沟通中，也应发挥情感作用，在日常的沟通中要懂得平

等和真诚，并且要主动和热情，从始至终要保持与家长建立平等友好关系的思想，在与家长的交流中让家长感受到被尊重，感受到辅导员和他们对于学生成长成才的目标一致，让家长觉得辅导员是真心为了学生的将来所考虑，从而感受到辅导员的人格魅力，进而愿意配合、协助和共同对学生进行管理和教育。这样才能引起学生家长的共鸣，得到学生家长的信任，促进双方的互动交流，达到协同育人目标。

（二）合理

合理，指合乎道理或事理。辅导员和学生家长的事务关系也存在“冲突”对抗的情况，无论对涉及学生问题的处理方式还是问题处理结果有无不同看法，双方都应控制情绪，平和理性地进行沟通，做到以理服人。对于辅导员来说，处理学生问题更需要站在理性角度，辅导员不能带着个人感情色彩去判断和处理。正是由于出发点不一致，导致辅导员和家长对学生的评价侧重点不一致，关注的问题本身也会不一致。情绪容易激动的家长，很可能在平常的交流中就很容易出现争吵或者引发矛盾。在交流中一旦出现有可能激化矛盾的先兆，辅导员一定要及时调整语气，先听家长说完，在交流中更要心平气和、如实描述，同时讲求证据，让家长感受到辅导员在问题的处理上“对事不对人”，是以理服人。

（三）合法

合法，指符合法律规定，这里既指国家的相关法律法规，也指学校的规章制度。现代大学制度要求高校“依法办学、自主管理、民主监督、社会参与”，法治化已是当下高等教育改革与发展的必然趋势。学生事务作为高校管理的重要组成部分，需要对接现代大学制度要求，积极推进依法治理。辅导员和学生家长都要了解、掌握相关法律法规，尤其是学生家长更应对国家法律和校纪校规有一个清晰的认识，当面临突发事件等问题时，是运用法律而不是其他极端方式解决。根据有关法律规定，下列原因导致的意外事件，学校可以不承担相关法律责任：由不可抗力，如地震、雷电、台风、洪水等不可抗的自然因素引起的学生伤害事件；由不可抗拒、不能预见的原因导致的偶然事件；由受害人自己的原因造成的伤害事件，如学生有特异体质、特定疾病或者异常心理状态，学校不知道或者难于知道的，不承担责任；学生违规自发组织活动而引发伤害事件，学校无须承担责任。随着国家相关法规的不断完善，学校应该承担的责任的界限在不断变化，但无论如何，法律是以强制性公共规范的形式来表达道德行为规范，是事件处置关系中辅导员行为要遵循的第一原则性规范。

【案例分析】

案例一

依法办事，以情待人

W同学是某高校2014级学生，热爱橄榄球运动，刚入学就加入了广州高校学生橄榄球协会（俱乐部）。2015年4月11日，W同学到香港参加由香港橄榄球总会城市橄榄球会举办的橄榄球比赛。不幸的是，在对阵香港大学SPACE中国商业学院的比赛过程中发生意外，导致脑部受伤，被送往香港伊丽莎白医院救治，于 2015 年 4 月 14 日不治身亡，死因为创伤性急性硬膜下出血。得知这一消息，W 同学所就读的 S 学校 S 学院学生工作队伍（副书记和辅导员）第一时间通知家属，并协同家属赶往香港了解情况。家长语言不通（其父母为北方人，香港通行粤语），S 学院学生工作队伍连续在香港陪伴其父母半月有余，主要工作是：第一，站在家属的角度极力安抚家属的情绪；第二，帮忙克服语言沟通障碍，帮助了解事情来龙去脉，协助联系警察局，办理医院及殡仪馆等各项手续；第三，主动帮忙联系在香港工作的校友支持，如联系学校驻中央人民政府驻香港特别行政区联络办公室的工作人员了解香港相关法律法规情况；第四，帮忙与比赛主办方（香港橄榄球总会下属的某一俱乐部）及相关政府组织争取人道主义帮助。在 S 学校 S 学院学生工作队伍的帮助与支持下，W 的父母顺利料理完儿子的丧葬事宜，并获得了香港橄榄球总会发起的球员募捐款 20 多万元。

在处理完儿子的后事后，W 的父母来到学校办理相关手续，并表示要“讨个说法”，但校方认为 W 同学到香港比赛是个人行为，其参加的活动是私人组织，并不代表学校，也未向学校报备，学校对其发生意外表示同情并给予人道主义慰问，但不存在必须担责的问题。W 的父母一听到学校只给出慰问金 5 万元，毫无“对话”的耐心，决定向法院提出诉讼，其理由是 W 参加比赛是为学校争取荣誉，发生了意外学校理应承担责任。

2015 年 12 月，W 的父母一纸诉状将学校告上了法庭，要求给予原告死亡赔偿金、丧葬费、抚养人生活费、精神赔偿金共计 100 多万元，并承担本案公证费、诉讼费 10 多万元。经过法院严谨取证，双方诉辩，最终法院判定：学校对 W 同学到香港参加橄榄球比赛并发生意外身亡无法律责任。主要理由是：第一，W 同学不是代表学校去参加比赛，其参加的是一个跨校球队组织的比赛，该比赛有 S 学校的若干名学生参加，但并不是由 S 学校或其相关部门组织；第二，W 同学到香港参加比赛，并未向所在 S 学院请假，其他学生开具了 S 学校体育部批准的相关请假证明，请假条上并无 W 同学的名字，且 S 学校只是尽请假审批的责任，其人身安全问题应由比赛主办方予以考虑并购买保险予以保障。由于理由确凿，尽管 W 的父母再次申诉，仍以败诉告终。经过了 2 年多的持续关注与跟进，至此，W 的父母不得不承认法律的公正，学校也可以根据诉讼结果不对 W 同学承担任何责任。

但是，S 学校 S 学院学生工作队伍（副书记和辅导员）考虑到 W 同学家庭经济确实困难，其父母年纪已大，因病长期吃药，经济负担比较大，失子之痛更是雪上加霜，遂主动帮助 W 的父母向学校提出人道帮扶的请求。学校念及 W 的父母在这一事情上还是比较克制，并未出现大吵大闹的不理智行为，能够通过正常的法律途径来争取解决问题，也给了学校一个从法律上澄清问题的机会，考虑到其家庭具体情况，学校最后给予了其家庭人道主义慰问金 5 万元，并退回了 W 同学入学缴纳的学费。

【启示】

合法是学生工作的根本尺度，也是家校互动的根本原则。这个案例告诉我们，“合乎于法”是学生工作的根本准则。W 同学参加香港橄榄球比赛发生意外死亡，完全是出乎意料的事情。所以，无论开展任何工作，都要对所有可能的后果做好充足的准备，依法依规做好各种规范管理的工作。尽管校方因为学生意外死亡，尽了人道主义的抚慰情绪、跟踪处理、善后安排，但是家长还是想依据法律获得赔偿、“讨个说法”。所以，凡事不能只讲感情，要讲规则、讲道理、讲法制。

同情建立在合情、合理的基础之上，是合法的润滑剂。这个案例中，虽然家长开始对于学校人道主义慰问金5万元“不满”，但是其并没有大吵大闹，只是诉诸法律。一方面说明家长比较理性，另一方面也说明家长对前期学校开展的工作还是相对“满意”，毕竟S学校S学院第一时间派出工作队到现场了解、跟进此事，全程陪伴家长做了大量的工作，其辛苦有目共睹，一定程度上赢得了家长的理解与信赖。学生死亡至官司落定，整个案件经历了2年多的时间才最后“一锤定音”，校方不厌其烦地跟家长做好解释与沟通工作，毫无怨言、毫无不耐烦的情绪，这也极大考验辅导员这一学生工作者的耐心，但是他们做到了，直到法院第二次裁决之后，辅导员仍然出于“同情”（共同情感）主动为学生家长争取利益。这无疑是出于情理，而非法理。

案例二

制度与人情

H学校S学院2015级硕士生L同学自入学以来，表现积极，曾担任班级团支部书记，工作勤勉、主动，颇受师生好评。但是，其在入学后第二年让同学们感觉到“性情大变”，一是辞去团支部书记职务，终日热衷于网络交友和外出实习；二是性情容易狂躁，对于一些事情动辄大发脾气。2016年9月25日L同学未向S学院辅导员请假，也未向导师请假，未经批准擅自离开学校。在学院辅导员、导师与其积极联系过程中，L同学故意隐瞒行踪，以“实习”为由不明示去向并未听劝导及时返校恢复正常学习。学校与其家人联系，得知其欺瞒家人离校的事实，家人误以为其一直在学校读书。直至11月10日，L同学在多方压力之下返校，本人意愿是要休学，而其家人要求其继续攻读研究生。在其家人及本人向导师求情之下，导师同意其继续求学。

根据H学校相关管理条例规定：“研究生因病、因事或其他原因不能按时上课，从事科研工作，参加培养环节及学校、学院或导师组织的教学科研活动，均需事先书面请假并附相关证明。未按规定请假或请假未批准，均以旷课处理（累积旷课8学时按一天计算）。在一学期内，研究生累积旷课1天的，由学院通报批评；累积旷课3天的，给予警告处分；累积旷课5天的，给予严重警告处分；累积旷课7天的，给予记过处分；累积旷课7天以上、2周以下的，给予留校察看处分。”S学院硕士生L同学已经累积旷课2周以上，将近6周。按照H学校另一管理规定，“研究生有下列情况之一者，应予退学：……（三）未请假或未获准请假离校连续两周的，未请假或未获准请假连续两周不参加教学科研活动的”。

L同学离校并行踪不定的这6周时间里，辅导员及其导师为其“是否陷入传销”“是否有心理问题”拿捏不定，可谓“操碎了心”，也多方取证调查，了解其家庭经济情况、人际关系情况、情感关系情况，并与其父母、朋友、同学等都建立了联络。由于其父母

方言口音太重，且文化程度较低，沟通困难，其中与其舅舅联系最多。其舅舅曾因为此事两次来到学校商谈对于L同学的追踪及未来学业安排问题。最后，在其舅舅主导下，采用攻心记，使得L同学顺利回校，但是其情绪仍显激动，对于“休学”“退学”似乎无动于衷。考虑其父母及其舅舅的苦心请求，且L同学前期有较好的表现，此次又“事出有因”，辅导员与导师出于“治病救人”的心态，特意向学校报告请求给予L同学改过自新的机会，给予“留校察看”的处分。后期，辅导员和导师联系对L同学开展双管齐下的教育：一是给予心理辅导，引导该生良性回归；二是给予纪律震慑，约束该生自我管理。对于L同学性情还是容易激动、难以接纳教师的好意等情况，辅导员与导师力求做到以情动人，给予宽容理解和耐心等待。最终，在家人与学校的共同努力引导之下，L同学逐步平复情绪，清醒地认识到自己过去一段时间的不理性认识与荒唐行为，回归到正常的学习生活中来。

【启示】

同情出乎于“爱”。这个案例中，L同学的问题在当时稍显棘手，一是行踪不定，二是其意向消极。从校纪校规来看，该生已经达到了“退学”标准，从辅导员和导师的管理风险来评估，按照规章制度对该生“勒令退学”无疑是最为保险的做法。但是辅导员和导师均考虑到学生“事出有因”值得同情的情况，也从其父母及其他家人的角度出发考虑到一个家庭培养一个孩子到研究生的不易与期待，能够做到耐心细致地继续协同其家人做好学生的思想引导、心理辅导，劝说并等待学生回归，这无疑是出于教育工作者的“大爱”。

这个案例中，辅导员与导师一直保持与家长的沟通联系，不仅有礼有节地告知学生在校表现、离校情况，违反校纪校规的情况，更能够对学生的异常行为尽职尽责地做好追踪调查，与其家人共同谋划挽救学生。在学生回归校园后，辅导员与导师更是相互配合，从不同角度关心、关爱学生。辅导员着重针对学生心理问题耐心做好辅导，深入宿舍看望学生，为学生争取“留校察看”机会，并敦促周围同学避免给予学生舆论压力，而是给予支持和帮助；导师着重针对学生学业发展问题给予明确的规划，敦促并约束其尽快回归研究生的科研训练，同时不失关爱与宽容。

思考讨论题：

1. 辅导员和家长对于大学生的教育义务是什么？
2. 辅导员与学生家长的工作关系规范是什么？
3. 在意外事件处理关系中，辅导员行为规范是什么？

第七章
辅导员工作礼仪规范

第一节 什么是礼

《礼记·曲礼上》中说："礼尚往来，往而不来，非礼也；来而不往，亦非礼也。人有礼则安，无礼则危。"中国自古就被誉为"礼仪之邦"，礼是中国传统文化的核心所在，是维系中国社会关系的基本精神。"礼"，与人们的生活息息相关。

一、中国传统礼仪

（一）"礼"的内涵

现代意义的"礼"主要是指人与人之间、人与社会集体之间表示互相尊重、敬意、友善和情感的行为规范和仪式程序等的总和，是礼貌、礼节等的统一体。礼，作为一种社会仪制和伦理规范，传承已久。从古至今，"礼"的内涵及外延随着社会发展不断变化。

礼的内容很丰富，从最初的祭祀活动，到宗族制度中的行为规则，又延伸为区分尊卑贵贱、亲疏等级的严格礼法礼典，进而由宗族内部扩展到政治体制、日常生活之中，形成了一套尊卑贵贱的严密制度，成为确立和维护统治秩序的有力工具，即所谓"礼治"。东汉许慎《说文解字》中说："礼，履也。所以事神致福也。"这说明，礼的最初含义是供神的仪式，或者说，礼起源于人们侍神敬神以求致福的祭祀活动。后来，礼尤指为表示敬意或隆重举行的祈福求福活动。

中国古代之"礼"有典章制度、道德规范和礼节仪式三层含义。典章制度方面的礼，主要指政教刑法、朝章国典等，如古代典籍记载的夏礼、殷礼和周礼。礼制中不同层面的礼有不同的规范和形式，但都内含有家族伦理和国家秩序的共同意义和目标。礼制的目标是建立"君臣、父子、夫妇、长幼、朋友"的等级秩序，核心是家族等级制度及其延伸出来的社会等级制度。道德规范方面的礼，是指可以作为道德律令来遵循的有关礼的准则，如"礼义""礼教"层面的礼及《礼记》中的相关内容。礼节仪式方面的礼，是指社会交往过程中人们应遵循的行为、仪节和举止规范，可称为礼仪。如《仪礼》中记载的各级贵族经常举行的祀享、丧葬、朝觐、军旅、冠婚诸方面的典礼。礼仪

是人际交往中的仪节，是在交往场所或仪式中体现人之身份等级的仪则和行为规范。礼仪的中心问题是用仪式表达社会价值观念，是等级条件下对人表达敬重的方式。

在各个朝代的礼节中，本书重点介绍儒家礼节。古代儒家根据礼所包含的不同内容，将其分为五大类。据《周礼·大宗伯》的记载，这五类礼分别为吉礼、凶礼、宾礼、军礼、嘉礼，统称为“五礼”。祭祀之事为吉礼，冠婚之事为嘉礼，宾客之事为宾礼，军旅之事为军礼，丧葬之事为凶礼。

《礼记·祭统》有言：“凡治人之道，莫急于礼。礼有五经，莫重于祭。”吉礼为祭祀的典礼，居五礼之首。吉礼内容大致分为祭天神之礼、祭地祇之礼、祭人鬼之礼。凶礼，一般理解为丧礼，其内容包括对天灾人祸，如饥荒、战败、寇乱等的哀悼与慰问之礼，具体又可分为丧礼、荒礼、恤礼、吊礼、聘礼等五类典礼。宾礼是指诸侯朝觐天子、各诸侯间的聘问和会盟时的礼节，分朝、宗、觐、遇、会、同、问、视八项，前六项为天子款待四方诸侯来朝时的典礼，后两项是远近诸侯遣使向天子问安的典礼。军礼，主要是指有关军事活动的典礼，包括校阅、献捷、田猎、筑城等需要动用军队的活动。五礼中，军礼与吉礼同样重要，因为诸侯争雄、战乱频繁，大凡诸侯中有不甘臣服者，或者在执行王朝典章制度方面有僭越意图与行为时，天子就得会合其他诸侯，诉诸武力，迫使其就范，因而特别威严。嘉礼是融合人际关系、沟通联络感情的生活礼仪，具体分饮食、婚冠、飨燕、宾射、贺庆等项，其内容在五礼之中最为庞杂，涉及广大庶民乃至王公、贵族、诸侯和卿大夫等统治阶级的各个阶层，所以在华夏民族中涉及面极广，传统礼俗的许多内容与形式大多由嘉礼演变而来，成为最富有民族特征的礼仪形式。

（二）传统礼仪

礼是发于人性之自然，合于人生之需的行为规范。有无礼节是人与动物的差别所在（人性使然），也是人类社会安定祥和的基础。个体，有礼节，守礼则文明，隆礼则相安而致治。群体，无礼节，无礼则暴乱，悖礼则相争而致乱。我国传统礼节体现在仪表举止、坐立行走、语言称谓、迎宾宴客等方面。

1. 仪表举止

我国古代对仪表举止首先讲究“冠正，衣洁”。行冠礼后的男子，出门若不戴冠，或戴冠不正，都被视为无礼。当众免冠表示请罪、谢罪。其次是礼节，包括各种用于人际交往的拜礼和揖礼。在周朝已有九种拜礼，即稽首、顿首、空首、振动、凶拜、吉拜、奇拜、褒拜、肃拜。古人认为，不跪不叫拜。拜，在古代就是行敬礼的意思。

按照周朝礼仪的规定，对跪拜的动作和对象有严格的规范。稽首是拜礼中最隆重的一种，使用场合主要是官场，特别是臣子拜见帝王时。行稽首礼时，拜者必须屈膝跪地，左手按右手，支撑在地上，然后，缓缓叩首到地，稽留多时，手在膝前，头在手后。这是“九拜”中最重的礼节。（后来用于僧人举一手向人们行礼，也称“稽首”。）顿首，较稽首礼轻，一般用于下对上的敬礼。行顿首礼时，跪地叩首，至地则举。顿，即时间短暂。顿首，后来也用于书信中的起头或末尾，也有首尾都用的，表示对他人恭敬。空首，称为“正拜”，这是“九拜”中男子跪拜礼的一种，也用于君主对臣下的回礼，其动作与稽首、顿首差不多。行空首礼时，双膝着地，两手拱合，俯头到手，头不接触地面，触及手后便起身，故称“空首”，又叫“拜手”。振动，双手合击拱手，身体向前弯曲，这种礼不跪地，动作也不大，多用于非官场，如民间交往中熟人途中相遇时。凶拜，先行跪拜，起身后再行拜礼，还要“踊”，即跳踊，一般用于丧事时，拜者往往捶胸、顿足，跳跃而哭，表极度悲哀。吉拜，用于祭祀等活动中的跪拜礼，动作与顿首相近。奇拜，奇为单数，即一拜。褒拜，即再拜、三拜。古代以再拜为重。肃拜，是古代女子跪拜礼的一种，军中用肃拜礼，是因为将士披甲，不便于拜。拜时双膝跪地后，两手先到地，再拱手，同时低下头去，到手为止，故又称“手拜”。肃，手到地的意思。后来在书信往来中，为表对对方的尊敬，往往写上“谨肃”二字。妇女行礼也称“端肃”，即源于此。

汉以后，增加了打千（行礼时左膝前屈，右腿后弯，上体稍向前俯，右手下垂）、作揖（两手合抱，拱手为礼）、拱（两手合抱以表示敬意）。《论语·微子》曰：“子路拱而立。”合抱，一般是左手在外，右手在内。如遇凶丧，则右手在外，左手在内。揖，拱手为礼。鞠躬（弯身行礼）等礼节，称为“作揖”。这是宾主相见时的礼节，它反映了古代社会的伦理观念、宗法制度、阶级关系和儒家各派的思想等等。

2. 坐立行走

古人席地而坐，姿势是：两膝着地，两脚背朝下，臀部落在脚踵上。坐姿像跪，但有不同，跪时身体要耸直，臀部不得落在脚踵上。古人入席不穿鞋，而且袜子也不能穿。箕踞，是最不恭敬的一种坐法。姿势是：臀部贴地，两腿张开，平放而直伸，像箕一样。《礼记·曲礼上》曰：“立毋跛，坐毋箕。”箕，即指箕踞。在他人面前箕踞是对对方的极不尊重。在一般场合下，尤其是朝廷、官府中，人们很注意坐姿与周围环境的协调一致，即所谓“坐有坐相”。在庄重严肃的环境下，要正襟危坐；比较随和的场所，身体可稍稍向后坐。古代一种较为省力的坐法，即蹲踞，姿势是脚板着地，两膝耸起，臀部向下而不贴地，和蹲类似。还有一种坐姿：跽，即跪时挺身直腰。这时身体似乎加长，故又叫“长跪”。跽是将要站立的准备姿势，故有言“跽者将有所作为”。

古人讲究坐相，也讲究立容。贾谊曰：“固颐正视，平肩正背，臂如抱鼓。足间二寸，端面摄缨，端股整足。体不摇肘曰经立，因以微磬曰共立，因以磬折曰肃立，因以垂佩曰卑立。”立时正身、平视，两手相合，掩在袖子里。手从胸口到下腹，放在任何位置都行，甚至持着、拄着东西也行。“趋”，是快步行走，是对尊者、长者、贵者、宾客及行朝拜礼时表示尊重的一种走相。场合不同采用不同走相，方能符合礼的要求。室内，徘徊式走动。堂上，步子应小一些。堂下，迈的步子大一些。门外，可以快走。

3. 语言称谓

使用谦称来称呼自己，表现说话者的谦虚和修养，也是对对方的尊敬；出言不逊或大言不惭，则被视为无礼、轻浮。谦称自己时，往往以敬称的方式称呼对方。敬称多带有敬重、敬仰、颂扬的感情色彩。古人对品格高尚、智慧超群的人称“圣”，如孔子被称为孔圣人，孟子被称为亚圣，到后来专门用于皇帝，皇帝的谕旨称圣旨、圣谕。古代对皇帝有特定的敬称：“万岁”，“驾”，“陛下”。“万岁”原是古人饮酒庆贺及祝寿的欢

呼语，带有浓厚的祝愿之意；“驾”本指皇帝的乘舆，古人认为天子以四海为家，不以宫室为固定居所，应乘车行天下，因此用“驾”来尊称帝王，如圣驾、尊驾、晏驾、驾崩。对诸侯称“千岁”；太子称“殿下”；将军称“麾下”；使者称“节下”；两千石官吏称“阁下”，一般表示对对方尊敬之意时都可使用；同辈之间用“足下”。

家庭中，称呼自己一方亲属：家、舍、先、亡。如家父、家慈、家兄，舍弟、舍妹、舍侄，家和舍有长幼之分。“先”用在比自己辈分高的或年长的已故家人（先祖、先妣），“亡”用在辈分低幼的已故家人友人（亡弟、亡友）。称呼对方亲属：令、尊、贤等。令，不受辈分限制，如令尊、令母、令妻、令郎、令爱、令婿、令兄、令妹等。妻子的父母则有丈人、丈母，岳父、岳母，泰山、泰水等称呼。丈与杖相通，拄杖者多为老人，于是称呼老人为“丈”；泰山有一山峰为丈人峰，以山峰之名代称，有健康长寿的祝愿之意。

4. 迎宾宴客

“有朋自远方来，不亦乐乎”。古人重视人际间的相互往来，“来而不往，亦非礼也”，有来访，必有回访，这才称得上礼节。遇有宾客到来，首先迎于门外，施礼，互致问候。迎宾讲究衣冠严整，若主客在门口不期而遇，那么主人会装作不认识，不理不睬地把门关上，等换上衣服再开门迎宾。迎宾时，主人立在门右，客人走门左。迎客进门以后，为客人指路，每到拐角，要说“请”，客人答“请”，要为客人开门、掀帘子……主人请客人上座（坐右边的椅子），客人请辞，并看情况决定座次。古代室内席次以东向（坐西面东）的最尊，其次是南向，再次是北向，最后西向。堂内尊卑顺序依次为南向、西向、东向、北向。帝王在殿堂之上，坐北朝南，意为凌驾于群臣、庶民之上。文官侍立于左，武官在右，以武打天下，以文治天下，政权建立以后，以文治为重，于是出现文官位于武官之上的排次。日常生活中，宾客被安排于尊位，以表示主人的敬意。

二、西方传统礼仪

在西方文化中，关于礼仪的记载也源远流长。在古希腊和古罗马的诗歌典籍中，如苏格拉底、柏拉图、亚里士多德等哲人的著述中，都有关于礼仪的论述。《荷马史诗》中同样也有关于讲礼仪的篇章，如讲礼貌、守信用的人才受人尊重。礼仪是一种随着历史的发展而约定俗成的文化规范，具有丰富的内涵，在一般表述中，常常与礼、礼节、礼貌、仪式、仪表等概念紧密联系。在西方，礼仪（etiquette）一词，来源于法语“étiquette”，原意是“法庭上的通行证”。法庭，无论是古代还是现代，为了展现司法活动的威严，为了保证审判活动能够合法有序地进行，总是安排得既庄严肃穆又戒备森严，所有进入法庭的人员必须严格遵守法庭纪律。例如，当下我国的法庭纪律由书记员当庭宣读，包括不准大声喧哗、未经审判长许可不许提问等。在古代法国，法庭也有类似的规定，不过不是当庭宣读，而是将其印在或写在一张长方形的“étiquette”上，发给进入法庭的每个人，作为其入庭后必须遵守的规矩和行为准则。西方礼仪是不同于中国礼仪的一种西式文明，包括交谈礼仪、拜访礼仪、餐桌礼仪等方面的各种不同类型的礼仪方式。

（一）交谈礼仪

在国际交往场合，如想结识朋友，一般应有第三者介绍。如当时不具备这种条件而又确实想结交某人，可走到对方面前做自我介绍，但介绍完后不可先伸手，也不可问对方的名字。对方若不做自我介绍，可道谢离开，这在西方并不算失礼。介绍两人认识时，要先把男士介绍给女士，先把年轻的介绍给年老的，先把职位低的介绍给职位高的。同性之间，别人向自己介绍完毕后应先伸手相握，可以说“很高兴认识你”。与人交谈，莫问私事。在西方，人们的确是一切行为以个人为中心，个人利益是神圣不可侵犯的。人们日常交谈不涉及个人私事。有些问题是他们忌谈的，如询问年龄、婚姻状况、收入多少、宗教信仰、竞选中投谁的票等都是非常冒昧和失礼的。看到别人买来的东西从不问价钱。见到别人外出或回来，也不问“你从哪里来”或“去哪儿啊”。

（二）拜访礼仪

在西方，应邀去别人家中做客，务必要准时到达，不守时是失礼的。一般性拜访可送小礼物，若赴家宴，可再丰厚些。礼物交给女主人的同时要说“我希望你能喜欢”等客套话，不要说“小意思，不成敬意”。一般情况下，西方人不随便送礼，但是遇到节日、生日、婚礼或探病时，送礼还是免不了的。到西方人家中拜访，不要对他们的摆设大加评论，也不要随意欣赏某件物品，那样会导致主人一定要将你极为赞赏的物品送给你。如主人家养有宠物，要对它们友好，西方人是十分珍爱宠物的。西方人办事讲究效率，重视有计划地安排自己的时间，绝不希望有人突然造访。因此，要拜访他们，预约是必不可少的。

（三）餐桌礼仪

正式的西餐宴会，规矩礼节也很讲究。西方人与中国人不一样，一般没有让酒让菜的习惯。等全体客人面前都上了菜，女主人拿起她的刀子和叉子示意后才可以用餐。餐巾应铺在膝上，也可以放在颈上或胸前。餐巾可用来擦去嘴上或手指上的油渍，但绝不可擦拭餐具。进餐时身体要坐正，不要两臂横放在桌上。使用刀叉时，左手用叉，右手用刀。切肉时应避免刀切在瓷盘上发出响声。中途放下刀叉，应呈“八”字形分放在盘子上。刀叉交织放在一起，表示用餐完毕。要喝水时，应先将食物咽下。用玻璃杯喝水时，要先擦去嘴上的油渍，以免弄脏杯子。如打喷嚏或咳嗽，或想去洗手间，应向周围的人道“对不起”。进餐时，始终沉默是不礼貌的，但嘴巴里有食物时不要讲话，咽下去再回答。当服务员依次给客人上菜时，走到左边是示意宾客取菜。用餐完毕，女主人站起，才可离席。餐巾放在桌上，不用照原样折好。

三、辅导员工作的传统礼仪启示

中华民族历来有“尊师重教”的良好传统，教师工作礼节也拥有悠久的历史渊源，并受到历朝历代的重视。人民对教师，怀有朴素的崇敬情感。在我国古代，孟子与齐宣王对话时曾讲：“天降下民，作之君，作之师。”（《尚书·周书·泰誓》）把教师地位与君王的地位相提并论。随后，荀子把师纳入了天、地、君、亲的序列。古人历来都严格要求从师学习的学生要尊师、敬师、近师、忠师。所谓“先自治而后治人之谓大器”，即教师的一言一行，即使不是有意的言行，都易对学生产生潜移默化的影响。古代贤明君主，著名教育家、学者，无一不尊师重教，同时也对教师提出了严格的要求，特别是

礼仪上的要求。私学鼻祖孔子尽管一生失意于政治，但他以“学而不厌，诲人不倦”的精神进行教育教学工作，堪称师礼之典范。

辅导员工作应有哪些传统礼仪？据《礼记·儒行》启示，辅导员外形应“有衣冠中，动作慎，其大让如慢，小让如伪，大则如威，小则如愧。其难进而易退也。粥粥若无能也，其容貌有如此者”；辅导员言行应“居处齐难，其坐起恭敬。言必先信，行必中正。道途不争险易之利，冬夏不争阴阳之和；爱其死以有待也，养其身以有为也”。由此对辅导员日常生活中的衣着、起居、施教行事和对待学生提出了系列要求，其具体的行为规范是：“温良者，仁之本也；敬慎者，仁之地也；宽裕者，仁之作也；孙接者，仁之能也；礼节者，仁之貌也；言谈者，仁之文也；歌乐者，仁之和也；分散者，仁之施也。”传统礼节启示辅导员应天性温良，做事谨慎专一，为人谦和包容，待人接物恭谦礼让，言谈举止温文尔雅，以歌乐陶冶品德，振贫济乏，博施济众。

四、言行有礼体现工作道德修养

（一）什么是言行有礼

言行有礼，即言之有礼，谈吐优雅；行之有礼，举止得当。它是指一个人的言语和行为举止要讲礼仪、有礼节和风度。言语方面，文明礼貌用语，不爆粗口、讲脏话；行为举止方面，要站有站相、坐有坐相、行有行相。

语言是社会交际的工具，是人们表达意愿、思想感情的媒介和符号。语言也是一个人道德情操、文化素养的反映。在与他人交往中，如果能做到言之有礼，谈吐文雅，就会给人留下良好的印象；相反，如果满嘴粗口脏话，甚至恶语伤人，就会令人反感和厌恶。

1. 言之有礼

谈吐文雅应包括以下几点。

（1）态度诚恳、亲切。说话本身是用来向他人传递思想感情的，所以，说话时的神态、表情都十分重要。例如，当向别人表示祝贺时，如果嘴上说得十分动听，而表情却是冷冰冰的，对方一定能察觉到这只是在敷衍而已。所以，说话时态度要诚恳、亲切，才能使听者对言语产生表里如一的印象。

（2）用语谦逊、文雅。如称呼对方为“您”“先生”“小姐”等，用“贵姓”代替“你姓什么”，用“不新鲜”“有异味”代替“发霉”“发臭”。如在别人家里做客需要用厕所时，则应说：“我可以使用这里的洗手间吗？”多用敬语、谦语和文明语，能体现出一个人的文化素养和懂得尊重他人的良好品德。

（3）声音大小要适当，语调应平和沉稳。无论是普通话、方言还是外语，咬字要清晰，音量要以对方听清楚为准，切忌过于大声说话；语调要平稳，尽量不用或少用语气词，使听者感到亲切自然。

举止是一种不说话的“语言”，能在很大程度上反映一个人的素质、受教育程度及能够被别人信任的程度。

2. 行之有礼

举止得当应包括以下几点。

（1）稳重。处事和待人接物沉稳有序，泰然自若。办事有条不紊，精明强干，不毛手毛脚，不丢三落四。

（2）自然。行止自如，是举止的第一要求。不矫揉造作，不局促呆板，不装腔作势，微笑发自内心，不强作欢颜。

（3）得体。举止着装应符合身份、适应场合。一个人的举止，代表了单位的形象，有时甚至是代表国家、民族或地区的形象，必须要有很强的角色意识，一举一动，必须符合身份。此外，不同场合、不同对象和环境，举止要求有所不同。

（4）文明。遵守公共秩序，讲究公共卫生。别人说话时，要尊重他人，专心听讲。不做一些粗俗不雅的动作，注意公共场合的禁忌。优待女性，主动给女性让座、让道。女性站立、下蹲或就座时不叉开双腿。

（二）为什么要言行有礼

随着物质生活水平的提高，人们越来越意识到日常生活中待人接物时衣着打扮、言谈举止的重要。讲礼貌、懂礼仪，是个人立身处世的基本修养。礼仪是人类文明的基本标志，也是个人思想素质、道德修养、文化涵养的外在表现。

1. 言行有礼，有助于个人素质的提升

在人际交往中，礼仪往往是衡量一个人文明程度的准绳，它不仅反映着一个人的交际技巧与应变能力，而且还反映着一个人的气质风度、阅历见识、道德情操、精神风貌。内强素质、外塑形象，如果人们时时处处都能以礼待人，言行举止大方有礼，是有修养的体现。言行有礼，可以帮助人们建立自尊、自重、自信、自爱的精神品质，为人际交往铺平道路，有利于处理好各种关系。

2. 言行有礼，有助于人际关系的改善，促进人们的社会交往

古人云："世事洞明皆学问，人情练达即文章。"这句话道出交际的重要性。一个举止大方、着装得体的人，人们会更愿意与之交谈、交流。言行有礼，能够帮助个人在交际活动中充满自信、灵活处事，还可以帮助人们规范彼此的交际行为。言行有礼是一个人步入社会的外在修饰和内在修养的体现，也有利于改善人际关系，促进人们社会交往的进一步发展。不讲礼仪，事业将难以取得成功。

3. 言行有礼，能够改善人们的道德观念，净化社会风气，提高社会文明水平

一般而言，人们的教养反映其素质，而素质又体现于教养。言行有礼，反映出个人教养，是人类文明的标志之一。从个人到集体再到国家，礼仪反映着个人、集体、国家的文明程度和整体素质。古语言"礼义廉耻，国之四维"，将礼仪列入立国的精神要素之本。英国哲学家约翰·洛克认为，没有良好的礼仪，其余一切成就都会被人看成骄傲、自负、无用和愚蠢。因此，遵守礼仪，言行有礼，有助于社会风气的净化，提升全社会的精神品位。特别是当前我国正处于社会主义现代化建设中，精神文明建设作为重中之重，更是要求讲文明、促文明，做到言行有礼，从我做起。

4. 言行有礼是工作道德修养的体现

道德是人类社会特有的精神现象，是由一定社会关系所决定，并依靠社会舆论、传统习俗和内心信念维持的，用以调节人与人之间、人与社会之间关系的行为规范的

总和。道德是人们行为的重要准则，礼仪规范是道德行为的重要表现之一。温文尔雅、彬彬有礼是一个人良好德性、良好修养的体现。礼仪体现的是一种修养，首先是外在表现形式。礼仪体现着一个人的思想道德水平、文化修养与内涵、交际能力和人格魅力。礼仪也是一种秩序，是人们应该共同遵守的行为规范。工作形象是一个人在工作实践活动中，为完成工作任务、达到工作目标所应遵循的社会规范、生活准则及表现行为方式的总和，包括仪表、言语等方面的内容。社会交往中，一个人的行为既体现他的道德修养、文化水平，又能表现出他与别人交往是否有诚意，更关系到一个人形象的塑造，甚至会影响国家民族的形象。冰冷生硬、懒散懈怠、矫揉造作的行为，无疑有损于良好的形象。相反，从容潇洒的动作，给人以清新明快的感觉；端庄含蓄的行为，给人以深沉稳健的印象；坦率的微笑，则使人赏心悦目。因此，一个人的言行是否有礼关系到工作道德修养。工作道德修养涵盖诸多方面，言行有礼体现的礼仪是其中的重要方面。

第二节 辅导员工作礼仪

辅导员工作礼仪指辅导员在教育教学过程中的言谈、举止和仪表等方面应当遵守和讲究的行为规范。辅导员工作礼仪的本质在于辅导员要为人师表，以身作则，它是辅导员自身良好工作道德修养的外在表现，也是一种极其重要的教育力量，其核心是对学生的关爱与尊重。

辅导员工作的特点，使辅导员扮演着传播人类文明的使者的角色，为人师表与言传身教是对辅导员的基本要求，礼仪之于辅导员，更有它的特殊意义。辅导员在学校教育中起榜样作用，在社会生活中同样也起到模范作用。礼仪不仅是辅导员自身道德修养的良好表现，更重要的是，礼仪使辅导员工作道德成为一种重要的教育力量和教育要素，对学生产生着重要影响，这就要求辅导员不管是在教学中还是在日常生活中都要遵守工作道德规范。辅导员工作礼仪包括的内容非常多，从教育教学到日常生活，都必须要遵循相应的礼仪规范。本节主要从辅导员的形象礼仪、教学礼仪、活动礼仪、社交礼仪、人际交往礼仪及日常生活礼仪等方面进行阐述。

一、形象礼仪

质于内而形于外，良好的形象体现一个人的素养、品位和格调，也体现对他人的尊重。作为“人类灵魂工程师”的辅导员，承担着教书育人、为人师表的光荣职责。辅导员除了必须以满腔的热情对待事业、对待学生之外，还必须在日常生活中做到仪表端庄、服饰整洁、举止大方，于无声中将礼仪传递给学生，真正做到学为人师，行为世范。

（一）仪表端庄

仪表指人的外表，包括衣着、发式、举止等，是一个人教养、性格内涵的外在表现。

辅导员仪表礼仪要求辅导员以严谨而规范的仪表，体现自己积极进取、奋发向上的精神风貌。

1. 仪容礼仪

辅导员整洁卫生的容貌，反映着他的精神面貌，将直接影响他在学生心目中的形象。辅导员的仪容礼仪包括清洁与美容化妆两方面的内容。保持清洁是辅导员仪容礼仪的最基本要求，包括面部、口腔、须发、手的清洁以及身体无异味等。如果一名脸部脏兮兮，口腔还残留着异物，又或者是身体散发着异味的辅导员来授课，估计整节课学生不是小声嘀咕抱怨辅导员的不堪，就是掩鼻忍受。长期下去，估计没有一名学生喜欢上这位辅导员的课了。美容化妆是辅导员仪容礼仪的高层次要求。先天长相改变不了，但是可以通过化妆进行修饰，充分显示个人容貌的优点，扬长避短，使辅导员光彩照人。同时，辅导员适当的美容化妆能表现出对生活、对事业的热爱，以及对自己、对他人的尊重，特别是女辅导员，清新自然的淡妆，会给学生留下很好的印象。但是，由于辅导员工作的特殊性和专业性，不允许辅导员浓妆艳抹、过分妖艳，辅导员化妆总的礼仪要求是：淡雅清逸、自然适度。同时，禁止女辅导员涂染颜色花哨的手指甲油和脚趾甲油。

2. 服饰礼仪

辅导员的着装要符合辅导员自身的工作身份。孔子曾说过，“见人不可以不饰。不饰无貌，无貌不敬，不敬无礼，无礼不立”。孔子说的“饰”，指的就是服饰。服饰，是指人的服装穿着与饰品佩戴，它是仪表的重要部分，是师生交流的主要视觉对象，在某种意义上就像一封无言的介绍信，时时刻刻向对方传递着各种信息。它可以反映出一个人的工作特征、文化修养、审美情趣。辅导员要为人师表，在衣着服饰上，不能只凭个人喜好，随随便便，必须选择适合自己的着装，通过服饰展示自己良好的工作形象。

辅导员着装要遵循“TOP”原则，即选择的服装要与时间（time）、场合（occasion）、地点（place）相符合，这是服饰礼仪的基本原则之一。同时，课堂教学时辅导员的着装应整洁和大方。所谓整洁，也就是整齐和清洁。整洁指辅导员的衣服要做到干净、端正，给人以清新、高雅之感。所谓大方，就是在课堂教学中，不仅要使服装与自己的身材、体态、肤色相配，而且要使之与授课环境氛围、授课内容相协调，既要避免给人不修边幅、落拓不羁的印象，也不要过分追求时尚，甚至穿奇装异服。一般来说，辅导员的衣着款式宜简洁、大方、明快和自然；色彩宜雅致，不宜太鲜艳、太刺眼。女辅导员的着装忌过分紧贴、过分暴露、过分透视，裙装忌过短。如果女辅导员打扮得“花枝招展”，容易分散学生学习上的注意力，并有可能成为一部分学生议论的话题，这样会影响教学的效果和辅导员自身的威信。

（二）语言得体

语言在人际交往中占据着最基本、最重要的位置。它是信息沟通的桥梁，是思想感情交流的渠道。语言是课堂教学的主要工具，良好的语言修养是辅导员必备的条件，吐字清晰、文明健康、得体适度、科学规范是辅导员语言的总要求。要做到语言得体，辅导员必须注意以下“三忌”。

1. 忌污言秽语、不良口头禅

任何情况下辅导员都不能使用脏话、粗话，这些不文明的语言有失辅导员身份，是

辅导员工作道德规范所不允许的。不良口头禅是一种语言疾病，犹如语言中的沙子，常常令听者感到不舒服。有两种情况会严重影响辅导员形象：一是傲语口头禅，如“我告诉你”“你得了吧”等不礼貌的口头语，常会给人自以为是、盛气凌人的感觉；二是废话口头禅，如“怎么说呢”“这个”“就是”等，在辅导员的教学中反复出现，使语言拖沓、杂乱，令人厌烦。

2. 忌说话刻薄伤人

辅导员在讲话时不可出言无忌，尖酸刻薄。俗话说“伤人之言，重于刀枪剑戟”，充满恶意的话，必会伤害对方的自尊心、自信心，为师德所不容。

3. 忌自吹自擂

辅导员在教育教学工作中，需要注意分寸，不可将自己的优点和能力说得太过，过分夸耀自己。

一名优秀的辅导员，必须具备驾驭语言的能力，通过流利舒适的语言让学生在课堂上学得轻松、学得快乐。由于工作特点的要求，辅导员的课堂用语首先必须普通话标准、吐字清晰、语音适度；其次必须准确、鲜明、生动；再次必须语调柔和，语速适中；最后必须抑扬顿挫，富有幽默感。在课堂教学中，辅导员对学生也要多用“请”字，注意用语的礼貌，不应采用命令式的语气。同时，在批评学生时，不应语言刻薄犀利、满口脏话。一名优秀的辅导员，应该不断加强语言修养，提高课堂教学语言水平。

（三）表情亲切

表情是指眼睛、眉毛、嘴巴、面部肌肉及它们的综合运用反映出的心理活动和情感信息。构成表情的主要因素是面部肌肉和目光。辅导员应依靠渊博的学识、精湛的教学艺术赢得学生的敬佩，同时以真诚的微笑、谦和的态度来融洽师生关系，因为只有当学生亲其师，才会信其道。辅导员应懂得微笑的意义，即使在十分疲惫或身体不适的情况下，走进教室时也该面带微笑，这是自信和友好的标志，是使学生心悦诚服的有力武器。辅导员还要把握好运用目光的礼节。在课堂上，目光接触是师生情感交流的窗口，目光是辅导员与学生沟通的特殊语言。辅导员亲切真诚的目光能带给学生愉悦、温馨、鼓励或慰藉。在教学活动中，如果辅导员无视学生的存在，甚至低眉垂眼不敢正视他们，或用打量、恼怒、不屑一顾的眼神注视对方，或无精打采、睡眼蒙眬地看人，或东瞄西看、目光游移不定，或仰望天花板，或俯首盯教案、神情漠然，这些都是极不礼貌的行为。上课面带微笑、满腔热情，不仅是辅导员礼仪文明的外在表现，也是辅导员工作的要求。

（四）举止优雅

仪态是一个人知识、阅历、文化和教养的集合。辅导员的仪态被视为其“第二语言”，也叫作“无声语言”。心理学家的研究成果表明，人际交往中的实际效果，只有约20%的部分由语言决定，而另外约80%的部分则是由人的举止、姿势、体态等所决定的。一位师德高尚的辅导员，在与学生交往时，往往会以自己优雅的仪态，展示出自己良好的教养和风度。按礼仪要求，人们的举止应合乎约定俗成的行为规范，做到“站有站相，坐有坐相”。对于辅导员来说，更应注意立、坐、行的姿势和手势，举手投足都应表现出辅导员应有的文明礼貌。有些辅导员讲课虽较生动，却有一些不好的习气，诸如随口吐痰、乱做手势、坐桌子等，这无疑使辅导员的形象大打折扣。辅导员的举止姿态，总的要求是稳重端庄和落落大方。课堂教学中，辅导员的举止主要包括：站姿、坐姿、行姿及手势。

1．站姿

站立是辅导员最基本的举止。辅导员的站姿有四忌，一忌弯腰弓背、歪头斜肩、倚桌靠椅，过于放松和随意。二忌双腿叉开过大，女辅导员尤应注意。三忌双手插在裤兜里。四忌踮脚颤腿，身体乱摇晃。辅导员站姿的基本要求是：抬头、挺胸、收腹、立腰，身躯正直，下颌微收，双眼平视，双肩自然放松，身体重心落在两脚正中。

2．坐姿

辅导员的坐姿往往是其精神气质、文化、修养的表现。得体的做法是：入座时，动作从容不迫，轻盈和缓，女辅导员穿裙装入座，通常应先用双手拢平裙摆，再平稳坐下。落座后，上体自然挺直，最合适的姿势是肩平背直，膝盖成直角。男辅导员可双膝略微分开，不要超过肩宽，双脚平踏于地；女辅导员应并拢双膝，双脚一起朝向一边或一只脚稍前、一只脚稍后放置地上或采取小腿交叉的姿势。离座要平稳。辅导员坐着授课时，要避免用手支下巴，或趴在讲桌上；避免翘“二郎腿”、双脚向前直伸、两腿分得过开和腿脚乱抖不止等不文雅的动作。

3．行姿

辅导员的行姿应给人以稳健、从容、和谐的印象。上课时，辅导员在讲台上，不能来回不停地走动，这样会让学生感到眼花缭乱，将分散学生的注意力；也不宜久站一处，这种动作会给人以静止压抑之感，课堂就会显得死板。正确的方法是根据教学的需要，在适当的时候，从容走动或变换一下位置。

4．手势

手势是一种极具表现力的体态语言，既可以传递出对交往对象的尊重友好，也可以表示对对方的轻视厌恶。总的要求为：正确、适度。辅导员在指人示物或在课堂上让学生到前边回答问题时，应采用整只手掌掌心向上这一表示“请”的手势，动作要准确、舒展、到位。当学生在学习活动中有突出表现时，辅导员可微笑着竖起大拇指，表示肯定和称赞，或带头热情鼓掌，给予鼓励。辅导员应避免对人指指戳戳、勾动手指招呼他人、蔑视性地伸出小指评价学生、拍桌子、双手抱臂交叉于胸前、讽刺性地鼓掌等，这些动作传递的信息都容易挫伤学生的情感与自尊，引起学生的抵触情绪。

辅导员端庄的站姿、稳重的坐姿、从容的步履、得体的手势等，都能给学生以美的感染，激发学生的学习兴趣，使教与学形成良好的互动。因此，在教育教学实践中，辅导员应力求做到无声的体态语以及有声语言相互协调和相得益彰。

二、教学礼仪

教学是教育的主体，是传授知识、促进学生发展的主渠道，是社会完成人类知识文化传递和继承的必要桥梁。教学礼仪是辅导员在课堂教学活动中应遵循的尊重学生、讲究礼节的规范，是教育工作者必须掌握并娴熟运用的师生交往技能。辅导员对学生的教

育主要是通过课堂教学来进行的，辅导员如何正确引导学生迈进知识和真理的殿堂，除了辅导员须有渊博的知识、扎实的专业功底、良好的道德情操、为教育事业献身的精神，较好的教学方法和手段之外，还必须遵循一些基本的礼仪规范。

辅导员礼仪主要是以课堂教学活动为载体体现的。辅导员的素质和修养在教学活动中展露无遗，直接影响教学效果。辅导员是教学活动的主导者，教学行为必须符合教学规律和原则，符合学生的心理和生理特征，同时，要具备正确得体的课堂教学礼仪，将枯燥乏味的教学活动变得生动有趣。

（一）上课守时

守时不仅体现了辅导员对课堂的重视，也体现了对学生的尊重。鲁迅先生曾经说过，“浪费别人的时间，就等同于图财害命”。上课预备铃响时，辅导员就应该停下手上的事情，立即着手准备上课的课本、教案等，提前5分钟左右到达教室，做好上课的准备。但是，实际工作中，一些辅导员拖拖拉拉，上课铃响起，才匆忙起身；甚至有些辅导员，已经上课很久，才慢悠悠地走进教室，这都是对教学不负责任的表现。辅导员提前做好准备，准时到教室，不仅可以提前整顿课堂秩序，而且可以让学生提前做好上课准备。一个守时的辅导员，一定会比不守时的辅导员，更能赢得学生的尊重和认可。

（二）辅导学生要有耐心和爱心

课后辅导学生是教育教学的重要组成部分，是辅导员了解学生和检查教学效果的一条重要途径。只有将课堂教学与课后辅导紧密结合起来，才能整体提高教学效果。在辅导员的课后辅导中，辅导员的言行也应符合一定的礼仪规范。第一，师生要平等互信，辅导员不要居高临下。辅导员不能轻视甚至歧视任何一名学生，同时也不能盲目抬高一些学生。第二，热情主动接待每一名学生。有些学生成绩不好，鼓起勇气找教师辅导，辅导员一定不能态度生硬，要热情主动。第三，掌握课后辅导学生的技巧。应启发学生，点拨思路；应适当反问，不要忙于纠错；应探索创新，忌条条框框；应循循善诱，忌简单回绝。第四，要对后进生倾注更多的心血。课后辅导的对象主要就是后进生，辅导员要真心诚意地帮助后进生，尊重差异，转变认识，助其成才。

三、活动礼仪

活动礼仪是指辅导员在参加各种活动，比如入学典礼、升旗仪式、颁奖典礼、节日庆祝等各种活动中应该具有的礼仪规范。在社会生活和社交活动中，几乎所有的活动，都要借助于一定的仪式来进行。比如，校庆、开学、毕业等常常需要一定的仪式。因此，了解和掌握一些常用的礼仪仪式并能在参加这些仪式时举止得体、合乎礼仪规范的要求，不仅是辅导员适应社会和学校工作的需要，也是礼仪修养的要求。

（一）庆典活动礼仪

庆典是各种庆祝仪式的统称。在学校的活动中，辅导员参加的庆祝仪式主要是开学典礼、毕业典礼、学校周年庆典礼等。学校举行重大的庆典活动，是为了增强全校师生的凝聚力与荣誉感，树立新形象。辅导员作为庆典活动的主要参与者和组织者，代表着学校的形象，在参加庆典时，必须注意个人的言行举止。

1. 仪容要整洁

在庆祝典礼上，不允许辅导员蓬头垢面、浑身脏臭。

2. 服饰要规范

全校师生应以校服作为庆典着装，若学校对辅导员着装有其他要求，即按照学校的要求统一着装。辅导员不能随性而穿，服饰要符合场合。

3. 遵守时间

守时是参加任何活动最基本的礼仪要求。辅导员在任何庆典活动上，都不得迟到早退，无故缺席。

4. 态度严肃，表情庄重

辅导员在庆典活动中，应保持全神贯注、聚精会神，不允许嬉皮笑脸、打打闹闹。

5. 对与会嘉宾，态度要友好

遇到了参加庆典活动的嘉宾，要主动热情问好，嘉宾提出来的问题，要及时给予答复。切忌围观嘉宾，指指点点。当嘉宾在庆典活动上发言时，不要随意打断，同时，要主动鼓掌表示感谢或欢迎，切忌胡乱起哄、吹口哨等不友好行为。

6. 举止要文雅

辅导员在庆典活动上，不应大声喧哗、与周围人低头讲话、低头玩手机、听音乐、打瞌睡等。总之，不应做与庆典活动无关的事情，特别是要注意自身言行，不损坏辅导员形象。

（二）升降国旗礼仪

国旗是中华人民共和国的象征和标志，对国旗、国歌的尊重，就是对我们伟大祖国的尊重。学校举行的升旗仪式，是对全校师生进行爱国主义教育和礼仪规范教育的重要途径。升降国旗，是一种严肃而庄重的活动，在礼仪方面有严格的规定。辅导员要严肃认真地对待升降国旗仪式，自觉遵守相关的礼仪规则。

1. 升旗时所有在场人员要安静、肃立

在学校，一般在周一早晨举行升旗仪式，这就要求辅导员在周一早晨要比平时提前到达学校，组织学生有序参加升旗仪式。升旗时，列队要整齐，所有人都必须保持安静，不能自由行走、谈话或东张西望。当国旗升起时，必须起立、脱帽、立正，表情要肃穆，面向国旗肃立致敬，要注意起立时不能砰砰作响，脱帽后不要用手去整理头发。在升旗过程中，应保持安静。

2. 面向国旗行注目礼时神态要庄严

国旗上升时，应唱国歌，声音要洪亮，同时，身体直立，昂首挺胸，双手下垂靠拢身体两侧，保持立正的姿势。当五星红旗冉冉升起时，所有在场的人员都应庄严肃穆，行注目礼，目光随着国旗而移动，持续到升旗仪式完毕。降旗一般在傍晚前进行，不再举行仪式，由主旗手和护旗手直接将国旗降下来。如果在校外遇见升降国旗和奏国歌时，也应立即肃立，行注目礼，待仪式结束后再继续行走。

（三）节庆礼仪

节日是集中体现一个民族的传统与文化、人民的精神面貌与美好感情的一种活动。在生活中，我们会经历很多的节日，如春节、元宵节、清明节、端午节、中秋节等。过节的方式既有热热闹闹的载歌载舞，也有神秘肃穆的寺庙仪式，通过丰富多彩的节庆活动，人们相互表达良好的祝愿、联络感情、增进友谊、加强团结。节庆礼仪是民俗文化中的重要组成部分，是以民族心理、道德伦理、精神气质、价值取向和审美情趣为底蕴，以特定时间、地域为时空布局，以礼仪活动为主题的社会现象。节庆礼仪约定俗成，由人类在长期的生产生活实践中逐渐形成并代代相承。辅导员在各种节日活动中，要注意基本的礼仪规范。首先，节日当天要当面或通过电话、网络等多种途径，向亲人、领导、同事、学生等表达节日的问候和祝福，但要注意时间，不要在凌晨或者半夜打扰他人。其次，在节日当天接受他人的馈赠，要适时地予以回应。辅导员很多时候是与同事和学生打交道，节日（比如辅导员节）时，很多学生会赠予辅导员礼物。接受学生礼物时，辅导员亦要遵守有关的礼仪规范，要双手捧接、诚心致谢、适度称道。对于学生赠送贵重或者不适宜的礼物，辅导员应拒绝有方、语言委婉、不失敬意。最后，节日时，很多学校会组织各种活动，这时辅导员要注意言行举止，不能因兴奋而忘乎所以，一定要注重辅导员自身形象。

四、社交礼仪

社会交往是人的社会存在方式，是指在一定的历史条件下，人与人之间互相往来，进行物质、精神交流的社会活动。社交礼仪是人们从事交往、交际活动的行为标准和规范，是社会礼仪体系中的重要组成部分，也是辅导员礼仪的重要组成部分。社交礼仪规范，包括待客、宴请、拜访等方面的内容。有良好教养的人，在社会交往中，能体现出良好的气质，容易为他人所接受，得到他人和社会的认可，辅导员作为社会的一分子，也需掌握一定的社交礼仪，如着装礼仪、交谈礼仪等，协调好与领导、同事及学生之间的关系。

1. 招待客人

款待客人要热情、周到，准备好茶水、糖果、水果等，招待不同客人时要平等对待，不能厚此薄彼。在细节上应体现对客人的尊重与关心，做到周到、细致的安排。

2. 参加宴会

参加宴会时应穿着得体、大方，准时到场，保持安静，不大声喧哗，不吸烟、不酗酒。在席间，辅导员一定要注意自身举止。忌用餐时响声大作；忌当众剔牙；忌随处乱吐废弃物；忌每次入口食物太多；忌在餐桌上补妆，整理发型；忌口含食物与人交谈；忌与他人抢菜或者独占一盘菜；忌餐桌上太过于高兴而胡言乱语。

3. 拜访他人

拜访他人时要有约在先，并按约好的时间和地点准时赴约，如果有变动，应及时通知对方。谈话时应限定内容，适可而止。

社交礼仪就是要恰到好处地表达自己，了解对方。现代社会有多元的人际关系，人具有社会性，辅导员面对各种交往，要摆正自己的位置，妥善处理好各种关系，宽容大度，尊重交往对象。遵循社交礼仪，还应注意交往中的禁忌。第一，不要随便发怒。在社交场合中随便发怒，会造成两种不良的后果：一方面会伤了和气和感情；另一方面对发怒者的形象有不良影响，人们会认为他缺乏修养，不宜深交。第二，不要恶语伤人。恶语是指肮脏污秽、刻薄侮辱的语言，这与辅导员的形象极不相称，必须予以杜绝。

五、人际交往礼仪

辅导员作为社会关系中的一员，经常与学生、家长、同事打交道，在与这些群体打交道时，必须具备一定礼仪素养，坚持一定原则。

（一）师生交往礼仪

师生关系是在教育过程中，为完成共同的教育任务进行交往而产生的关系，是学校最基本的人际关系。教育教学实践证明，良好的师生关系，有利于调动师生双方的积极性、主动性和创造性，有利于形成轻松愉快、生动活泼的教学气氛，有利于提高教学信息传输的效度和速度。辅导员是太阳底下最光辉的职业，作为辅导员，处理好师生关系，注重师生交往礼仪，能体现高尚的人格及良好的修养。

1. 辅导员对待学生的基本礼仪要求

辅导员作为教育教学活动中的主导者，要主动与学生建立良好的师生关系。首先，辅导员必须热爱学生，对学生的成长充满期待。这是辅导员工作道德的基本要求，也是辅导员与学生交往的礼仪之本。其次，辅导员要尊重学生，与学生平等相待。学生处于心理和生理的发展期，心理还不够成熟，自尊心比较强，这就要求辅导员在处理师生关系时，要以礼相待，尊重学生。最后，辅导员要因材施教，平等地对待每一位学生。我国古代教育学家孔子曾提出“有教无类”的思想，认为教育面前人人平等，辅导员必须看到学生的个体差异，从而能够客观公正地对待每一位学生。

2. 辅导员与学生相遇礼仪

师生在校园中经常会遇到，如果相互之间可以做到礼仪周到，不仅可以增进彼此的感情，而且有利于教学活动的顺利开展，营造良好的学风。辅导员与学生相遇时，应该注意以下两点：一是要积极热情，不失风范。在校园中，通常学生遇见教师时，会主动道声“老师好”，辅导员应该积极友好地回应，可以说声“同学好”“早上好”“同学，再见”之类的作为回应，而不能置之不理、拒人千里之外。当然，辅导员也不能过于亲昵，应坚持适度的原则，否则有损师严和威信。二是称呼学生时不忘为人师表的礼仪。当遇见学生时，要真诚地叫出学生的名字，不要叫学生的昵称或者绰号。当忘记学生姓名时，宁可回避也不要叫错。

3. 辅导员与学生谈话礼仪

交谈是师生之间沟通感情、交流信息、加深了解的重要途径，师生之间的谈话在师生交往中必不可少。辅导员与学生谈话交流要做到言行文明、自然大方、礼貌周全。具体而言，应做好以下四点：第一，提前通知，让学生有所准备。提前告知学生谈话的主要概况，既是对学生的礼貌，也是对学生的尊重。第二，热情接待，用心交谈。当学生

到来时，辅导员要热情招待，不要让学生站在门口或者让学生长时间站立，同时，谈话的座位要适当保持距离，使学生处于放松的状态。交谈时，语言要得当、语调缓和、富有耐心。第三，举止端庄，行为有度。辅导员与学生谈话时，要认真倾听学生的心声，不能做无关的事情，比如低头玩手机、看报纸等。对学生的看法表示认同时，辅导员应微笑着点头示意。辅导员与犯错误的学生交谈时，如果学生态度蛮横无理，辅导员一定要有耐心，动之以情，晓之以理，不能恶语相向，辱骂学生，更不能殴打学生。第四，分清场合，入情入理。安抚类的谈话，既要懂得与学生分担痛苦，也要给学生鼓励和信心；反映问题类的谈话，既要全面了解，不厌其烦，也要以理服人；批评类的谈话，要先消除学生的恐惧心理，缩小师生之间的感情差距，然后再指出学生的错误所在，提出中肯的意见和要求；生活类的谈话，要和蔼可亲，体现辅导员的修养。每一类谈话，辅导员采取的措施是不一样的，要加以区分。

（二）辅导员与家长交往礼仪

家庭是孩子健康成长的重要场所，家长是孩子的第一任辅导员，因此，辅导员需要与家长保持密切联系。在这种联系交流中，辅导员要注重人际交往中的基本礼仪，从而达到良好的交往效果。

1. 召开家长会的礼仪

家长会，是学校、教师与家长沟通的最主要、最直接的方式，也是家长了解孩子在学校各方面表现的重要渠道。因此，召开一次成功的家长会对辅导员、家长、学生都具有重要的意义。在操作中要注意基本的礼仪，以达到更佳效果。

第一，认真做好召开家长会的准备。确定家长会的中心议题；以书面或口头形式提前向学生家长发出邀请，包括时间、地点及是否参加的回执；布置好教室，营造舒适友好的环境；提前做好发言准备。

第二，辅导员服饰要庄重，举止稳重，谈吐文雅，将亲切感和信任感展示给家长。辅导员在家长会上要努力营造和谐的氛围，与家长平等交流、友好协商，坚持“多表扬，少批评”的原则，对家长反馈的意见及时分析，认真处理。

第三，为家长提供发言的机会。辅导员在家长会上，千万不要唱独角戏，忽略家长的作用，可以适当地向家长请教某些成功的教育经验，形成家长与辅导员之间的默契配合和友好互动，增强家长对学校和辅导员的信任，取得家长的支持。

第四，注意保护家长的自尊心。在家长会上，辅导员切记不能一味地批评和指责学生。即使学生表现得再差，家长还是对自己的孩子充满关爱，不乐意听取别人的批评。辅导员要掌握沟通技巧，一方面要针对问题找到恰当的切入点，保护家长自尊心，给家长留足面子；另一方面又要让他们意识到自己孩子的问题。

2. 辅导员家访礼仪

辅导员适时适度地进行家访，有利于辅导员与家长之间信息交流与沟通，使得辅导员对学生有更全面准确的了解。在交往的过程中，辅导员只有掌握家访礼仪，才能避免与家长产生误会和隔阂。首先，辅导员家访要提前与家长预约并准备充分。在进行家访之前，辅导员要着装得体，将家访的内容和材料准备好，查清交通路线，按时抵达目的地。其次，要与家长平等交流，友好协商，做好记录。很多家长不管身份地位如何，为了孩子的成长，对辅导员毕恭毕敬，对辅导员的建议也十分认可，但辅导员也要注意双方应该平等对话，就学生的问题展开友好交谈，不要将自己的意志强加给家长。最后，家访时要注意做客礼仪。比如，家长没有邀请参观室内，不要来回地走动；家访时间不要过长；不要借家访之名，办个人私事。

3. 辅导员接待家长来访礼仪

家长为了孩子学习或者其他事情，有时会主动拜访辅导员，这时辅导员必须注意相关的接待礼仪。一是要热情接待学生家长，对学生家长的来访表示欢迎，接待时面带微笑，姿态端庄大方，称呼得体。二是实事求是地介绍学生在学校的情况，同时认真倾听家长的叙述，营造轻松、愉快的谈话氛围。三是相互沟通、协商。辅导员不应以专家自居，不要对家长发号施令，不要一味责怪家长。四是对家长的到来表示感谢。送别时，要主动为家长打开门，待对方走出去之后，自己再走出去，可以送家长到办公室外或者更远处。

（三）辅导员与同事交往礼仪

同事是与自己一起工作的人。与同事相处如何，关系到辅导员工作的质量。辅导员的共同目的是为党育人、为国育才，为了实现这一目标，辅导员与同事之间应遵守礼仪规范，做到相互尊重、相互学习、相互帮助。处理与同事关系在礼仪方面应注意以下五点。

1. 尊重他人，举止有礼

礼仪的核心就是尊重。《孟子·离娄章句下》中说："爱人者，人恒爱之；敬人者，人恒敬之。"尊重是相互的，同事关系以工作为基础，不同于亲人间的关系。亲人之间一时的失礼，可以用亲情弥补，而同事之间的关系是以工作为纽带的，一旦失礼，彼此之间的创伤就不易愈合。尊重对构建和谐的同事关系尤为重要。同事共处同一个办公室，要注意在办公室不高声喧哗、不擅用他人物品、不偷听别人谈话等，做到举止有度。

2. 合作共赢，换位思考

同事同在一所学校工作，彼此之间有合作，也有竞争。彼此之间的合作要注重双赢，不能因为竞争而置他人于不顾，甚至落井下石。同时，由于同事之间的能力不同、家庭背景不同、配偶收入不同、生活负担不同等，在生活上有差异，要考虑他人的处境，将心比心，言语和举止要考虑他人的感受。

3. 批评有益，注意方法

同事间开展批评与自我批评是必要的，诤友也是人生的财富，但是要注意方法，不要锋芒毕露，批评不要忘记尊重。对于他人的明显失误，作为同事，可以善意地提醒，但要避免当面指责，尤其是当领导和其他同事在场的时候，即使批评是善意的，也会引起对方的不满甚至嫉恨。最好的办法是在私下单独交流，照顾对方的面子，这会产生事半功倍的效果。否则，就可能费力不讨好，某种程度上把自己置于危机之中。

4. 择善而从，互相学习

要善于向同事学习，"三人行，必有我师"。对于不欣赏、不赞成的事物，不要表现

出反感。“择其善者而从之，其不善者而改之。”多从同事身上寻找优点，吸收学习；对于同事的缺点多宽容、理解；同事取得成绩，要由衷地赞美祝贺而不是嫉妒排斥；多寻找自己和同事间共同的兴趣爱好，在互相学习中共同提高。

5. 化解误会，求同存异

不同的个体在工作习惯、世界观、价值观等方面存在差异，同事之间相处久了，难免会有一些细小的分歧。不要总是抓住他人的错误不放，如果对方不好意思开口和解，要主动争取，积极沟通，严于律己、宽以待人，从自身做起，因为矛盾拖得越久越不容易和解。“度尽劫波兄弟在，相逢一笑泯恩仇。”宽容大度一些，遵循“求同存异”的原则，一切以大局为重，以工作为中心，不计较个人得失，各退一步，海阔天空。

六、日常生活礼仪

辅导员除了形象礼仪、教学礼仪、活动礼仪、社交礼仪外，在日常生活中还有其他礼仪要求，比如办公室礼仪、与会礼仪、接打电话礼仪、网络礼仪等。

（一）办公室礼仪

辅导员办公室礼仪应包括以下内容：要保持办公室干净整洁，物品摆放整齐有序；在办公室不办私事、吃零食、闲聊等；上班前不能喝酒或吃有异味的食品，不在办公室里吸烟；尽量不打私人电话或长时间接电话；到别的办公室拜访同事要注意礼貌，进入办公室前，要先轻轻敲门，听到应答再进入，进入后，回手关门，不能大力、粗暴。

（二）与会礼仪

辅导员在日常工作过程中会出席各种会议，因此，辅导员了解会议礼仪知识不仅是日常教学工作正常开展的需要，也是发挥教书育人作用，为学生树立礼仪典范的需要。第一，与会时要按时到会，遵守会议纪律。开会时要尊重会议主持人和发言人。当别人讲话时，应认真倾听，可以准备纸、笔做记录。不要在别人发言时说话、随意走动、打哈欠、玩手机等。会中尽量不离开会场，如果必须离开，要轻手轻脚，尽量不影响发言者和其他与会者；如需提前退场，应与会议组织者打招呼，说明理由，征得同意后再离开。第二，会议发言者应衣冠整齐，走上讲台应步态自然，刚劲有力，体现风度与气质。发言时应口齿清晰，讲究逻辑，简明扼要。如果是书面发言，要时常抬头扫视一下会场，不能低头读稿，旁若无人。发言完毕，应对听众的倾听表示谢意。第三，在会议中，如果有讨论，最好不要保持沉默，这会让人感到你对会议漠不关心。想发言时，应先打腹稿，用手或目光向主持人示意，发言应简明、清楚、有条理、实事求是。反驳别人不要打断对方，应等待对方讲完再阐述自己的见解，别人反驳自己时也要虚心倾听，不要急于争辩。

（三）接打电话礼仪

当今社会，电话是人际交流的必备工具。辅导员在日常生活中接打电话，也需注意相关礼仪。

1. 接听电话礼仪

电话铃声一响，应该在三声以内拿起电话，电话铃声响过多次才接起，容易使打电话的人产生不良印象。接听电话时，与来电者交谈应选用清晰、悦耳的语调，选用谦恭、友善的语气，让人听起来轻松、愉快。接听电话时如需留言，应认真、准确、清楚地做好记录。

2. 打出电话礼仪

选择恰当的通话时间，特殊情况除外，因公事最好在上班时间打电话。即使是私人电话也应避开用餐、睡眠和休息时间。另外，还要注意通话时间的长短和通话的目的。打电话前要明确打电话的目的，以便拨通电话后能迅速而有条理地说出所要谈的事情。切忌漫无目的地东拉西扯，即使为了沟通感情而闲聊，也应先把正事说完。挂断电话前，要说一些表示礼貌、友好的话，如“打扰您了，再见”“谢谢您的指教”等。结束通话，一般要等领导、女士、长者等先挂断之后，再挂断通话。

（四）网络礼仪

信息化时代，网络在日常生活中的作用越来越重要。互联网的发展给人类生活带来许多便利，给世界各地的人们提供了一个相互交流的平台，相识的或不相识的人，都可以通过网络交流，而网络礼仪则是保障网络世界正常秩序的基本规范。因此，辅导员在进行网络交流时，应注意网络的相关礼仪。

1. 遵守道德和法律

遵守道德与法律，是网络基本行为规范。在现实生活中，绝大多数人都能遵纪守法，注意用法律及道德规范自己的行为。同样，互联网上的道德和法律与现实生活中的道德和法律也是相同的。因此，辅导员在网上交流时，也需要用法律和道德标准规范自己的言行。

2. 控制时间

辅导员在利用网络从事公务活动或进行私人活动时，应注意控制好时间，择时上网、适度上网，不能过于沉溺网络，浪费时间，甚至影响工作，损害身心健康。

3. 文明交流，言语有度

辅导员在网上与人交流时，应确保用语的规范和文明，不得使用攻击性、侮辱性语言。为了维护自身形象和学校形象，辅导员上网时不能以学校名义在网上随意发表个人对新闻时事的看法，尤其不得发布假消息或泄漏行业机密，更不能在网上散播谣言。

第三节　辅导员工作形象

形象，常指具体事物（群体、个人等）的精神实质的外在反映，是其本质特征的外在体现。辅导员形象是作为辅导员的群体或个人在其工作生活中的形象，是辅导员工作群体或个人精神风貌和生存状态的表征。辅导员形象不仅来源于社会评价，也来源于辅

导员群体内部或个体自身对其工作活动所持有的知识、观念和价值体系。形象是辅导员对自我形象的内在认知和社会对辅导员形象的外部确认的统一。

一、塑造良好形象是辅导员工作道德规范的重要内容

为人师表是辅导员工作的内在要求。辅导员在与学生相处的过程中，其言语举止都会对学生起到示范作用，学生不仅学习辅导员传授的知识，还会模仿辅导员的言行举止，正所谓“教书必先学为人师，育人必先行为规范”。所以辅导员在学生道德人格培养的过程中，不但要帮助和引导学生形成正确的价值观念和道德人格，更要注意自己的示范作用，做好示范者的角色，以自身高尚的道德修养和行为规范，给学生提供一个可以学习的积极正面的榜样。塑造良好的工作形象是辅导员工作道德规范的应有之义，也是重要内容。

（一）什么是形象修饰

所谓形象修饰，是指个人或群体通过外在仪容仪表的装扮、行为举止的规范、言语的约束及内在专业素质的提升，树立良好的形象，获得社会的认可。自古以来，中国就有“文质彬彬，然后君子”（《论语·雍也》）的古训，可见形象的重要性。良好的形象是个人涵养的外在表现，在与人交际的过程中，这是一张没有文字却形象生动的名片。注重形象修饰，不仅能赢得他人的信赖，给人留下良好印象，而且还能够提高与人交往的能力。相反，则会降低个人的身份，损害个人乃至集体的形象。同时，形象修饰也是工作态度和工作能力的反映。工作人员可以通过整洁的仪容、大方的仪态、高雅的言谈塑造个人的良好形象，体现个人工作态度和工作能力，提升工作化程度，并且获得别人的信赖和认可。进行形象修饰更是对他人及社会的尊重。进行形象修饰可以提升自我形象、自我价值、自我品味和自我修养，对别人表示尊重的同时也获得别人的尊重。

（二）塑造辅导员良好工作形象的原因

中国自古以来就有尊师重教的优良传统，把“师”与“天、地、君、亲”并列，推崇“一日为师，终身为父”。辅导员之所以受人尊重，是因为他传承知识、培育后人，并且为人师表。在任何时候，为人师表都是社会对辅导员提出的基本要求。就其内涵而言，师表通常是指辅导员在其品德或学问上应当成为值得学生学习的榜样。在其外延上，师表则往往是指一名辅导员在社会上所呈现于人的公众形象。① 不管是在日常生活中，还是在工作岗位上，辅导员的个人形象都会受到交往对象的高度关注。因此，辅导员在工作与生活中务必重视个人形象、规范个人形象、修饰个人形象。辅导员工作形象，是一定时期和一定环境下，社会公众对辅导员的外观形象和内在素质的印象、看法、认知的综合体现。辅导员要维护好工作形象的原因有以下五点。

1. 辅导员工作形象体现个人素质

素质的高低，是一个人能否立足于社会的基本条件，也是一个人是否具有品味，能

① 葛晨虹. 中国礼仪文化［M］. 北京：经济科学出版社，2001：38.

否获得别人尊重的一项重要内容。每个人都喜欢与有素质的人打交道，厌恶没有素质的人。每个人都希望自己具有良好的素质，给别人留下美好的印象。但是，在实际生活中，人的素质有高低之分，这与个人的生活环境、受教育程度、个人经历等直接相关，同时，也受到自我要求和社会要求的影响。在人际交往中，特别是初次相见，人们会对其交往对象的个人素质加倍关注，对其衣着相貌、言行举止等都有一定的看法。

2. 辅导员工作形象体现对交往对象的态度

中国作为礼仪之邦，历来都非常重视个人的形象，在外出交流时，更是如此。一个人出访的衣着打扮不仅仅涉及个人形象的问题，更体现了自身对交往对象的重视程度。人们普遍认为，整洁的仪容、得体的衣着、端庄的举止等都证明了本身对别人的尊重，而邋遢的形象则表明对别人的轻视。辅导员在正式场所，要谨记：对外交往中形象欠佳，会被视为对交往对象的不重视；形象甚佳，则表明对交往对象的高度重视。

3. 辅导员工作形象体现个人心态与精神面貌

作为社会中的个体，每个人的生活态度和精神面貌既有个性，也有共性，辅导员也不例外。每个辅导员个性特征、心理素质、生活条件不一样，生活态度和面貌自然也存在一定的差异。差异的存在，并不代表辅导员可以不修边幅、邋遢不堪。作为一名合格的辅导员，一定要注重自我形象，进行形象修饰，体现出对生活认真、负责、自信和热爱，精神面貌豁达开朗、奋发进取。唯其如此，辅导员才会为人所信赖，受人尊重，辅导员的公众形象才会得到大家认可。

4. 辅导员工作形象体现学校形象

辅导员的个人形象很重要，所在单位的形象更重要。辅导员作为公众人物，出席正式活动时，个人形象并不是单纯的，而是多重身份的集中展示。在学校内部，每一名辅导员的个人形象代表着他所在部门的形象；在与别的单位打交道时，每一名辅导员的形象代表着他所在学校的形象；在为社会培养人才时，辅导员的个人形象代表着他所属的整个辅导员群体的形象；在出国访问时，辅导员的个人形象不仅是学校的形象，更是一个国家的形象。作为部门形象、学校形象、行业形象甚至国家形象，每一名辅导员没有理由对个人形象掉以轻心。

5. 辅导员工作形象是无形的教育力量

辅导员适当的形象设计、优雅的举止、潇洒的风度，是影响其教育活动和教育效果不可忽视的重要因素。其实际教育价值主要表现在以下方面：其一，给学生良好的“第一印象”。学生第一次接触辅导员时，会特别注意辅导员的仪表装束、言谈举止，从而在心理上为辅导员定位。其二，有利于提高辅导员的威信。辅导员的威信是一种巨大的教育力量，它的形成不仅与辅导员的知识、能力等密切相关，也同时受辅导员外在形象的影响。举止文雅、穿着朴素、仪态端庄、作风正派的辅导员形象，有助于在学生中树立威信。其三，有利于塑造学生形象。近朱者赤，近墨者黑，辅导员自身形象能直接影响学生形象的塑造。其四，直接关系到学生的学习兴趣和教育效果。目前辅导员完成工作任务的主要途径仍然是“言传身教”。如果辅导员不仅口说并且能身体力行，必能留给学生良好的师者形象，获得学生尊重。这样学生就会“亲其师”而“信其道”，利于顺利完成教育教学任务，提高工作效率和教育实效。

二、完善辅导员工作形象的措施

辅导员礼仪修养是辅导员语言、表情、体态、衣饰等所构成的形象水平。作为“传道、授业、解惑”的辅导员，不但要有广博专深、融会贯通的系统学识，还要在人格、品行、仪容仪表等方面有较高的修炼水平。辅导员既是人类先进文化与文明知识的传播者，也是学生思想道德的启蒙者，更是学生美好心灵的塑造者。辅导员工作道德的好坏，直接决定素质教育能否顺利实施，影响整个中华民族的思想道德素质和科学文化素质的高低，关系到亿万青少年能否健康成长。

改革开放的总设计师邓小平同志生前提出：“要让辅导员成为太阳底下最光辉的工作”。但最近几年，媒体上有关辅导员的负面报道越来越多，辅导员在人们心目中的形象越来越差，这种情形的出现绝非偶然，值得好好反思。导致辅导员形象遭讽的原因有很多，比如社会对辅导员礼仪教育的不重视、社会风气恶化、学校过于注重成绩等等。但毁坏辅导员良好形象的最根本因素在于两点：其一是辅导员或学校忽视礼仪修养，实乃“不学礼，无以立”；其二是辅导员在教学上不思进取，得过且过，可谓“学习如逆水行舟，不进则退”。常言道：师者，从之模范矣！辅导员本身就是形象，辅导员的形象是由内在和外在形象共同构成的，而内在形象须通过外在形象才能得以展现。辅导员通过形象示范，以不可抗拒的引力来潜移默化地影响学生，对学生进行美的熏陶。因此，外在美和内在美的和谐统一，是当代辅导员自我形象塑造应该追求的理想目标。

1．辅导员礼仪规范的特征

辅导员在日常的教育教学工作中要注重自身礼仪，才能真正提升自身工作形象。注重礼仪是提升工作形象的重要途径。辅导员礼仪具有自己特定的适用范围、特定的适用对象。与其他工作礼仪相比，辅导员礼仪规范具有以下特征。

（1）强制性。

一旦选择了辅导员这个工作，就必须遵守辅导员礼仪规范，不能随心所欲。辅导员礼仪需要有更多的自我克制、自我牺牲。同时，辅导员的礼仪素养也将使辅导员更有魅力、更有力量，带来更大的收获。

（2）形象性。

辅导员礼仪关系到辅导员的工作形象、学校的整体形象、辅导员队伍的整体形象。一个学生关注辅导员的气质风度、行为仪表胜过关注辅导员的文凭。一个家长对一个辅导员的信任或不信任很多时候只来自一两次谈话和交往所呈现的形象特征。所以，当校长想让社会、家长和孩子们知道自己的学校是一所好学校，自己的教师是一群好教师的时候，首先向他们展示自己教师良好的形象。

（3）文明性。

辅导员礼仪的文明性体现在辅导员的个人文明素养。比如对学生的关爱，与同事互帮互助、彼此尊重、和睦相处；待人接物热情周到、彬彬有礼；日常生活中注重个人卫生，穿着适时得体。见人总是微笑着问候致意，礼貌交谈，文明用语。这些都体现出一个辅导员的品行修养。辅导员礼仪是内在文明与外在文明的综合体现，具有明显的文明性特点。

（4）示范性。

辅导员面对的是模仿能力很强的学生，辅导员的礼仪修养的一言一行、一举一动都可能成为学生模仿的对象，而且会被成倍地放大，对学生产生潜移默化的作用，会影响许多学生，波及广大的青少年，甚至对学生造成终身的影响，因而辅导员的礼仪修养具有示范性。所以辅导员必须严格要求自己，提高自身素质，培养良好修养，展示辅导员风采，任何时候、任何场合，都要做学生的表率。

2. 规范辅导员礼仪的措施

随着我国改革开放进程的加快，国际交往日益频繁，经济建设日新月异，在物质文明不断加强的同时，精神文明建设水平也在不断提高。辅导员作为“人类灵魂的工程师”，不仅是教书育人的园丁，而且是传承文明的导师，教授知识的源泉，以身作则的楷模。一个合格的辅导员，不仅要有高尚的思想品德、广博的知识经验、现代化的教育能力和健康的身心，还要有良好的礼仪修养。辅导员的礼仪修养，对推进中华民族的礼仪传承具有重要意义。提升辅导员工作形象，必须要求重视辅导员在教育教学和日常生活中的礼仪。加强辅导员的礼仪教育，需要遵循两个原则：职前礼仪教育和职中礼仪教育相结合，自我提升与外在教育相统一。

在思想上提高对礼仪重要性的认识。认识对实践具有重要的指导作用，正确的认识可以促进实践的发展，错误的认识则会阻碍实践的发展。作为辅导员或者想成为辅导员的一类人，必须在思想上重视礼仪的重要性。一名合格的辅导员不仅学识渊博，专业知识过硬，充分地掌握了教学技能，还必须品德高尚，在教学活动中遵守礼仪。辅导员礼仪应从塑造辅导员个人形象入手，联系辅导员切身利益，使每一个正在从事以及将要从事辅导员工作的人真正懂得辅导员礼仪修养不仅是辅导员自尊自律的基本要求，而是关系到受教育者的健康成长，关系到国家和民族的文明程度，以促使学习者把学习礼仪变成自觉行为，内化成习惯，最终成为自然流露，体现出良好的个人修养。任何时候礼仪修养无疑都是个人的基本素质，一个人无论从事什么专业，做什么工作，无一例外地要具有良好的个人形象和修养。师范院校也应该改变重专业知识、轻礼仪修养的格局，重视对学生的师德师仪的培养。师范院校应开设礼仪课程，采用实践性、操作性较强的授课模式，切实让学生掌握辅导员的工作礼仪。

提升辅导员自身的美学修养。礼仪是对美的追求，要真正知礼守礼必须让辅导员知道在教育活动中什么是美，如何体现美。可以说辅导员的美学修养是礼仪修养的基础。因此，辅导员首先要加强美学基础理论的学习，加强对美的本质、美的存在形态、美的范畴和美学史等美学理论的了解。同时要加强创造教学美的体验，在教育教学活动中应该注意从美学的角度去设计自我形象、设计教学方式，并注意学生的审美情趣特点，与学生拉近距离。

学校要重视辅导员队伍的礼仪建设。很多师范类院校在培养辅导员的过程中，忽视了对辅导员礼仪的教育，培养出来的辅导员只懂得教学，不懂得尊重和关爱他人。这就要求师范类院校或者辅导员所在的学校必须拥有真正懂礼仪的培训者，对他们进行礼仪方面的培训。名师出高徒，礼仪辅导员的礼仪素养是礼仪教育成功的关键。礼仪教育涉

及心理、形象、语言、体态、人际交往等方方面面的知识和技能，要求礼仪辅导员具备厚实的专业功底、广博的知识、娴熟的礼仪规范操作及科学的训练方式；礼仪辅导员形象好、审美能力强、语言表述风趣、富有人格魅力，才能促进学校辅导员的礼仪化，造就一支以自己的一举一动来诠释良好礼仪规范的教育价值和无穷魅力的辅导员队伍。在市场经济大潮的冲击下，在社会多元价值取向面前，辅导员工作道德面临着新的考验。个人主义、享乐主义、拜金主义等的不良影响侵蚀着辅导员队伍，极大地损害了辅导员形象，影响了学生德、智、体、美、劳的全面发展，给这些学生的身心健康成长带来了很多负面的影响。所以，提高辅导员的道德修养水平和礼仪修养水平刻不容缓。

促进“知”到“行”的转化。辅导员的工作礼仪素养包含的内容是多方面的，如辅导员的形象礼仪、教学礼仪、社交礼仪、人际交往礼仪等，各个方面的礼仪养成都需要有较长的学习和强化过程，不可操之过急。要从实际出发，选择适当的方式，由易到难、由低到高、由表及里地进行，使礼仪教育更具有针对性、可行性。辅导员自身在实际工作中，必须明确“有所为，有所不为”，明确知道自己可以说什么、可以做什么，不能说什么、不能做什么，避免失礼于人。同时，要尽力“有所为”，懂得如何去做，怎么做得更好，在各个方面尽力做到有礼有德。

营造良好的校园礼仪环境。“传道、授业、解惑”的辅导员，必须在校园中带头规范自身行为，同时，要求每个学生也要懂礼守礼。学校要营造文明的礼仪环境，校园建设要充满人文色彩和绿色理念，使校园自然环境清洁优美，人文环境令人自律，各种文明规范随处可见。学校应配备完善的硬件设施（垃圾桶、镜子等），达到环境育人的要求和效果。应该提供丰富多样的建设渠道，组织各种生动、有趣的活动扩大礼仪教育的影响，让礼仪像空气一样无所不在，让辅导员得到美的熏陶和滋养，进而养成好的礼仪行为习惯。

【案例分析】

案例一

言行守礼无小事

四年前，我在某镇教书时，我们单位分来一位青年辅导员李成。第一次见到他的时候，大家都以为李成是大学刚毕业分配到这儿的，戴着黑框眼镜，年纪看起来也就25岁左右。一段时间后才知道原来李成已参加工作三年了，这三年来，他竟然换了四个地方。他最开始是被分到了我们县城附近的一所中学，不久后又被调到城北不远的一个小镇，到我们这个单位已经是他工作的第五站了。我们县城也不大，我外出开会学习时碰到他原来工作的几个单位的同事，偶尔聊起李成都是纷纷摇头，不愿多提。这让我有点纳闷，我跟李成接触过，发现他很多方面其实是很优秀的。李成很喜欢看书，涉猎的知识面很广。学期刚开始的时候，我经常不打招呼就去听他的课，后来好几次我偷偷从他上课的教室的后门进去旁听，不得不说，李成的课上得激情飞扬，中华上下五千年，信息量很大，整个课堂气氛都被他调动起来了，课堂上笑声不断，学生都喜欢上他的语文课。

李成的教学效果有目共睹，但时间久了，周围的同事便发现了他的不足：其实都是些鸡毛蒜皮的小事，比如个人办公桌上的卫生问题。李成每次下课回来，教案、教科书总是随手扔。桌子上的灰尘也基本不擦，两道手臂的灰尘印记清晰可见。每次学校或者镇上组织检查卫生，李成所在的教研组都会因为他的办公桌而被扣掉很多“冤枉分”。教研组长没办法只得帮他收拾。李成见此状，总嘻嘻哈哈地说：“领导就是为人民服务啊，等我熬上了教研组长，一定会把全办公室的桌子都承包下来打扫得干干净净的。”众同事听见此话，都纷纷摇头不语。

一次偶然机会到李成宿舍，我见识到了有人住着但却不像有人常住的房子，真叫一个脏。被子揉成一团，看得出来从没叠过，地上的臭袜子和鞋子横七竖八摆放着。平时没事和同事聊天的时候，李成爱给别人琢磨外号。有位姓张的老师，腿有点瘸，走路腿脚不方便，一颠一跛的，是一位50多岁的老辅导员，德高望重，大家都很尊重他，他却给张老师起外号叫“老八”。起初大家不懂，问他“老八”是什么意思。他说：“不是有个铁拐李嘛，八仙之一啊，叫‘铁拐张’不含蓄，叫‘八仙’又太直白，老辅导员了，咱得尊重人家啊，就叫‘老八’吧。”搞得大家想说他但又不好直接说，只能把话放在肚子里。此外，有位李老师长得比较胖，整天减肥减不下来，李老师很苦恼。同事们当她面都避开说“肥”“胖”之类的字词以免李老师难堪。李成倒好，给李老师琢磨出个外号叫“伦敦”，逢人就解释自己的创意是“伦者，轮也、圆也。敦者，矮粗墩也”。李老师知道后差点没和他拼命，嚷嚷着要找他算账。

李成课后喜欢说俏皮话，容易失去分寸，说着说着就成了风凉话，有的更甚。每到假期结束的时候，校园里杂草丛生。按照惯例，开学的前一天，教师们都会自觉提前到学校进行大清扫。烈日当空，大家都干得起劲，李成却在一边念叨：“这哪叫人民教师，简直是劳改啊。太没人道了！”有次校长让他去邻近村通知开辅导员会，他接过通知，戴上帽子，骑上自行车就走。同事小钟好奇他干什么去，就随口一问，他扔下一句“又当狗腿子啦！”一路丁零当啷出校园，一边走一边喊：“同学们闪开了，夜袭队来了。”校长在后面听到他这样说火气直冒：“李成，你回来！狗腿子、狗腿子，回来说清楚，谁是狗！”

看到这半年来李成的言行举止，大家对他之前为什么不能在其他单位工作长久的疑惑也终于有了答案。年底辅导员量化考核，李成“不负众望”成为全校倒数第一。按照教学条例的末位淘汰制，对李成实行缓聘学习待岗。事情发生后李成很是苦恼，有一天来找我诉说心中的委屈。我开诚布公地指出了他的毛病，直接告诉他如今的后果是他一手造成的，不怨别人。那天，我们谈了很久很久，我和李成说：“一个人具有良好的科学知识素养很重要，但是个人的思想品德素养也同等重要。凡事从点滴开始，一屋不扫何以扫天下？同事是工作的伙伴，开玩笑要懂得适可而止。尊敬长辈和领导，在任何场合都要注意自己的言行举止。因为，你是一名辅导员，你的一言一行都有多少双眼睛看着你啊。工作中要注重多积累、多总结，发挥自身知识面广的优势，反思记录自己的得失，不断调整心态。”李成听完，低着头，什么话也没说。

渐渐地，他开始转变了，穿戴也整齐了，宿舍和办公桌也干净了。对其他同事说话也不像从前那么直接无礼，还真诚向校长和张老师、李老师道歉。几年过去了，李成改变很多，本就有学术功底的他在报刊上发表了好几篇文章，逐步成了学校的名师。

【启示】

古人曾说："勿以恶小而为之，勿以善小而不为。"一个人的气质、风度及礼仪教养不是仅靠高档的装扮修饰，而是在一言一行中体现出来的。语言文明看似简单，但要真正做到并非易事。举止是一种无声的"语言"，能在很大程度上反映一个人的素质、受教育的程度及能够被别人信任的程度。人生遭遇失败是常有的事，有些人失败了会抱怨自己的学历不够高、关系不够广，或与同事、上司的关系不好处，但是却很少人静下心来反省自我，在人生道路上，自己是否向他们亮出了自己最优秀的名片——修养、情操、细节、人品、言行……很多时候，一个人的失败不是输在学历、才华上，而恰恰是自己最容易忽略的言行举止的细节上。内强素质、外塑形象，如果我们时时处处都能以礼待人，那么就会使我们显得很有修养。古人讲究"修身、齐家、治国、平天下"，把修身放在首位。教养体现细节，细节展示形象。一个人的言行举止，展示的是个人的道德修养，是一个人文化涵养的最直接表现。

辅导员这一工作，由于身处校园，异于其他行业，但又因同样存在着竞争，所以也有与别的工作相同的压力。如何尽快适应这份工作，从容面对压力，并设立适宜目标，脚踏实地，步步为"赢"，这也需要一份圆润开阔的智慧。"学高为师，身正为范"，作为一名合格辅导员，除了要有扎实的专业知识，较高的文化水准外，更重要的是要求辅导员应有良好的道德素质。举止礼仪规范不仅陶铸着每个社会成员的心性和人格，也引领着社会习俗风尚和精神风貌。正所谓，"其身正，不令而行；其身不正，虽令不从"。实现社会和谐有序，归根到底要解决人的素养问题，言行有礼、举止得体不仅能完善自我，提升个人文化修养，更能减少社会交往过程中人与人之间的矛盾冲突，形成良好的社会风气，实现社会安定和谐。

案例二

注重教学礼仪就是对知识和学生的尊重

第三节课是英语课，上课铃早就响了，老师却没有来。学生面面相觑，充满疑惑。一名学生小声地对英语课代表说："你去办公室找找英语老师吧！怎么还不来上课呢？"课代表犹豫了一下，准备动身去办公室"请"老师来上课。这时，学生们听到一阵急促的脚步声，英语老师满头大汗，浑身脏兮兮地出现在大家面前，面对全班学生，简单地说了一句："最近家里装修，很忙，所以来晚了。"接着便开始上课："今天我们听写第五单元的单词。"

这时，后排几个女生，嘀嘀咕咕地说："英语老师的头发都一撮一撮的了，估计好几天都没有洗头，哈哈……""你看他的衣服，上面不知道是油漆，还是什么东西，脏死了。""你再看看他的脸，上面有白色的东西，好像是刷墙落上的。哇，我们的老师好像一个粉刷匠啊，都不是老师了，哈哈……""错了，我觉得特别像丐帮的帮主！"学生七嘴八舌地小声议论着，英语老师看到后排有人讲话，"唰"的一声，一支半截的粉笔重重地落在了她们的中间。"你们在说什么？以为自己的成绩都不错是吧，你们也不自己掂量掂量，成绩那么差，还有脸一直讲话。"那几个女生，默默地低下头，一下安静下来了。

英语老师开始进行听写。这时，第一排一个同学小声嘀咕了一句："又听写啊，昨天两张英语试卷就做到半夜，哪有空背单词啊。每天都布置那么多作业，真烦……"不料，小声的嘀咕，也被英语老师听见了。

"××同学，你说什么！难道你英语不用学了吗？中考不用考了吗？"英语老师紧紧地跟了一句，语气很凶。

"我又没说什么，确实作业有点多。"××同学小声附和了一句。

"什么！你再说一遍！××同学，你不要一肚子埋怨，就你英语成绩最差，老是拖班级后腿，几次我都没好意思说你，你还好意思说英语作业多。你自己懒得像猪一样，还一直抱怨，怪不得英语成绩不好！"英语老师一边强烈地责备批评，一边用手指指着那个学生。

"我说老师你不要用手指指着别人行不行啊！你这老师怎么做的啊！"显然英语老师的话和动作激怒了该生。

"你了不得了，还教训到我头上来了，你算什么啊你！每次班级拖后腿的人，真是成绩差，素质也差，都不知道父母怎么教的！"英语老师语气里充满了火药味。

"你说我就算了，凭什么骂我父母啊，你算什么啊你！"××同学火大了，站起来推了英语老师一把。

这时班长迅速抱住了该生："好了好了，不要闹了，够了啊。""不是我过分，他指着我，骂我父母，什么老师啊！"××同学辩护。班长一看，如果持续下去，害怕发生更大的争执，迅速把该生推出了教室，这时英语老师摔门而去……

没人上课，班长紧急找到了班主任，向班主任讲明了情况，班主任知道事情的来龙去脉之后，迅速地找到了英语老师，进行了沟通。英语老师对班主任说："最近家里装修，每天我不仅要忙着装修房子，还得上课，急急忙忙赶过来上课，学生竟然这样的态度，现在的学生真是无法无天了。"班主任听了这话，笑呵呵地讲："知道你最近也很忙，但是教学工作还是要认真完成的，你要正确处理好生活与工作的关系。这个学生的确太不像话了，不该顶撞你，他做的肯定不对，但是，你是老师，对待学生的质疑，也不能大发雷霆，这样，影响不好……"班主任苦口婆心地进行了一系列的沟通，英语老师脸色却越来越难看，最后甩出一句："他不道歉，以后你们班的英语课，谁爱上就上！"留下一脸茫然的班主任。课后，班主任也找到了××同学，对其进行了沟通和教育，但是××同学一直坚持认为自己没有错，拒绝道歉。僵局一直持续，最后校长出面，英语老师才不得已同意继续上这个班的英语课，但是，每次上课，整个班再也没人讲话了，就像一潭死水一样。

【启示】

歌德说过，"一个人的礼仪就是一面找出他肖像的镜子"；英国教育家培根说，"相貌的美高于色泽的美，而秀雅合适动作的美又高于相貌的美"，这就是美的诠释。以上英语教师的案例可以为同为人民教师的辅导员带来深刻启示。辅导员礼仪作为辅导员工作行为规范，为辅导员在履行教育职能过程中使自身的行为符合要求提供了依据。辅导员不仅要"知书"，而且要"达礼"，知行合一，才是辅导员应有的道德。但

在上面的案例中，英语老师显然没有做到遵守礼仪，成为学生的表率。

首先，在辅导员形象礼仪方面，作为辅导员必须注重辅导员的工作形象，在任何情况下，都必须保证面部和头发的干净。在着装方面，也必须干净整洁，这是对辅导员基本的礼仪要求。在教学的过程中，辅导员也应注意自身的行为举止，不该扔粉笔，也不该用手指指向学生，更不该摔门而去。案例中英语老师的做法，极大地伤害了学生的自尊心，让学生觉得老师不尊重自己。作为辅导员，言语也必须文明，案例中的英语老师多次口出恶语，骂学生“笨得像猪”，同时，还骂学生的父母等，严重损害了辅导员自身在学生心目中的形象，让学生觉得这个老师没有素质，引起学生反感。

其次，在教学礼仪方面，辅导员必须保证守时。在预备铃响时，就应该准备上课的相关事宜，由于特殊原因迟到，也必须向学生道歉。学生由于学业的压力可能埋怨多了些，有些压抑。而案例中的英语教师不但没有采取正确的态度开导学生，帮助学生排解压抑的情绪，正确面对学业压力，反而压制学生的一切不满情绪，以教师的权威，说一些强烈伤害学生自尊心的话。这样的教师是缺乏师德的，在他身上完全看不到一个教师的工作道德。

最后，在人际交往礼仪方面，同事之间应该彼此相互合作、相互谅解。案例中的英语老师，在事情发生之后，班主任本着解决问题的原则与之沟通，他却高高在上、盛气凌人，这种做法直接伤害了同事之间的感情，不利于工作的开展。总之，案例中这位教师的一系列行为举止，都有违教师工作礼仪规范。这一现象在很大程度上反映出该教师在自我定位上、教师正确的礼仪规范上认识不清，不知到底何为合适的教师礼仪。

作为辅导员要遵循真诚与自律原则，不可与案例中的英语老师一样随随便便、邋邋遢遢、行为失范、恶语伤人，要进行自我要求、自我约束、自我对照、自我反省，尊重学生的同时尊重自己，强化工作道德，真正做到“学高为师、身正为范”。

合格的辅导员在礼仪方面要做到以下五点：第一，举止大方、仪表端庄；第二，说话和气、语言文明；第三，平等相处、尊重学生；第四，谦和有礼、尊重家长；第五，以身作则、为人师表。作为一名合格的辅导员，必须遵守这些规范，这既是一种能力的体现，也是尊重自己和他人的体现。

思考讨论题：

1. 什么是礼仪？什么是礼貌？
2. 中国传统礼仪有哪些？有什么意义？
3. 辅导员工作关系中的礼仪规范有哪些？如何看待其重要性？

第八章 辅导员工作德性

德性是指个人在各种价值关系中的行为所体现出来的道德品质，包括同情心、价值观念、善恶观念，以及扬善去恶的行动意志。辅导员工作德性是指辅导员在学生工作实践中不断修炼而获得的内在精神品质。不同个体的工作德性差异很大，有的辅导员将工作当作人生走向完善的修炼方式，育人的同时成就自己的品格，从而逐渐走向完善；有的辅导员由于错误的价值观念和不良的善恶观念，在各种价值关系中行为不端，不是将学生工作当作人生完善的方式，而是将学生工作当作功利的实现工具，心态失衡，言行失范，以至于自己的德性结构逐渐变得千疮百孔，精神世界走向灰暗和纠结。辅导员工作德性主要由辅导员的工作情感、工作理性、工作价值观、工作良心、工作意志和工作理想六个方面构成。

第一节 工作情感

辅导员工作情感是指辅导员在教育学生和指导学生工作中对于人和事所具有的态度体现。

一、温和

温和是一种不严厉、不粗暴、不猛烈的性情，体现为辅导员在教育指导学生过程中对学生态度上的谦和与举止上的温和。温是情感上暖和心灵的舒适温度，和是态度上选取中道的智慧。温和要求辅导员在性情上既不炽烈也不寒冷，而是在二者之间选取中道。高冷的性情易让学生望而却步，火爆的性格则会使学生心生畏惧，两种极端性情都会让人产生心理的距离感。而温和恰在二者之间，不偏不倚、恰当适中，使学生在接触辅导员的时候，能够体验到一种舒适自在的心理感受，这时学生心中所持的距离感将逐渐被消解，从而向辅导员打开心扉，接受辅导员的教育和指导。辅导员应注重对自身温和性情的培育，运用理智控制自己的情感不向两极过分张扬，运用智慧选取出易于让学生亲近的性情中道。

二、宽容

宽容是度量大，能容人，遇事不计较、不追究的道德品质。《庄子·天下篇》有言：

"常宽容于物，不削于人，可谓至极。"因此，宽容是一种内心至高道德境界的外在表现。对辅导员而言，宽容意味着承认学生间的差异性、多样性和丰富性，意味着辅导员在教育指导学生的过程中，在学生表现欠佳、未达到教育预期时容忍的度量，以及依然对学生保持期待与鼓励的积极态度。然而宽容不是放纵，并非是对学生一味地迁就纵容，宽容的德性在于强调辅导员与学生在教育思想上的主体间性。在工作实践中，辅导员的宽容要表现在面对不同差异的、有弱点与谬误的、并不完美的学生时的公平公正，能够真诚且无差别地教育和指导学生，兼相爱、一视同仁地尊重学生，给予学生最大的期待和发展空间。

三、同情

同情是在人与人之间发生的情绪和情感的相互感应，对他人的遭遇或行动在感情上发生的共鸣。辅导员要对学生进行具有针对性和实效性的教育指导，就需要了解学生身上发生的事情，感触学生内心产生的情绪。同情的生成是辅导员在与学生接触的过程中产生的。在此过程中，学生的情感会在某种程度上变为辅导员的情感，就如它们原本就是辅导员自身的性情和发生的心理倾向一样。如是，辅导员的工作情感必然会像学生遭遇了挫折而厌恶痛苦一样厌恶着学生的痛苦与悲伤，像学生希求快乐与幸福一样希求着学生的快乐与幸福。然而，在发展自身同情的工作情感时，辅导员不能只满足于感同身受学生的情绪，更重要的是，要提升自身对学生的无私的爱，因为同情只有在追求德性之善的实践过程中，才能真正生成由内而外的道德情感倾向。

四、仁慈

仁慈就是仁爱与慈善。仁爱表现为同情、友爱、爱护的感情；慈善则指善良富有同情心。辅导员的仁慈情感是以同情为前提和基础的。首先表现为辅导员在工作实践中基于同情的心理意识，是一种期望学生快乐与幸福的道德情感，基于此对学生的慷慨善意和无私关怀的行动中才会拥有仁慈的德性。辅导员在具体工作中，仅表现出对学生遭遇的同情是不够的，正如马克思的那句"而问题在于改变世界"[①]，辅导员的职责和义务在于对学生进行思想政治教育，在于行动。同情与仁慈的中间一环是尽管在感情上有所同情，但仍然可以不付出行动。而只有在辅导员将这种希望学生愉快和幸福的情感付诸教育指导学生的行动时，仁慈才在辅导员的内心应运而生。

① 中共中央马克思恩格斯列宁斯大林著作编译局．马克思恩格斯选集：第1卷［M］．北京：人民出版社，2012：140.

第二节　工作理性

工作理性是构成辅导员工作德性的重要组成部分。辅导员工作理性是指从事辅导员职业所应具备的工作能力和专业素质，它的核心德性在于求真，即对真理的孜孜追求以及在职业工作中的实事求是。辅导员要具备求真的工作德性，必然要具备好学、明察和睿智三个分属于求真的德性品质。好学使辅导员具有学习的倾向与动力，明察是对辅导员观察事物认识能力提出的要求，而睿智则是辅导员由表象上溯经验规律的思考力的体现。三者相辅相成，却在不同的环节各有侧重，共同构成以求真为核心的、内涵丰富的辅导员工作理性。

一、好学

好学是对学问的爱好和喜欢的态度。辅导员在工作中面对的是学生日常生活的各种琐事，这就要求辅导员要具备较高的知识素养和较强的学习力，能够经常性地补充和扩展相关知识。因此，好学就成了辅导员工作理性的牵引力。例如学生间发生矛盾，可能需要辅导员尝试运用心理学知识加以化解；学生社团组织集体活动，需要辅导员运用好管理学相关知识保证活动的有序；学生违规犯错，需要辅导员运用法律法规知识，告诫学生不可违纪违法；学生看到不实信息而迷茫，辅导员可以从传播学的角度加以破解。大量知识储备的现实需求，要求辅导员始终保持一颗积极好学的心态。在培养好学的品质时，辅导员可以通过在学习中设立阶段性小目标，不断鼓励和促进自身学习，在完成一个又一个学习小目标的过程中培养兴趣，从而养成好学的品质。

二、明察

明察，明是目光敏锐而正确，察是指看出。《孟子 · 梁惠王章句上》中有言“明足以察秋毫之末”，用来形容任何微小的事物或问题都能看得一清二楚。明察能力可以帮助辅导员在认识事物的过程中，以敏锐的目光快速正确地捕捉到哪怕只是细微的差别，从而在学习或者工作中看清和把握事物的关键性问题。例如两个学生在发生矛盾找到辅导员对质的时候，一个学生撒了谎，具有明察德性的辅导员就能够通过学生细微的行为表情以及话语的矛盾之处加以判断，最终推断出是哪个学生撒谎。明察是一种高效地认识事物的能力，辅导员需要在每一次学习和实践中不断使用和磨炼这种能力，才能够使自己的洞察力越来越敏锐。明察能力的精进既需要丰富知识的积累，又需要时间经验的沉淀。

三、睿智

睿智是指具有聪明才智，看得深远。许慎在《说文解字》中称“睿”为“深明也，

通也”，解“智”为“识词也”。由是观之，睿智的内在逻辑，一是要求思考认识事物时能够达到深明、通彻的程度，二是要以一定知识容量为基础。辅导员是做人的思想工作的，既要面对学生思想的不确定性、差异性，又要涉及日常事务的琐碎庞杂。纵横的客观工作情况要求辅导员应具备较强的分析思考能力和较丰富的专业知识底蕴。当辅导员能够得心应手地以自己的思维能力和知识储备解决工作中的各种难题，并将其总结升华为较为系统的经验和思想时，我们一般认为他是睿智的。然而，睿智的规定不能绝对，人的能力终归是有限的，辅导员在求真的过程中，并非是要达到某种程度而称为的睿智，而应该将睿智作为工作德性的目标不断追寻。

第三节　工作价值观

辅导员在职业的发展、通过工作实践不断地实现自身价值的过程中，围绕工作场域所产生的对人或事物的喜好、审美、判断、辨识等一系列观念也必然在思想意识中逐渐地沉淀下来，这其中最核心、最稳定的部分共同构成了辅导员工作的价值观。辅导员工作价值观总体而言，在道德指向上是奉公的。奉公即以公事为重，不徇私情，它一方面表达了对集体的以公为重的态度，另一方面表现出克己廉洁的守法精神。由此，在辅导员的价值观中，其所奉的“公”所惠及的利益集体就是指“学生群体”；同时，在惠及学生利益的过程中，辅导员要守法，按规矩、规则、法律去关怀学生，照顾学生，教育学生。奉公强调的是个人与集体的关系范畴，作为辅导员的工作价值观的核心德性，它的道德指向是以集体的利益为重的奉献精神。然而，奉献并不等于献祭，个人在集体之中不是迷失自我，而是要立足自我，摆正自己在集体中的位置和心态，也即要做到在自尊、自爱和自强为前提的基础上，通过廉洁克己和奉献集体，达成对集体的尽职尽责，最后在集体中实现个人的价值。

一、自尊

自尊是尊重自己，不向别人低三下四，也不容许别人轻视侮辱自己。换言之，辅导员的自尊就是正确认识并认真对待自己的职业和表现。在高校里，辅导员不像专业课教师，承担着较多课程知识教学的重要任务；不像行政人员，掌握着学校资源调配的行政权力。但是，这并不能构成辅导员轻视自己所担任工作的原因。辅导员虽然不是专业课教师，却主要承担着学生思想政治方面的非智力因素教育；虽然不像行政人员掌握着学校资源调配的权力，却始终在指导着学生社团、协会等学生组织的活动开展。所以，仅是分工不同而已，辅导员之于高校始终具有不可替代的重要作用，是推动高校文化传承的重要力量。因此，辅导员更应做到自尊，做到对辅导员职业和自我表现上的认同和自信。

二、自爱

自爱就是爱自己。自爱体现的是一种在身体上的自我爱惜和在精神上的自我关怀。辅导员的工作是全天候的，除了白天的忙碌，那些无法预料的学生突发事件在任何时间里都有可能发生。平时忙碌工作的高强度和工作问题的不确定性对辅导员的精神和身体带来了巨大的双重考验。但是，辅导员并非机器，他们也是具有喜怒哀乐的平凡人，有着各自的家庭，承担着各自生活赋予的责任。生而为人，难免经历苦弱无助，因此辅导员才更要在追求工作“忘我”的境界中学会自爱。辅导员的自爱表现在对待自己的态度上，如对自我评价的不骄傲自满、不妄自菲薄，在身体的使用上劳逸适度，在精神上珍惜自己的名誉，等等。辅导员养成自爱就是要学会关注自己、直面自己、接纳自己，以便最终更好地掌控自己的本质，做独立的自己。

三、自强

自强是修身自立，奋发图强，不断提升和完善自己的精神。人需先自尊、自爱，而后才能自强。自尊、自爱强调对自我的观点和态度，自强则更强调自主行动，是蕴含在行动中的精神内核。自强的行动原则有二：其一是一种自我创新的行动，动力内生于心，目的是使自我更加完善、更具核心竞争力；其二是一种善循规律的行动，自强行为必然包含着对规律的认识和运用。在自强二重原则支配的行动背后，蕴含着独立、坚韧、勇敢与拼搏精神四重张力的共同支撑，它们聚合起来构成了自强的精神复合体。自强是健全人格的一大特征，是辅导员工作价值观的必备属性。自强要求辅导员要有不断加强自我道德修养和专业素养的信念，不盲从、有自己的独立思考和主见，在遇到困难时拥有敢于面对的勇气魄力和克服困难的坚韧意志，在与挫折和困难的不断拼搏中提升自己、完善自己。

四、廉洁

廉洁不贪污，其内在逻辑至少具有双重先设，一是在必然掌握着一定公共资源或公共权力的基础上才能达成廉的客观条件，二是取之有道的自我节制。廉是一种道德选择，这种道德选择的表征是，主动地对不当占有欲望的自我禁断，西方称其为节制，东方总结为慎独。由是观之，廉具有客观主体性。洁是一个赋予了道德价值倾向的词，洁白美好，即是对廉道德善的价值肯定。廉洁的道德主体一定是人，它凸显的是人在实践过程中，人与物、个人与集体的两对道德关系范畴，人是处于权利地位的个人，物是非己之物，集体的公共利益得失取决于个人道德廉洁的有无。辅导员是学生的引路人，辅导员的道德廉洁观一经与学生取得共鸣，将会在学生步入社会后的整个职业生涯里都起到巨大的道德指引作用。学风是世风的先导，尽管辅导员的职位处于非权力核心，但是，他们指引的大学生群体将成为未来社会发展的重要推动力量。辅导员在工作中，一是应该于细微之处见廉洁，将克己廉洁思想贯穿于工作生活的各个行为中；二是言语传递，将廉洁思想传递给学生。对辅导员而言，并非要真正经历“考验”才能凸显廉洁，廉洁是

辅导员工作价值观的一部分，是在思想上对道德廉洁的充分肯定和行为认同。

五、尽责

尽责就是做好职责范围内应尽的责任。许慎在《说文解字》中称“责”为“求也”。清朝段玉裁在《说文解字注》中将“求也”注释为：“引申为诛责、责任。《周礼·天官·小宰》‘听称责以傅别’①，称责，即今之举债。古无债字。俗作债。”由是，古义之责由债引申而来，是应还他人的钱财，而现今已演变为分内应做之事，是拓展了古语词义的外延。就辅导员而言，从事了辅导员职业后，就要完成辅导员职业赋予的职务，因此责任就相应产生，即是承担职务之“债”，亦是辅导员工作上的义务。尽责在辅导员的工作中，表现为具有较强的规则意识和追求完美的道德取向，即从事辅导员职务时表现出来的对自身勤奋自律的规则要求、对事物深思熟虑的精细思考、对做事尽善尽美的完成倾向。

第四节　工作良心

辅导员工作良心是辅导员内在道德素养的综合心理表现，具有一定的主观性；同时，辅导员工作良心又是在工作实践过程中逐渐形成的，是对工作活动与工作关系的反映，这种反映是一种客观实在，是时代的、具体的、社会的范畴。辅导员凭借工作良心对工作生活中的具体行为进行道德上的指导，对工作涉及的事物关系进行基本的伦理评判，对自我知行的内外统一进行自查式的监督。因此，辅导员工作良心应包含善良、诚信和自省三个基本德性要素。其中，善良是辅导员工作良心的根本内核，在善良道德本质的统合下，辅导员对外表现出的是诚信，对内显现出的是自省。

一、善良

善良是指心地美好，纯洁正直。善良是辅导员工作良心的普遍标准，是其重要的道德内核，指导着辅导员的行为。它内在地表现出了对生命的最大尊重，是人性最基本的行动准则。辅导员在善良德性的指导下，不应以获得某种好处为目的才实施行为，而应以行为本身为目的实施行为。换言之，辅导员工作良心的善良之处是侧重于充分实现身为辅导员的职责和义务所在，并伴随着内在对至高道德的无限追求。在平时工作生活中，辅导员追寻善良德性的工作良心，应注重培育自己对工作和学生的热爱之情，对生命的恭敬之情，

① 徐正英、常佩雨对《周礼》“听称责以傅别”注释道：“责，同‘债’。称责，郑司农曰：‘谓贷子。’按，贷子即借贷、有息贷款。傅别，是记录借贷信息的借券。一般是在一扎中间写字，从字中间剖开，双方各执其半，即郑《注》所谓‘为大手书于一扎，中字别之’。”（周礼［M］. 徐正英，常佩雨，译注. 北京：中华书局，2014：55.）

不过多计较自己的利益得失，待人和善、心怀责任，让内心充满正能量。

二、诚信

诚信可归结为诚实而守信用。其中，诚实是言行与内心的一致，信用是能够履行诺言而取得的信任。一方面诚信是个人知行一致的道德命令，另一方面诚信又是社会交往中信任关系建立的伦理标的。《管子·枢言》曰：“诚信者，天下之结也。”意思是说，诚信具有道德共识潜质，是天下行为准则的关键；诚信既是个人意志准则，又是普遍立法原则。同理，辅导员的诚信既反映出言行与内心的道德规定，又体现在以信任为基础建立的交往处事关系上。诚信是辅导员立身处世的重要德性。在实际工作中，辅导员对诚信的倡导，在宏观上有助于形成风清气正的学习氛围和校园风气；在微观上有助于在师生之间构筑坚实的信任关系，从而更好地教育指导学生。因此，辅导员更应该在日常工作生活中以身作则，努力做到实事求是、表里如一，以诚待人、言而有信，遵规守纪、重义轻利，等等。

三、自省

自省即检查反思自己的思想行为。辅导员通过自省，一方面可以及时总结自己在工作中好的经验，从而再接再厉，更好地从事以后的工作；另一方面，经过对未达预期目标的经历、错误思想行为的及时总结，可以避免在日后的工作中再度发生类似的情况。自省是一种自查性、促进性的监督，辅导员凭借工作良心的道德标准对自我进行检视，通过正反两方面的自我评价，在自省中提炼经验、吸取教训，从而丰富工作经历、提高工作能力，进而提升自己的工作业务水平，达到自我的进步更新。荀子在《劝学》中有言：“君子博学而日参省乎己，则知明而行无过矣。”一般而言，辅导员每天工作结束后，进行一次短暂的自省是比较适当的。自省可以是对这一日的工作内容进行反思，对思想和行为的细节问题进行反思，对自己和他人开展对比的反思，等等。自省是一种良性的思想行为习惯，需要辅导员持之以恒地坚持才能使这种习惯得以养成。

第五节　工作意志

所谓意志是根据确定的目的调节支配自身行动，克服困难，去实现预定目标的心理状态。辅导员工作意志是支配辅导员行为、克服困难、完成工作的一种认知控制，即为了达成既定的工作目标，辅导员通过认知让思想和身体服从控制而不是屈服于本能，通过认知对行动能力的支配，持续地克服困难追赶目标。这个过程中的认知控制就是一种达成既定目标的决心。决心的内在核心品质是坚韧，外在表现为自律；决心的逻辑预设是辅导员自信能够完成既定的工作目标，即对达成工作目标的乐观和坚定。此外，仅有决心无法完成对困难的克服，还需要有理性的参与才能实现。在克服困难的过程中，理性需要在严谨、耐心、冷静和从容四德性的引领下，才能帮助决心克服困难，最终达成既定目标。

一、自律

自律就是自己约束自己，其内在逻辑表现有四：其一，自律是主客一体的道德活动，是道德规定与要求的由自我主观向外推出，最终复归于心并作用于自我的约束过程。其二，自律是主观能动性和客观实在性的统一。伴以外在客观规则的制约，主体主动的道德行为超越其主观的任意性而渐入自律规则之佳境。其三，自律是一种理性认知对非理性思想行为的框定。当非理性思想行为被限制和控制在理性思想界域内时，自律总能实现对本能、欲望等非理性存在的克服和超越；当限制与控制之度超出了理性规定的范围时，自律将异化为顽固执拗或蜕化为见异思迁。其四，自律是一个长期的矛盾运动过程，其得以实现所凭借的内在驱动力是坚韧精神。

对辅导员而言，职业生涯是一场漫长的修行过程。在这个过程中，或置身喧嚣，或历经孤寂，有志得意满，亦有怅然若失，唯有自律方可洗尽铅华、澄澈本心、回归自我；在这个过程中，辅导员会陪伴众多学生，师生互动唯用自律才能以身作则、立德树人，在育人成才的同时成就自我，实现自我的人生价值；在这个过程中，辅导员会面对各种不同的巨大诱惑，唯有自律能够磨砺心志，抵御腐败的侵蚀；在这个过程中，辅导员亦有郁郁不得志的难解之境，辛酸和苦楚也“如人饮水，冷暖自知”，又是自律让其坚持不懈、自强不息，待得佳时成其高、成其深，终而获得幸福。综上而言，辅导员要学会自律，要在即使无人监督的环境下，也能够自觉遵守各种道德准则，谨慎工作，以理性节制和规范自己的行为思想。辅导员在养成自律时，应注意小事开端，先易后难，化整为零，持之以恒，把自律的方式当成工作生活的目标。

二、乐观

乐观是遍观世上人、事、物，皆觉快然而自足的持久性心境，表现为精神愉快、充满信心和希望。乐观的工作心境，能够让辅导员留下积极阳光的美好印象，易获得他人的亲近，往往能够破解工作逆境，促进工作的顺畅开展；乐观的工作心境易增加辅导员的幸福感，能够缓解来自工作、生活中的各种压力；乐观的工作心境是对工作目标的积极期望，能够促进辅导员早日达到工作预期结果。辅导员在具体工作中，应始终以饱满的热情待人接物、以愉快的心情迎接工作、以阳光的态度面对人生。当较为困难的工作任务来临时，应始终对完成工作目标保持应有的期望，不逃避、不消极，以一种积极的态度去应对挑战、克服困难。

三、坚定

坚定是指立场、主张、意志等稳固坚强，毫不动摇。《论语·阳货》中，孔子有言：“不曰坚乎，磨而不磷；不曰白乎，涅而不缁。”意志的坚定可以使辅导员免受环境的影响，专心致志、矢志不渝地追寻目标。辅导员工作意志是具有目的性的，因为工作意志的形成，就是为了达成既定的工作目标。在辅导员发挥工作意志的过程中，其思想预设就包含了这个工作目标是能够完成的。只有心怀这样坚定的信念，工作意志才能支配行为，克服困难，完成工作目标。在实际工作中，辅导员要做到坚定则需要具备能够完成工作目标的绝对自信和乐观精神。

四、严谨

严谨指严格认真、小心慎重、细致入微、追求完美。严谨规定了辅导员克服困难时所需的理性精神。这种理性精神一方面要求辅导员在面对困难时能够保持严肃认真的态度，另一方面要求辅导员在解决困难时，能够做到细致入微、追求完美。辅导员严谨德性的养成在于勤加运用理性精神进行审慎的思辨、逻辑的推理，从而使思维更加严谨。

五、耐心

耐心就是不急躁、不厌烦。耐心要求辅导员在以工作意志支配行为克服困难之时不操之过急。“急”是一种主观愿望，反映了意识主体想要尽快解决难题的迫切心情。然而“急”往往使人容易忽略客观条件或规律、容易夸大主观能动性，从而无法顺利克服困难达成目标。“急”大致体现在“急于求快、急于求新、急于求成”三个方面。无论是哪个方面，在急躁之后，都将走向主观期望的相反面。正所谓“欲速则不达”，足够的耐心才是辅导员克服困难、达成工作目标、获得真正修养的捷径。此外，耐心还要求辅导员在追寻工作目标的过程中，保持较为平稳的心情，不可徒增憎恶厌烦的情绪。保持一颗平常心才更有助于辅导员克服完成工作目标过程中的困难。辅导员培育自己的耐心，诀窍在于自律，通过对道德自律行为的习得，耐心也将会渐渐养成。

六、冷静

冷静指沉着不慌张，理性而不感情用事。冷静是辅导员遇到事情时，在情感与理性之间选择出支配行为思想的德性规定。这种德性规定的选择就是排除感情用事的相关因素，从而运用理性来支配行为、克服困难、解决问题。冷静有助于辅导员客观分析事物的来龙去脉，并在此基础上制定科学的对策。在具体工作中，辅导员应多进行“透过现象看本质”的理性思考，从而养成以理性揣度工作事务的思维习惯。

七、从容

从容是不慌不忙，镇静沉着。与冷静相比，从容侧重于指辅导员遇事之后，镇定自若、处事不惊的样子。冷静是理性支配时的精神特征，从容是理性统摄下的外显面貌。当辅导员理性处事时，内在精神为冷静，外在面貌就是从容。故冷静与从容实则是同一事物的不同方面。

第六节 工作理想

理想信念是指路明灯，是前进的方向。失去理想信念，人将萎靡不振，一事无成。只有心怀理想信念，人才有了精气神，脚下才有铿锵的步伐，才能“积跬步而至千里”。辅导员身担立德树人的重任，培养的青年一代是党和国家未来的栋梁之材，是关乎未来国运民生的要事。由目标责任之重大足可观辅导员工作理想之一斑。因此，辅导员的工作理想必然包括了对远大理想之追求、对崇高信仰之追随及对事业信念之坚定。

一、追求远大理想

理想是对美好未来的设想，也可喻为对一事物追寻至臻至善的至高观念。理想是人在社会实践过程中，对未来可望又可实现的憧憬，是对当前所处状况在观念上的超越，是对更高精神境界和物质需求的仰望和期盼。人需要理想牵引奋斗的方向，以致未来有所成就，实现人生的价值。辅导员作为青年大学生的直接教育者和引导者，更应率先垂范，勇于追求远大理想，做新时代的奋斗者。辅导员队伍始终站在为党和国家立德树人的最前沿，应当时刻响应党的号召，始终牢记自身使命，在为国家塑造和输送人才的过程中，永远把为人民谋幸福、为民族谋复兴作为教育和引导大学生世界观、人生观、价值观的宗旨传递下去。因此，辅导员的理想应是为党分忧、为国育才、为民造福。辅导员理想的可贵之处在于它是以集体主义思想为基础和根本，是以无产阶级的核心道德思想为原则建立的，即永远将党、国家和人民的利益放在首位，个人的利益永远服从于党的利益、国家的利益和人民群众的利益。辅导员实现远大理想的道德价值在于对党、国家和人民的忠诚不渝和无私奉献。

二、追随崇高信仰

信仰是对某人或某种宗教、某种主义信服崇拜并奉为言行的准则。信仰之源亦是人安放心中的信任之所在，人通过追随信仰来实现自身价值。因此，人需要信仰激发内心的动力，将信仰融入行为原则、理想追求和价值目标之中。辅导员是高校思想政治教育的骨干力量，是高校思想政治教育的组织者和引导者。辅导员应将马克思主义作为人生的信仰，用马克思主义思想指导日常的工作实践。马克思主义是以事实为依据、以规律为对象、以实践为检验的科学思想学说，是被中国历史实践证明了的关于中国革命、建设和改革的正确理论原则和经验总结。马克思主义信仰之崇高正是因为它是致力于解放无产阶级和解放全人类的学说，是批判性地认识社会与改造社会并举的思想。然而，马克思主义自始至终并非自动就能完成的，它需要其信仰者的实践参与和不懈奋斗，才能将其学说理想变为社会现实。辅导员对马克思主义信仰的追随正是将此思想变成现实，将此理论变为实践的能动过程。当下，对辅导员而言，追随马克思主义信仰，就是真心实意地认同马克思主义，深刻理解和把握中国化、时代化的马克思主义，不断地学习和运用中国化、时代化的马克思主义指导工作的方方面面；宣传马克思主义，以马克思主义思想教育和引导大学生，为实现社会主义现代化和中华民族的伟大复兴而奋斗不止。

三、坚定事业信念

信念是自己认为正确而坚信不疑的观点。信念发起于认知，以信仰为指导，以理想为目标，作用于情感和行为，是调动意志支配人的行为矢志不渝追寻目标的一种心理态度和精神状态，是支撑理想现实化的内心动力。人若没有信念，则理想只是幻想，信仰亦无从谈起。只有拥有了信念，人才能依靠信念赋予的强大内生动力，将信仰与理想外化为现实。对辅导员来说，社会主义和共产主义就是其坚定的信念。辅导员的信念是其信仰与理想的统一，是马克思主义思想与工作实践的统一。辅导员更是要坚定这一伟大事业信念，才能在工作中为了理想一往无前。

思考讨论题：

1. 什么是辅导员工作德性？德性与规范是什么关系？
2. 什么是辅导员工作理性？
3. 辅导员工作应该具有哪些价值观？
4. 辅导员工作良心、工作意志、工作理想分别是什么，有什么意义？

后　记

本书是“思想政治教育研究丛书”之一，依托全国高校思想政治理论课教师研修基地（华南师范大学）、教育部高校思想政治工作队伍培训研修中心（华南师范大学）两个工作机构，组织各方力量编写而成。全国高校思想政治理论课教师研修基地（华南师范大学）、教育部高校思想政治工作队伍培训研修中心（华南师范大学）两个工作机构不仅承担高校思想政治理论课教师以及思想政治工作骨干的研修任务，而且需要进行理论研究和文化传播，将研修基地建设为高水平的学术研究和理论宣传阵地，因此，我们组织一批业内专家，编写一套“思想政治教育研究丛书”作为上述两个机构的工作成果。本书第一次出版为2018年，几年来，中国社会在发展变化，高校辅导员队伍建设经验和相关理论观点不断完善，基于此，我们组织力量，对原书稿进行修改完善后再次出版。

“思想政治教育研究丛书”的总负责人为华南师范大学魏则胜教授，牛志鹏、邱翔翔、周静、万宗节等四位专家负责对本书进行修改和完善。

本书各章节编著人员如下：

第一章：魏则胜（华南师范大学），杨慧芝（广东第二师范学院）。

第二章：陈小花（广东技术师范大学），张丹（广东财经大学），郑冬瑜（广东财经大学），林路生（广东医科大学），游建雄（惠州经济职业技术学院），李文杰（惠州经济职业技术学院），林珂（惠州经济职业技术学院），李文娟（广东海洋大学），骆贞辉（广州中医药大学），张俊（广州大学华软软件学院），黄琦（广东财经大学），黄东（广东财经大学），谢明亮（岭南师范学院），林庆（广东技术师范大学），盛文楷（广东医科大学），翟周（广东海洋大学），刘金艳（广州医科大学），万文双（东莞理工学院城市学院），胡江丽（广东海洋大学），翁菁（韩山师范学院），朱晓清（广东海洋大学），张志刚（桂林电子科技大学）。

第三章：王鹏（华南师范大学），万宗节（华南师范大学），林梦洁（南方医科大学），麦源升（华南师范大学）。

第四章：陈晓梅（华南农业大学），蔡炫（华南农业大学），赵夏琼（华南农业大学），王旗（华南农业大学），朱里静（华南农业大学）。

第五章：李敏（广州大学），王翠华（广州大学），李燕冰（广州大学），刘源（广州大学）。

第六章：陈晓梅（华南农业大学），王旗（华南农业大学），蔡炫（华南农业大学），杨利江（华南农业大学）。

第七章：魏则胜，陈婷婷（中山市杨仙逸中学），钟秋玲（广东梅县外国语学校）。

第八章：牛志鹏（广东药科大学），邱翔翔（广东药科大学）。

魏则胜
2023 年 12 月